David Frawley (Vamadeva Shastri)

Astrologie der Seher

Ein Leitfaden
der
vedisch-hinduistischen Astrologie

WINDPFERD

Titel der Originalausgabe: *Astrology of the Seers*
Erschienen bei Lotus Press, Twin Lakes Wisconsin, USA
Aus dem Amerikanischen übertragen von Martin Rometsch

3. Auflage 2022

Lektorin: Ira Vieth
Zeichnungen: Jane Adams
Umschlaggestaltung: www.bitdifferent.de
Layout: Marx Grafik & ArtWork
Zeichnungen der Planetengottheiten: Peter Ehrhardt
Autorenfoto: Dorothy Tanous
Druck: Westermann-Druck Zwickau GmbH

Printed in Germany
www.windpferd.de
ISBN 978-3-86410-229-5

Widmung

Dieses Buch widme ich Dr. Raman, der kürzlich im Alter von 86 Jahren in Bangalore starb. Sein Tod bedeutet das Ende einer Ära. Möge uns Einsicht und Hingabe beschieden sein, damit wir die vedische Astrologie, an deren Spitze er fast ein Jahrhundert lang stand, auch künftig in der modernen Welt wieder beleben.

Möge die vedische Astrologie dank der Weisheit solch großer Lehrer wahrhaft blühen, und möge sie mit ihren vielen Vorzügen allen Menschen nutzen!

David Frawley *(Vamadeva Shastri)*

Santa Fe, New Mexico

16. Januar 1999

Inhaltsverzeichnis

Teil III
Astrologie, Heilung und Transformation

Teil IV
Beispielhafte Horoskope

Anhang

Vorwort

von Gayatari Vasudev

Ich schreibe dieses Vorwort für Dr. David Frawleys Buch *Astrologie der Seher* mit großem Ernst. Das Buch ist eine willkommene und umfassende Ergänzung der von westlichen Autoren verfassten Bücher über Jyotisha. Dr. Frawley ist einer der wenigen Gelehrten, die zwar aus dem Westen stammen, aber mit dem Geist des Ostens, vor allem Indiens, begabt sind. Er ist tief in die Jyotisha eingedrungen und stellt sie so dar, wie sie ist, ohne Verfälschungen auf der spirituellen oder wissenschaftlichen Ebene.

Die hinduistische Astrologie oder *Jyotisha*, um die es in diesem Buch geht, ist eines der größten Geschenke Indiens für die Welt. Obwohl sie mindestens 7000 Jahre alt und ein integraler und unveräußerlicher Bestandteil der indischen Kultur und des indischen Lebens ist, war sie bis in die Fünfzigerjahre im Westen kaum bekannt.

Um 1890 brachte mein Urgroßvater, Professor Suryanarain Rao, die Jyotisha in die englischsprachigen Länder. Er gab das *Astrological Magazine* heraus und schrieb Bücher über vedische Astrologie. Leider erschien die Zeitschrift nur kurze Zeit, und erst 1936 konnte mein Vater, Dr. B. V. Raman, sie erneut herausgeben und Lesern auf der ganzen Welt zugänglich machen.

Dr. Raman machte aus dem *Astrological Magazine* die einzige Zeitschrift ihrer Art, ein authentisches und informatives Journal über Jyotisha. Mehr als 62 Jahre lang war er der einzige Redakteur und stellte damit einen Rekord auf, den bisher kein anderer Zeitschriftenredakteur der Welt übertroffen hat. Er zeigte der westlichen Welt, dass die Astrologie auch in der heutigen Zeit ihre Bedeutung hat.

Seither hat das Interesse an Jyotisha sprunghaft zugenommen und eine Reihe namhafter Gelehrter hervorgebracht. Dr. David Frawley ist einer der herausragendsten unter ihnen. In Indien kennt man ihn vor allem für sein historisches Werk, das die Theorie der arischen Invasion bestreitet, die von Orientalisten und Historikern der Kolonialzeit aufgestellt wurde. Im Westen ist er eher als Experte der Jyotisha und des Ayurveda bekannt. Er hat Dr. Raman mehrere Male getroffen und mit ihm über indische Astrologie und Kultur diskutiert. Ihm hat er dieses Buch auch gewidmet.

Als Kenner des Rigveda und seiner Astronomie hat Dr. Frawley auch deren Schwesterwissenschaft, die Astrologie, gründlich studiert. Jyotisha ist jedoch mehr als eine Wissenschaft für sich; sie ist ein integraler Bestandteil der indischen Kultur und des indischen Lebens und mit allen Aktivitäten des Alltags verwoben – mit weltlichen, spirituellen, finanziellen, mentalen und familiären Aspekten und mit allem anderen, was das Leben eines Individuums und einer Gesellschaft ausmacht. Dr. Frawley ist es gelungen, den Geist der Astrologie verständlich zu machen. Seine *Astrologie der Seher* ist eine Reise in den Geist der Astrologie. Dieses Buch öffnet vor allem jenen Lesern, denen die indische Kultur und Denkweise bisher fremd war, eine ganz neue Welt des Denkens, die nicht nur die Bewegungen der Himmelskörper erforscht, sondern auch die Erfahrungen der Menschen auf Erden.

Für Dr. Frawley ist die Astrologie „eine Methode, das ganze Universum in ein Symbol umzuwandeln, in eine Sprache, die der Entwicklung der Seele dient". Er zeigt mit erstaunlicher Klarheit, wie wir Jyotisha nutzen können, um unsere Ehrfurcht vor dem Selbst zu fördern und allmählich zur Selbsterkenntnis zu gelangen.

Ob die vedische Astrologie einen unmittelbaren Einfluss der Planeten auf den Menschen annimmt oder ob sie in den Gestirnen Symbole der alles zermalmenden Zeit – Vergangenheit, Gegenwart und Zukunft – sieht, wird alle Denker auch künftig beschäftigen. Aber es besteht kaum ein Zweifel daran, dass die Astrologie uns hilft, die vier Lebensziele zu erreichen, welche die großen indischen Rishis definiert haben: *dharma* (Verpflichtungen zwischen Menschen sowie zwischen Mensch und Gesellschaft), *artha* (den Lebensunterhalt verdienen), *kama* (legitime Befriedigung körperlicher Bedürfnisse) und *moksha* (Befreiung). Alles, was Menschen tun, zielt darauf ab, eines oder mehrere dieser Ziele zu erreichen, und die Astrologie zeigt ihnen den Weg.

Die größten Herausforderungen der modernen Gesellschaft – die vor allem Wert auf Artha und Kama legt, aber Dharma und Moksha vernachlässigt – sind Seelenfrieden und Menschlichkeit. Wenn wir Jyotisha verstehen, können wir die Harmonie fördern, mitfühlender werden und anderen Menschen verzeihen. Die vedische Astrologie betrachtet nämlich alles, was andere uns antun, als Folge unserer vergangenen Taten (*karma*) – wir müssen also zuerst vor der eigenen Tür kehren. Das Wissen um unsere karmische Verantwortung kann falsches Handeln verhindern und richtiges Handeln auslösen. Und diese Verantwortung spiegelt sich im Geburtshoroskop wider.

Auf der Basis der Philosophie, die Rishis (Seher) des alten Indien seit Jahrtausenden überliefert haben, erklärt Dr. Frawley die Jyotisha. Er zeigt, wie man ein Horoskop berechnet und deutet – anhand der Planeten und ihrer Eigenschaften sowie der Zeichen, Häuser, *nakshatras*, *yogas* (einem einzigartigen Aspekt der vedischen Astrologie), Segmenthoroskope, *dashas* und *bhuktis*. Da Dr. Frawley sich auch auf östliche Medizin spezialisiert hat, geht er dann zur medizinischen Astrologie über – zu Körpersäften, Krankheiten, Konstitution und Psychologie.

Die Astrologie ist eine *vedanga* und bleibt ohne ihre spirituelle Komponente unvollständig. Dr. Frawley ist seit vielen Jahren ein *sadhaka* (ein spirituell Suchender) und daher in seinem Element, wenn er die spirituellen Aspekte eines Horoskops untersucht. Außerdem befasst er sich mit Edelsteinen, Farben, Mantras und dem Ausgleich planetarer und göttlicher Einflüsse. Zum Schluss analysiert er 18 Horoskope, um die wichtigsten Grundsätze der Astrologie zu verdeutlichen.

Mit diesem Buch beweist er einmal mehr, dass er ein Experte der Astrologie ist. Er stellt ihre Hauptaspekte dar, ohne trocken und technisch zu formulieren, und er nimmt den westlichen Geist und Intellekt mit auf eine innere Reise, die ihm vor Augen führt, dass er mit seiner kosmischen Umwelt verbunden ist. Die *Astrologie der Seher* ist nicht nur eine gute Einführung in die Jyotisha, sondern auch ein wahrer Schatz an Informationen.

Gayatri Devi Vasudev*

---

*Raman Publications, The Astrological Magazine „Sri Rajeswari“, 28 (Nagappa Street), Nehru Circle, Seshadripuram, Bangalore 560 020, INDIEN

Vorwort zur Neuauflage

Ein Buch zu überarbeiten ist eine lohnende Erfahrung. Erstens kann man die Fehler der vorigen Ausgabe berichtigen (manchmal denkt man: „Habe ich das wirklich geschrieben?"); zweitens ist der Stil verbesserungsfähig; drittens kann man den Stoff auf den neusten Stand bringen, was auf einem sich rasch entwickelnden Gebiet möglicherweise eine Menge Arbeit mit sich bringt.

Die erste Auflage dieses Buches habe ich vor zehn Jahren geschrieben. Seither hat die vedische Astrologie einen weiten Weg zurückgelegt. Damals war nur ein einziges Buch zu diesem Thema erhältlich, nämlich James Brahas *Ancient Hindu Astrology for the Modern Western Astrologer*, und es gab sehr wenige Computerprogramme. Ich wusste nicht einmal genau, für wen ich das Buch schrieb, denn vedische Astrologen hatten im Westen kaum ein Publikum. Mit dem Buch wollte ich dieses Publikum erst schaffen. Dabei hatte ich zwei Gruppen im Auge: einmal westliche Astrologen, die sich für ein anderes System interessierten, und zum anderen die Anhänger der indischen Gurus und ihrer Lehren, die mehr über die astrologische Seite der Überlieferung erfahren wollten. Beide nahmen das Buch an, die zweite Gruppe vielleicht bereitwilliger.

Dieses Buch will eine allgemeine, aber umfassende Einführung in das Thema sein. Es soll nicht nur inspirieren, sondern auch Fachwissen vermitteln. Andererseits ist es kein rein technisches Buch für fortgeschrittene Astrologen, sondern will die vedische Astrologie auch dem Laien zugänglich machen.

Für die zweite Auflage habe ich das Buch umgeschrieben und berichtigt, so dass es hoffentlich klarer geworden ist. Einige Themen habe ich hinzugefügt. Dies ist ein Lehrbuch der vedischen Astrologie für Anfänger und Fortgeschrittene, das zu vertieftem Studium anregen möchte.

Ich begann mein Studium der vedischen Astrologie im Jahr 1973. Ein paar Jahre zuvor hatte ich ein Buch von Sri Aurobindo über die Veden entdeckt und wurde sozusagen zu einem vedischen Menschen, weil ich in den Veden die höchste Weisheit fand. Ich studierte auch die westliche Astrologie, aber mein vedischer Hintergrund und meine Erfahrung mit Teleskopen als Kind veranlasste mich, einen Tierkreis vorzuziehen, der sich an den Fixsternen orientiert. Darum wandte ich mich der vedischen

Astrologie zu. 1976 begann ich, dieses System sporadisch anzuwenden und wechselte allmählich von der westlichen zur vedischen Astrologie.

Ende der Siebziger- und Anfang der Achtzigerjahre veröffentlichte ich mit Unterstützung von M. P. Pandit, dem damaligen Sekretär des Sri-Aurobindo-Aschrams, einige Studien zu den Veden und Upanischaden. 1984 leitete ich gemeinsam mit Dr. Vasant Lad dessen Ayurvedaprogramm und hielt meinen ersten Kurs über vedische Astrologie ab, hauptsächlich für Studenten des Ayurveda. Obwohl die Studenten (und vielleicht auch der Lehrer) Anfänger waren, hatte ich immerhin den Anfang geschafft. Das ermutigte mich, einen Fernkurs zu schreiben, den ich 1986 herausgab. Der Kurs bildete die Grundlage für dieses Buch, das zuerst Ende 1990 erschien, und gleichzeitig erweiterte und verbesserte ich den Kurs.

Erst 1992 begann sich im Westen eine Gemeinschaft der vedischen Astrologen zu formen. Dieser Prozess wurde sehr gefördert durch das erste Symposion über vedische Astrologie in den USA, das ich mit Dennis Harness und Stephen Quong organisierte. Kein Geringerer als Dr. B. V. Raman, der größte indische Astrologe des vorigen Jahrhunderts, nahm daran teil und unterstützte unsere Bemühungen auch in den kommenden Jahren zusammen mit seiner ganzen Familie.

Im Jahr 1993 wurde auf dem zweiten Symposion der American Council of Vedic Astrology (ACVA) gegründet, der heute zu einer Organisation mit fast vierhundert Mitgliedern erblüht ist und wohl die Mehrzahl der vedischen Astrologen Amerikas repräsentiert. Das ist eine enorme Leistung, wenn man bedenkt, dass verwandte Gebiete, zum Beispiel Ayurveda, noch auf eine solche Organisation warten. Der ACVA ist mit dem Indian Council of Astrological Sciences (ICAS) verbunden, der größten Organisation dieser Art in Indien, die Dr. Raman leitete.

Im Laufe dieser zehn Jahre war ich sehr aktiv. Ich reiste nach Indien und traf mich mit mehreren Astrologen. Die vedische Astrologie ist in Indien nicht nur lebendig, sondern erlebt sogar eine Wiedergeburt. Zwar gibt es viele Scharlatane, aber die seriösen Astrologen schreiben gute Bücher und leisten wertvolle Forschungsarbeit.

Inzwischen sind viele indische Astrologen nach Amerika gekommen und lehren dort mit Unterstützung des Forums, das die ACVA-Symposien geschaffen haben. Mehrere von ihnen haben Bücher über vedische Astrologie für das westliche und englischsprachige Publikum veröffentlicht. Zahl und Qualität dieser Bücher haben stark zugenommen.

Heute wächst die Gemeinschaft der vedischen Astrologen im Westen schnell, und sie hat das fachliche Niveau der indischen Astrologen erreicht. Alle diese Faktoren sprechen für eine Renaissance der vedischen Astrologie und für ihre Ausbreitung in die ganze Welt. Ich freue mich sehr darüber, dass es so weit gekommen ist und dass diese Entwicklung sich in den nächsten Jahren zweifellos fortsetzen wird.

Ich möchte Dr. B. V. Raman und Chakrapani Ullal für ihre Inspiration und Hilfe bei meiner astrologischen Arbeit danken. Mein besonderer Dank gilt Dennis Harness, der treibenden Kraft des ACVA, ohne den die Gemeinschaft der vedischen Astrologen im Westen nie entstanden wäre.

Außerdem bedanke ich mich bei Ken Johnson, der mein Manuskript und einige andere wichtige Texte über vedische Astrologie lektoriert hat, bei Jane Adams für ihre hervorragenden Zeichnungen der planetaren Götter und bei Robben Hixson von Passage Press, der vor zehn Jahren die erste Auflage dieses Buches herausbrachte.

Teil I

Die vedische Vision

Die Sonne

Auf einer leuchtend roten Lotosblüte, die ihrerseits auf einem siebenköpfigen Pferd liegt, ruht der Schöpfer des Tages, der Lehrer der Welt mit einer Lotosblüte in der Hand. Er trägt einen Kopfschmuck mit Rubin, und eine seiner Hände segnet uns. Möge die göttliche Sonne immer auf uns scheinen!

Hymne an die Planeten

von Vyasa

1.

Ich verehre die Sonne, deren Glanz der roten Hibiskusblüte gleicht.
Alles sieht die Strahlende, die das Dunkel vertreibt, alle Sünden
vertilgt und den Tag gebiert.

2.

Ich verehre den Mond, dessen Farbe der Muschel und dem Schnee gleicht.
Er steigt aus dem milchigen Meer, und Shiva trägt ihn als Juwel
auf dem Haupt.

3.

Ich verehre den Mars, der aus dem Schoße der Erde geboren ward. Er
glänzt wie der Blitz, der göttliche Jüngling mit dem Speer in der Hand.

4.

Ich verehre Merkur, der dunkel ist wie die Priyangublüte. Keiner ist ihm
gleich an Gestalt, dem weisen Sohn des Mondes, dem Sanften.

5.

Ich verehre Jupiter, den Lehrer der Götter und Seher, der schimmert wie
Gold. Er ist der weise Herrscher der drei Welten.

6.

Ich verehre Venus, die wie ein schneebedeckter Berg funkelt.
Sie deutet alle Schriften, die höchste Lehrerin der Dämonen.

7.

Ich verehre Saturn, den Dunkelblauen, der vor dem Gott des Todes
geboren ward. Er ist der Sohn der Sonne und des Schattens.

8.

Ich verehre Rahu, der nur einen halben Leib besitzt, den Tapferen,
der Sonne und Mond besiegt, den Sohn einer Löwin.

9.

Ich verehre Ketu, dessen Haupt die Sterne und Planeten sind. Er hat den
dunklen Glanz einer Palashablüte, er ist grimmig und schrecklich.

1
Eine neue Sicht der Astrologie

Die Astrologie ist die erste Wissenschaft des Menschen. Sie war das Fundament der ersten Kosmologien, die bei den alten Völkern den Bau und die Bewegungen des Kosmos deuteten. Sie war die Wissenschaft vom Schicksal und machte irdische Ereignisse verständlich, weil deren Ursprung, so glaubte man, im Himmel lag. Darüber hinaus ist die Astrologie auch die wichtigste der esoterischen oder spirituellen Wissenschaften.

Die Astrologie enthüllt die kosmische Quelle aller Kräfte. Darum geht sie den anderen Wissenschaften voran. Da sie die Sprache der kosmischen Energie für uns übersetzt, hilft sie uns, alle Bereiche des Lebens zu verstehen. Alte Heilweisen wie das Ayurveda oder die klassische indische Medizin erforschten astrologische Einflüsse sehr genau, und der Yoga bemüht sich, solare und lunare Kräfte im Körper zu harmonisieren.

Die spirituellen Kulturen des Altertums – Ägypten, Babylonien, Indien, China und Mexiko – bauten auf der Astrologie auf. Ihre Gesellschaftssysteme waren von ihr abgeleitet, wie die Sonnen- und Mondkönige belegen. Die Astrologie ist die Mutter der Physik, der Psychologie und der Medizin. Darum ist die Astrologie einer Kultur der Schlüssel zu ihrer Entwicklung und zu ihrer Verbindung mit dem Universum.

Ohne Astrologie, das heißt ohne die Bewegungen der Himmelskörper zu verstehen, gibt es kein echtes und umfassendes Wissen. Ohne sie begreifen wir das Band zwischen uns und dem Kosmos nicht, und wir sind außerstande, negative kosmische Kräfte abzuwehren und positive anzulocken. Unsere Beziehung zu den Sternen spiegelt unsere Beziehung zum Universum wider und deckt die Geheimnisse unserer Seele und unseres inneren Selbstes auf. Wenn die Astrologie nicht blüht, fehlt einer Kultur das höhere Wissen und die Kommunikation mit dem Kosmos.

Insofern herrscht in unserer Kultur ein großer Mangel. Obwohl wir mehr über das Universum wissen als alle Zivilisationen vor uns, bleibt unsere Astronomie ohne die Astrologie ein Körper ohne Seele. Wir haben aus den heiligen Kräften des Kosmos bloße Zahlen und chemische Reaktionen gemacht. Diese Einstellung zeigt, dass wir wenig empfindsam gegenüber dem Leben sind. Ist ein Mensch nicht mehr, als seine Größe und sein Gewicht aussagen, und ist ein Gemälde nicht mehr als die Chemie seiner Farben? Wir können nicht verstehen, wer wir sind und was die Welt ist, wenn wir über ein derart begrenztes Wissen verfügen.

Wir sind stolz auf die moderne Wissenschaft, weil sie uns mit Energie versorgt; aber sie hat das Göttliche in allen Dingen noch nicht erkannt. Die alten Völker verstanden dank ihrer Wissenschaften, auch der Astrologie, mehr von der Seele als wir, und wir müssen zu ihrer Einstellung zurückkehren, um uns weiterzuentwickeln. Heute weigern wir uns sogar, die Astrologie als Wissenschaft anzuerkennen, weil sie nicht nur die Form, sondern auch den Geist der Dinge berücksichtigt. Doch wenn das Universum über Bewusstsein verfügt, wie manche Physiker vermuten, dann muss die moderne Wissenschaft den Geist anerkennen und die Astrologie als legitime Wissenschaft vom Bewusstsein akzeptieren. Übrigens: Kann es eine Wissenschaft oder eine Wahrheit ohne Bewusstsein geben?

Es ist Zeit für ein neues spirituelles Zeitalter. Darum müssen wir die Astrologie wieder in die etablierten Wissenschaften eingliedern. Wir können nicht menschlicher werden, ohne uns durch die Sterne mit unserem höheren kosmischen Sein zu verbinden. Das setzt voraus, dass wir die Astrologie auf einer tieferen Ebene anwenden, als es gemeinhin üblich ist. Dadurch, dass wir die Astrologie ablehnten, haben wir sie oberflächlich gemacht. Wir haben ihr die Aufmerksamkeit und die Forschung verweigert, die sie verdient hat. Die Wiederbelebung der Astrologie ist eine der größten Aufgaben unserer Zeit, sofern wir bewusst genug sind, es zu versuchen. Ich hoffe, dass Menschen, die sowohl mit Intelligenz als auch mit Intuition begabt sind (denn sie werden beides brauchen), sich an diese Aufgabe heranwagen.

DIE WISSENSCHAFT VON DER ZEIT *(KALA VIDYA)*

Die Zeit ist die Urgewalt, die das Universum regiert. Alle Dinge entspringen der Zeit. Die Welt ist Zeit, und die Schöpfung und Vernichtung des gesamten Universums ist in jedem Augenblick gegenwärtig. Nichts kann den Gesetzen der Zeit entfliehen. Darum ist Ehrfurcht vor der Zeit kein Aberglaube. Wir alle staunen über die Geburt und fürchten den Tod. Auch dadurch verehren wir die Zeit. Wir alle schätzen jeden Moment. Wir wollen ewig leben, und die Zeit ist die Dimension, in der wir leben. Der Rhythmus der Zeit – Tage, Jahreszeiten, Monate und Jahre – ist die Basis unseres Handelns.

Die Zeit ist der große Gott, der über den Kosmos herrscht. *Mahakala* („die große Zeit") ist zugleich der große Gott Shiva oder *Mahadeva*, der transzendente Herr. *Mahakali,* die Kraft der Zeit, ist die große Göttin und höchste Macht *Mahashakti,* Shivas Gefährtin. Die Zeit ist der göttliche Atem, der alles Leben im Kosmos erschafft, erhält und zerstört. Sie ist der Tanz des großen Gottes, die Schönheit und der Schrecken der großen Göttin.

Die Götter verkörpern vor allem die Zeit. Die ersten Götter der Zeit sind die Sonne, der Mond und die Planeten, die Lenker der Zeit im Sonnensystem. Die Planeten spiegeln die kosmische Intelligenz wider, die mithilfe der Zeit regiert.

Für die moderne Wissenschaft ist die Zeit mehr als Leere; sie ist ein Kraftfeld, das von der Gravitation der Himmelskörper – etwa der Sonnen und Planeten – beeinflusst wird. Die Planeten besitzen starke Magnetfelder. Sie sind Lichtfunken in einem gewaltigen Energienetzwerk, das subtile Kraftlinien zusammenhalten, so dass aus dem Sonnensystem ein einziger Organismus wird. Obwohl wir die Planeten als ferne Lichter am Himmel sehen, wirken ihre Energiefelder auch auf der Erde und beeinflussen den Körper und den Geist der Menschen sowie alle Lebewesen auf Erden.

Die alten Seher entdeckten, dass die Zeit nicht linear verläuft, sondern einen Rhythmus hat. Sie ist der Strom des Lebens, den die Musik der Sphären lenkt. Die Zeit verwirklicht den Schöpfungsplan auf der materiellen Ebene. Sie gebiert, erhält und vernichtet alle Dinge, die nur Wellen in ihrem ewigen Strom sind.

Jeder Planet nimmt Energien auf und gibt Energien ab. Die Energie, die er ausstrahlt, hat genau die Wellenlänge, die das Sonnensystem braucht. Die verschiedenen Energiemuster der Planeten weben unaufhörlich am Netz des Lebens und der Schöpfung.

Die Bewegungen der Planeten bestimmten den Charakter unserer Leben und seine Phasen. Die Erde dreht sich um ihre Achse und bringt dadurch Tag und Nacht hervor. Der Mond umkreist die Erde, die Erde die Sonne – so entstehen die Monate und Jahre. Der kosmische Monat, der dreißig Tage umfasst, richtet sich nach der Bewegung des Saturn.

Große Zeitzyklen – *yugas* mit vielen tausend Jahren – folgen speziellen Konstellationen der Planeten und spiegeln die Bahn der Sonne in der Galaxis wider. Es gibt Zyklen innerhalb von Zyklen, und ihre Zahl in der großen Spirale der Schöpfung ist endlos. Das gesamte Universum ist nur ein Tag im Leben des Schöpfers, der nachts im Schoße des Nichtgeschaffenen schlafen muss.

Jeder Augenblick hat eine bestimmte Qualität und ein bestimmtes Karma, sein eigenes Schicksal und seinen eigenen Synchronismus, entsprechend den Kräften, die ihn regieren. Alles, was in einem bestimmten Moment geschieht, teilt das Wesen dieses Zeitpunktes. Darum können wir das Muster unseres Lebens am Augenblick unserer Geburt ablesen, so wie der Same, dem ein Baum entspringt, uns Auskunft über dessen Wesen gibt.

Der Augenblick, in dem wir etwas unternehmen – etwa der Zeitpunkt der Heirat – enthüllt auch die Folgen. Das ganze Universum spricht in jedem Augenblick zu uns und zeigt uns, welchem Muster unser Leben folgt. Insofern ist das Leben immer ein offenes Buch: Aber wir müssen erst lernen, es zu lesen. Das Buch des Lebens ist das Buch der Zeit, und dieses ist das Buch der Sterne.

Als Herren der Zeit sind die Planeten auch die Herren des Karmas, unseres Schicksals. Sie führen uns die kosmischen Energien vor Augen, deren Einfluss wir unterliegen und die uns schaden können. Wir leben in einem Meer kosmischer Einflüsse, übermittelt von den Planeten. Da es uns an echtem Wissen mangelt, bewegen wir uns blindlings und erkennen einige dieser Kräfte nicht; darum leiden wir unnötig unter ihnen. Wir erfahren negative Begegnungen mit kosmischen Energien als Traumas des Lebens: Krankheiten, Konflikte und Tod oder, auf der kollektiven Ebene, Kriege, Seuchen und Katastrophen. Das alles ist meist vermeidbar, wenn unser inneres Auge offen ist. Die Astrologie hilft uns, es zu öffnen, damit wir auf dem wirbelnden Ozean des Lebens ungefährdet navigieren können.

Die Astrologie wirft nicht nur ein Licht auf unser derzeitiges Leben, sondern auch auf vergangene und künftige Existenzen. Die Planeten enthüllen die Trends der Zeit. Die Zeit folgt ebenfalls einem Rhythmus der Geburt und des Todes. Alles, was lebt, auch das Universum selbst, hat viele Geburten und viele Tode hinter sich. Was geboren wird, muss sterben, und was gestorben ist, muss wieder geboren werden. Wenn wir die Dinge so sehen, wie sie heute sind, sehen wir auch das Gestern und das Morgen, die Wesen und Welten, die vergangen sind oder kommen werden. Und wir sehen, was wir sind und was wir werden.

Die Planeten sind die Energien der Zeit, die ins Ewige fließen. Sie machen uns nicht nur bewusst, dass wir der Zeit unterworfen sind, sondern weisen uns auch den Weg in die Freiheit, vom Vergänglichen zum Unvergänglichen. Wenn wir die kosmischen Kräfte kennen, die durch die Planeten wirken, entziehen wir uns ihrer Herrschaft und integrieren ihre Macht in unserem Selbst. Wir integrieren den kosmischen Menschen, unser inneres Selbst, und werden zum Meister der gesamten Schöpfung. Das Universum wird zu einem Wandteppich aus Gedanken, in dem wir spielen können; es ist kein Netz der Begierden mehr, in dem wir uns verfangen. Die planetaren Strahlen, die Unwissende beherrschen, werden zu Aspekten unserer Ewigkeit und Unsterblichkeit.

Die Astrologie ist ein Symbol der spirituellen Entwicklung, der Evolution unseres Bewusstseins. Wie können über ihre Formen meditieren und in ihnen die Archetypen unseres inneren Wachstums finden. Wir können die Sprache der Astrologie als symbolisches Werkzeug nutzen, selbst wenn wir keine Berechnungen anstellen. Letztlich müssen wir alle Kräfte verstehen, welche die Planeten verkörpern, und mit allen Wesen eins werden. Wir dürfen nicht am Muster unseres individuellen Schicksals haften, sondern müssen es als Tor zum kosmischen Leben betrachten.

PLANETEN UND GÖTTER

Die alten Völker verehrten die Planeten als Götter. So drückten sie ihre Ehrfurcht vor dem Kosmos aus, vor der heiligen Ordnung ihres Daseins. In den Sternen und Planeten erkannten sie die Urkräfte der kosmischen Intelligenz. Dieselben Kräfte verehrten sie in ihrem Inneren als Macht der Seele.

Die Götter der alten Völker sind keine Überbleibsel einer naiven Naturreligion, wie der moderne Mensch glauben mag. Sie sind keine Produkte der Angst, des Aberglaubens oder der Unwissenheit. Nein, es handelt sind um den Ausdruck der kosmischen Intuition, um kosmische Metaphern. Das Unbewusste benutzt eine Symbolsprache; aber seit C. G. Jung wissen wir, dass dieses Unbewusste nicht nur aus unterdrückten Wünschen oder Instinkten besteht, sondern auch aus tieferen Schichten der Seele und des kosmischen Geistes.

Die ältesten Symbole oder Archetypen der Seele sind jene der Zeit. Geburt und Tod sowie der Sinn unseres vergänglichen Lebens bewegen uns am meisten. Da unsere Mythen und Symbole zeitlich sind, betreffen sie auch die Planeten. Sie spiegeln den Dialog zwischen unserer

Seele und den kosmischen, von den Planeten übermittelten Energien oder Archetypen wider. Die Sprache der Symbole – die Sprache des tiefen Unbewussten, das zugleich unser höheres Bewusstsein verbirgt – ist im Wesentlichen die Sprache der Astrologie.

Die Götter sind die Mächte der kosmischen Intelligenz im Herzen unseres tiefen Bewusstseins. Sie symbolisieren die gestaltenden Einflüsse dieser Intelligenz und die Wirkung ihrer Gesetze. Die Geschichten von den Göttern – sowohl kollektive Mythen als auch unsere Träume, unsere private Mythologie – sind in der Sprache der Sterne geschrieben. Von den Sternen stammt nicht nur der Staub, aus dem unser Körper besteht, sondern auch der Stoff, aus dem unsere Psyche gemacht wurde. Darum wirken sie in unserem Geist weiter, einerlei, ob wir es zugeben oder nicht.

Äußerlich verkörpern die Planeten die sieben Strahlen, die das Spiel der Schöpfung in Gang halten. Diese sieben Kräfte finden wir in der Natur auf allen Ebenen als Elemente und Energien. Sie sind der Rhythmus der Zeit und bilden zugleich die Materie. Sie formen die sieben Ebenen des Kosmos, die sieben Bereiche der Existenz von der groben Materie bis zum reinen Sein. Im Inneren bringen diese sieben Strahlen die Gefühle und die Vernunft sowie die fünf Sinne hervor.

In den alten Religionen ist die Sonne das Symbol des einen Gottes, der einen kosmischen Intelligenz, der Kraft der spirituellen Evolution hinter den Prozessen des Lebens und der Natur. Die Sonne ist der kosmische Schöpfer, das immanente göttliche Wesen, der göttliche Sohn und Vater der Welten. Der Mond ist die essenzielle Kraft der Natur, das göttliche Feld der Manifestation, die Mutter des Lebens, die große Göttin.

Die kosmischen Strahlen der Schöpfung kommen von der spirituellen Ebene. Wenn sie herabsteigen, werden sie dichter und differenzierter und prallen aufeinander. Die Wechselwirkungen derselben kosmischen Kräfte in unterschiedlichen Kombinationen und Formen sind auf allen Ebenen am Werk.

Auf einer niedrigeren Ebene symbolisieren die Planeten geringere Götter, die astralen Kräfte, die, manchmal launenhaft, ins Schicksal der Menschen eingreifen. Dies ist die Ebene der griechischen Götter, die sich in das Leben der Menschen einmischen. Der Mars ist beispielsweise die vitale Energie, die Gewalt und Streit provoziert. Die alten Mythen und Sagen illustrieren lediglich diese kosmischen Energien und deren Konflikte und Grenzen auf der niedrigen Ebene. Die Verderbtheit der

Götter ist die Verderbtheit dieser Kräfte in ihrer äußerlichen Wirkung. Die Zersplitterung der Lebensenergien ist unvermeidlich, wenn wir nicht wissen, wer wir sind. Das chaotische Unbewusste spiegelt nur unseren Mangel an wahrer Bewusstheit wider, unser Haften am Ich.

Auf der nächsthöheren Ebene sind die Planeten Symbole der Götter des Intellekts: unsere Ideale der Kunst, der Wahrheit, der Gerechtigkeit und der äußeren Religion. Als bloße Kräfte des Intellekts können sie keine Transformation bewirken. Sie verbergen eine fundamentale Unwissenheit, denn Egoismus und Verlangen lauern auch im Intellekt, einerlei, wie edel seine Ziele sein mögen. Das moralische Scheitern der griechischen Götter spiegelt das spirituelle Scheitern einer intellektuellen Kultur wider, und es zeigt, dass sich hinter den Göttern des Intellekts die Götter der vitalen Ebene verbergen: Wut, Verlangen und Gier.

Auf der niedrigsten Ebene werden die Planeten zu Dämonen, zu den *asuras* oder negativen Wesen, die unser spirituelles Wachstum hemmen. Luzifer ist der gefallene Stern, die niedrige Energie der Venus. Diese Kräfte wirken durch Illusionen, Hypnose, Täuschung und Arroganz. Sie sind die Götter der unteren vitalen Ebene, die sich von allen höheren intellektuellen und spirituellen Verbindungen gelöst haben. Dennoch sind sie letztlich die höheren Strahlen auf einer niedrigen Ebene der Manifestation. Sie sprechen unsere inneren Bedürfnisse an, wenn auch auf perverse Weise, und veranlassen uns, Erfüllung in der äußeren Welt zu suchen. Erfüllung finden wir jedoch nur durch innere Bewusstheit und durch die Verbindung mit dem Göttlichen.

Die Planeten sind also nicht nur die Götter, die uns auf eine höhere Ebene bringen, sondern auch Dämonen oder Titanen, die uns hinunterziehen. Alles hängt davon ab, wie wir sie verstehen und wie wir ihre Energie anwenden. Da wir uns des kosmischen Selbstes nicht bewusst sind, erschaffen wir sowohl Götter als auch Dämonen. Wir projizieren unsere göttliche und kosmische Macht nach außen und werden ihr Sklave. Die Götter und Dämonen symbolisieren die duale Energie, in der unser dualer Geist uns gefangen hält. Solange wir das innere Selbst nicht kennen, bleiben wir Opfer der äußeren Welt.

Als Mächte, die diese Welt der Unwissenheit regieren, haben die Planeten wohl hauptsächlich einen dämonischen Einfluss. „Planet" heißt im Sanskrit *graha*, und das ist auch das Wort für „Dämon". Auf einer niedrigen Ebene weben die Planeten einen Schleier der Illusion, auf den wir ihre Energie projizieren, als wäre es unsere. Die Kriege zwischen Menschen oder Völkern spiegeln die Disharmonie zwischen den Planeten wider. Krankheiten entstehen durch zu viel negative Strahlung der Planeten. In unserer Unwissenheit lassen wir uns von den Planeten beherrschen und erfüllen ihren Willen, als hätten wir uns selbst entschieden.

Darum fürchteten sich die alten Völker vor den Planeten. Sie waren sich des Ehrfurcht gebietenden, schrecklichen und oft unberechenbaren Universums bewusst, in dem sie lebten. Wir glauben zwar, über solche Ängste erhaben zu sein; aber sie überwältigen uns erneut, wenn wir Erdbeben, Überschwemmungen oder andere Katastrophen mitmachen. Bestimmte Planetenkonstellationen überschwemmen Individuen und Völker mit negativer kosmischer Energie. Unser tiefes Selbst wird damit fertig, unser Ich fällt ihnen zum Opfer.

Die Strahlen der Planeten beeinflussen unseren Intellekt, unsere Gefühle und unsere Sinne, aber auch den materiellen Körper. Der Blutkreislauf spiegelt beispielsweise den Lauf der Sonne und des Mondes am Himmel wider. Die Intelligenz der Planeten lebt in unserem Körper und in unserem Geist, und beide verdanken es ihr, dass sie so wundervoll arbeiten.

Auf der tiefsten Ebene symbolisieren die Planeten unser spirituelles Potenzial. Die Sonne ist das innere, göttliche Selbst. Venus ist die göttliche Liebe, Schönheit und Gnade (mehr dazu später). Wir müssen die Einflüsse der Planeten auf eine höhere Ebene heben. Um uns zu retten, müssen wir die Planeten erlösen und die kosmischen Strahlen wieder integrieren. Nach einer alten Metapher ist die Erleuchtung die Auferstehung der Sonne aus der Dunkelheit. Wir müssen den Teil des Kosmos erlösen, der wir sind – nicht um uns selbst zu erlösen, sondern um die Evolution des Kosmos zu fördern. Das erreichen wir, indem wir die Sonne der Wahrheit in unserem Herzen aufgehen lassen.

ASTROLOGIE ALS SPIRITUELLE WISSENSCHAFT

Die Astrologie sollte eine spirituelle Wissenschaft sein. Das Geburtshoroskop ist ein Spiegel der Seele und seiner Inkarnation. In unseren Sternen sehen wir, wie unser inneres Wesen sich von einem Leben zum anderen entwickelt. Das heißt nicht, dass wir nur Horoskope zu lesen brauchen, um die Wahrheit oder die Befreiung zu finden; aber die Astrologie gibt uns die Schlüssel zur Entfaltung des Geistes.

Die Sterne und Planeten sind nicht nur äußere Objekte, sondern auch Leuchtfeuer in unserem Inneren. Man könnte sagen, dass unser inneres Licht zu Sternen und Planeten wird, um die Evolution der Welt zu lenken. Das Äußere kommt vom Inneren, nicht umgekehrt, und das Äußere kann das Innere beeinflussen. Dieselben Strahlen der Schöpfung wirken draußen am Himmel und drinnen im Himmel unseres höheren Selbstes. Die Sterne legen fest, in welchem Bereich des Lebens wir aktiv werden. Sie spiegeln die Energie wider, die wir als Seelen in dieses Leben projizieren. Wir sind ihre Reflexion, und sie sind unsere Reflexion. Die Sterne formen den kosmischen Menschen, so wie wir ein Sonnensystem in unserem Inneren formen.

Unsere Seele ist selbst ein Stern, ein kosmisches Licht. Die Seele wird oft „Kausalwesen" genannt, weil sie unser Leben und Denken bestimmt. Sie hat die Macht, das ganze Universum zu erschaffen. Das Licht unserer Seele ist mit dem kosmischen Licht verbunden, mit dem einen, göttlichen Licht, das wir in der Sonne und in allen Sternen sehen.

Da die Astrologie das Universum widerspiegelt, können wir mit ihr alle Lebensbereiche erforschen. Sie gibt Auskunft über Gesundheit, Wohlstand, Beruf und Beziehungen, über unsere materiellen, mentalen und spirituellen Manifestationen. Sie zeigt uns die gesamte Energiestruktur, die wir im Leben anwenden müssen. Insofern ist sie die umfassendste aller Wissenschaften. Doch auf ihrer höchsten Ebene sollte die Astrologie ein Teil des Yoga sein, der Wissenschaft vom Geist. Ihre Aufgabe besteht darin, uns durch das Netz der äußeren Kräfte zur Quelle zu führen. Diese Quelle befindet sich nicht im physikalischen oder subtilen Himmel, und sie ist keine mysteriöse oder fremdartige Kraft. Sie ist, was wir sind, wenn wir uns vom separaten Ich befreit haben.

Die Planeten zeigen uns die Energien, die wir meistern müssen, um mental ruhiger zu werden. Wut, eine typische niedrige Energie des Planeten Mars, ist beispielsweise die Kraft der Wahrheit und die Fähigkeit, das Richtige zu tun und nicht davon abzuweichen. Die Wahrheit erscheint als Zorn, wenn wir uns mit egoistischen Meinungen oder Gefühlen identifizieren. Alle niedrigen Qualitäten der Planeten sind nichts weiter als die höheren Mächte, die im Zustand der Begrenzung kämpfen müssen. Es sind unterschiedliche Facetten des erleuchteten Geistes, und wir müssen sie wieder integrieren, anstatt sie zu unterdrücken.

Das wichtigste Prinzip einer spirituellen Wissenschaft ist *Selbsterkenntnis.* Große Weise erklären immer wieder: „Selbsterkenntnis ist die Grundlage alles Wissens." Aber Selbsterkenntnis ist viel mehr als eine psychologische Analyse. Sie ist nicht das Wissen um unsere äußere

Persönlichkeit oder um unser konditioniertes Selbst, sondern das Wissen um unser inneres Bewusstsein und unser nicht bedingtes Selbst. Selbsterkenntnis ist auch mehr als das Wissen um frühere Existenzen. Das sind nur erweiterte Erinnerungen, die ebenfalls zeitlich begrenzt und an die Form gebunden sind.

Selbsterkenntnis ist das Wissen um unser wahres Wesen, das Licht des Bewusstseins. Sie ist das Selbst, während alle Inkarnationen nur Masken sind. Wir erlangen sie nicht, wenn wir wissen, wer wir waren oder warum wir dies oder jenes geworden sind. Wir erlangen sie nur, wenn wir unsere separate Identität aufgeben und die Welt wieder in unser Herz integrieren. Das setzt voraus, dass wir alles, was lebt, als Teil von uns betrachten. Dann verstehen wir, dass das Göttliche überall ist.

Die Astrologie zeigt uns die Welt in uns selbst. Sie ist ein Werkzeug, das unser Bewusstsein durch die Strahlen der Schöpfung aus seinem Gefängnis im Gehirn befreit, so dass es das gesamte Universum in sich aufnehmen kann. Die Astrologie ist auch ein Hilfsmittel beim Meditieren; denn die Planeten symbolisieren die Eigenschaften, die wir erwerben müssen. Die Planeten sind die Glieder des kosmischen Menschen, die wir zusammenfügen müssen, um zum Urzustand der Gnade zurückzukehren. Wenn wir die Astrologie verstehen, kann unser Bewusstsein über die Planeten und Sterne hinaus zur zentralen Sonne der Wahrheit im inneren Herzen des Alls steigen.

Welten, Planeten, Sterne und Galaxien sind Manifestationen der sieben Strahlen der Schöpfung. Diese Strahlen sind die Lichter unserer Seele. Alles in der Natur besteht aus verschiedenen Kombinationen dieser kausalen Lichter auf verschiedenen Ebenen. Unser Sonnensystem manifestiert diese schöpferischen Energien als duale Mächte der Sonne und des Mondes sowie als die fünf Hauptplaneten Mars, Merkur, Jupiter und Saturn.

Jeder Planet belehrt uns. Er ist ein integraler Aspekt des kosmischen Seins in seiner Selbstmanifestation. Jeder Planet zeigt uns einen Weg zum kosmischen Sein. Wenn wir die Energien der Planeten in unserem Inneren integrieren, werden wir zu ganzen kosmischen Wesen. Darum ist jeder Planet ein Tor zur Befreiung. Wenn wir die Energie eines Planeten in unserem Inneren nicht verstehen, fesselt sie uns und bringt uns Sorgen und Konflikte. Wenn wir zu viel oder zu wenig von der Energie jedes Planeten aufnehmen, ist ein physisches und psychisches Ungleichgewicht in uns und in unserer Umwelt die Folge. Wenn wir die Energie eines Planeten aufteilen oder nur oberflächlich nutzen, löst sie Zerfall aus. Wenn wir die Energie als Teil unseres tieferen Selbstes aufnehmen, können wir uns weiter entfalten.

Die Planeten sind Ehrfurcht gebietende Kräfte. Aber wir sind selbst ein Teil dieses mysteriösen Universums und besitzen seine gewaltige Macht. Darum kann unsere Seele mit den unglaublichen Energien des Lebens umgehen. Unser Ich muss zerfallen. Durch innere Suche und liebende Hingabe erlangen wir die Kraft, die Planeten und die Sterne zu meistern. Dann ziehen sich die Nebel des Geistes zusammen und werden schließlich zur Sonne der unmittelbaren Wahrnehmung.

Jeder Planet symbolisiert eine bestimmte Methode des Yoga, einen bestimmten Weg zur Entfaltung des Bewusstseins. Wenn wir dem Strahl eines Planeten zurück zu seinem Ursprung folgen, gelangen wir zum Licht der Wahrheit. Die Planeten sind Geschenke des Lichts, die uns in unsere spirituelle Heimat zurückbringen. Sie haben zwar unterschiedliche Methoden, aber ein gemeinsames Ziel. Auf dem Weg zurück vereinigen sich ihre Energien allmählich.

Jede Seele wird von bestimmten Strahlen bestimmter Planeten erreicht und gehört zu einer bestimmten Planetenfamilie. Sie trägt dazu bei, den schöpferischen Strahl des Planeten weiterzuentwickeln, entweder auf einer niedrigen oder auf einer höheren Ebene. Die Evolution der Seele und des Universums sind somit das Gleiche. Jede Seele arbeitet an der kosmischen Evolution mit, und wenn sie befreit wird, befreit sie zugleich eine Facette des kosmischen Wesens und fördert die Evolution des Alls.

Die einzelnen Länder, Rassen und Religionen werden ebenfalls von verschiedenen planetaren Strahlen erreicht. Wir alle nehmen am Spiel der Götter teil, am Spiel der Planeten. Aber wir sind keine Marionetten, obwohl wir es oft sein wollen, solange wir unser inneres Potenzial nicht kennen. Innerlich sind wir die Meister des Spiels, seine lenkende Intelligenz. Die gesamte Intelligenz der Sterne, das Produkt der äonenlangen kosmischen Evolution, wohnt in uns als Intuition und spontane Einsicht.

Man sagt, manche alten Seher gehörten zur Familie des Jupiter, andere zur Venus. Das sind die beiden Planeten der Brahmanen, der Priesterkaste. Das alte Ägypten und das alte Amerika hatten einen Kalender, in dessen Zentrum die Venus stand. Im alten Indien und China basierte der Kalender auf dem Jupiter. Diese Kulturen wurden von den schöpferischen Strahlen ihrer Planeten inspiriert.

Die alten Rishis wurden mit verschiedenen Konstellationen identifiziert, vor allem mit den Sternen des Großen Bären, die man „die sieben Weisen" nannte, und mit den Plejaden, ihren „sieben Gattinnen". Der Grund dafür war auch hier das kosmische Licht, das die Rishis mit der Kraft ihres Bewusstseins auf die Erde brachten. Die Sterne sind unsere Eltern. Die Wesen anderer Welten, anderer Sonnensysteme und anderer Sonnen sind unsere Ahnen. Und wir werden durch die Macht unserer Handlungen zu Ahnen anderer Welten. Dafür müssen wir nicht in andere Welten reisen; denn wir senden ständig unsere Gedanken zum kosmischen Geist, wo sie ihre Wirkung entfalten. Wenn wir die Wahrheit entdecken, finden wir eine schöpferische Sonne in uns. In unserer inneren, göttlichen Sonne können wir ganze Welten hervorbringen, nicht durch das blinde Karma, sondern durch die Energie unserer Seele.

Manche Seelen inkarnieren in einem Körper, andere inkarnieren als Sterne oder Planeten und lenken die Evolution. Einige Seelen werden zu Welten, andere zu Wesen in diesen Welten. Eine Seele ist nicht unbedingt höher entwickelt, wenn sie ein Stern oder Planet wird. Manche dieser Wesen sind Archetypen und haben kein evolutionäres Potenzial, obwohl sie gewaltige und hohe Kräfte bewegen. Eine Existenz dieser Art kann ein karmischer Lohn oder ein evolutionäres Zwischenspiel sein; sie bedeutet nicht immer Befreiung. Solche Seelen werden zu Demiurgen der Welten.

Auf materiellen Welten wie der Erde sind die Herausforderungen am schwersten, aber das innere Wachstum kann dort am größten sein. Wo die Grenzen eng sind und die größte Unwissenheit herrscht, ist die Wahrheit als Kontrast am deutlichsten zu sehen. Darum ist es das größte Wunder und der größte Erfolg für einen Menschen, die Wahrheit zu finden, und selbst die Götter sind ihm darin unterlegen – die niedrigen Götter in ihrem Stolz versuchen sogar, unseren Erfolg zu vereiteln.

Im Tod verschmilzt die Seele mit einem planetaren Strahl, meist mit dem der Sonne oder des Mondes. Wenn wir eine hohe Stufe der Evolution erreicht haben, erleben wir die Reise entlang dem Strahl bewusst. Entscheidend ist die Stelle, an der wir den Körper verlassen. Die unteren Öffnungen führen uns in die unteren Welten, die höheren Öffnungen bringen uns in die höheren Welten. Die Planeten zeigen uns den Weg zu anderen Sonnensystemen oder gar zur großen galaktischen Sonne.

Der Mond ist das Tor zur Astralwelt auf der subtilen oder Traumebene. Dazu gehören auch der Himmel und die Hölle der gewöhnlichen Religionen auf der unteren astralen Ebene, ebenso die Welten der Kunst und der religiösen Mystik auf der höheren Ebene. Von diesen Welten aus müssen wir erneut in einem Körper inkarnieren.

Die Sonne, die wir durch den Scheitel – das Kronenchakra – erreichen, ist das Tor zu den kausalen Welten, den Welten der reinen Intelligenz. Das sind keine Welten im üblichen Sinne, weil sie formlos sind und nur aus Gedanken bestehen. Die kausale Ebene ist das Reich des kosmischen Gesetzes, die wahre Heimat der Seele. Dort zieht die Seele ihre karmische Bilanz und denkt über die nächste Geburt nach.

Die Verschmelzung mit den planetaren Strahlen ist eine Verschmelzung mit dem Licht. Wir nehmen es als zentrales Licht oder als bestimmte Welt wahr. Unentwickelte Seelen sinken nach dem Tod in einen langen Schlaf. Manche Seelen kehren jedoch sofort in die materielle Welt zurück, weil dort eine spirituelle Aufgabe auf sie wartet; in diesem Fall sammeln sie nach dem Tod nur wenig Erfahrung auf den subtilen Ebenen.

Die Planeten sind für uns auf der astralen Ebene lebendig, obwohl sie auf der materiellen Ebene tot sind. Wir besuchen diese Ebenen auch im Schlaf. Die Seele hat seit dem Beginn der Zeit schon viele Welten und Sonnensysteme auf der Astralebene bereist, meist unbewusst in der Nacht.

Unsere Kultur ist stolz auf ihre Technik, die eine Landung auf dem Mond ermöglicht hat. Aber wir begreifen nicht, dass wir den Mond oft besuchen, wenn auch auf der astralen Ebene. Die meisten Menschen kommen nicht weiter als bis zum Mond, weil dieser auf seiner unteren Ebene unser Gedächtnis ist, unser karmischer Speicher, in dem die Eindrücke aus früheren Existenzen festgehalten werden. Unsere Lebenserfahrung ist Nahrung für den Mond und hilft ihm bei seiner Entwicklung. Die lunare Ebene ist die konditionierte Sphäre, in der unser Geist gefangen ist. In der Sphäre des Mondes befinden sich die Welten, die unsere kollektiven karmischen Fixierungen geschaffen haben, zum Beispiel Himmel und Hölle. Das größte Wunder ist nicht die Fahrt zum Mond im Raumschiff. Das größte Wunder ist, dass so wenige Menschen jemals innerlich weiter gereist sind.

Nachts, wenn wir schlafen, dehnt der Geist sich in einen Astral- oder Traumkörper aus, der alle unsere Erfahrungen aus dem Wachzustand einschließt. Im tiefen Schlaf kehren wir dann in den Kausalkörper zurück, der darüber hinaus unsere Traumerfahrungen enthält. Der Wachzustand gleicht der Erde. Der Traumzustand gleicht der Reise durch die Atmosphäre zu den Planeten. Der Tiefschlaf ist eine Art Rückkehr zu den

Sternen des Himmels. Im Wachen und im Schlafen sammeln wir alle Sterne in unserem Inneren und nehmen das Licht und das Bewusstsein des ganzen Universums in uns auf.

Die gleiche, jedoch länger anhaltende Bewusstseinserweiterung erleben wir im Tod. Würden wir nicht an unserem materiellen Körper haften, wäre der Tod für uns eine natürliche Rückkehr zum kosmischen Bewusstsein – die Befreiung. Wahre Ruhe finden wir nur im tiefen Schlaf, wenn der Geist vorübergehend in seiner Lichtquelle, der inneren Sonne der Seele, aufgeht.

Ein voll entwickelter Astralkörper enthält das gesamte materielle Universum. Er kann überall hingehen, aber er kann natürliche Abläufe nicht stören. Der Kausalkörper enthält das materielle und das astrale Universum. Wir absorbieren täglich das Licht der Sterne und strahlen es aus. Sterne sind unserem Wesen nicht fremd; sie sind vielmehr seine schöpferischen Lichter, durch die wir uns ganz natürlich und spontan im Tanz der Seele zwischen dem Endlichen und Unendlichen hin und her bewegen.

Solange wir jedoch unwissend sind, ist das Bewusstsein an den Körper und seine Sinne gebunden. Wir werden sozusagen Nahrung für den Mond. Wir sind in unserem eigenen, reflektierten Licht in der äußeren Welt gefangen und verlieren unsere wahre, solare Fähigkeit, unabhängig zu sein. Wir sind in der Zeit und in der Materie gefangen, und unser Bewusstsein ist zerstreut. Anstatt die Welt zu transformieren, speist unsere zersplitterte Energie die negativen Kräfte der Welt. Dadurch halten wir das Wüten der niedrigen kosmischen Energie in Gang und bleiben an die Urkräfte der frühen evolutionären Stadien gefesselt.

Das Hauptproblem unseres Lebens ist unser Ich, das sich mit der äußeren Welt identifiziert. Wir beschlagnahmen einen Teil der Natur und behaupten: „Das bin ich“ oder „Das gehört mir“. Aber es gibt nur *eine* Natur, nur *ein* Naturgesetz und nur *eine* Wirkung der kosmischen Energien. Wenn ich wütend bin, bin „ich“ nicht wirklich wütend. Wut ist nur ein Aspekt des kosmischen Feuers, und wenn ich sie für mich beanspruche, missverstehe ich sie und mache sie zu einer zerstörerischen Kraft. Leider verstehen wir die kosmische Bedeutung dieser speziellen Energie oft nicht und versuchen daher, sie auf sehr begrenzte Weise zu nutzen. Alles, was wir aus egoistischen Beweggründen benutzen, wird destruktiv.

Die Planeten strahlen lediglich Energie aus, und wir machen daraus eine positive oder negative Energie. Das Ich macht die Energie negativ, denn es beansprucht sie für sich. Gäbe es beispielsweise kein Ich, das sich an die Energie des Mars klammert, würde sich die Energie dieses Planeten nicht als Wut, sondern als Feuer manifestieren. Dieses Feuer würde uns vitaler und wacher machen. Wir könnten zwar täuschen, aber niemandem schaden.

Damit aus der Astrologie eine spirituelle Wissenschaft wird, wie es vorgesehen war, müssen wir die spirituelle Bedeutung der Planeten kennen und verstehen, welchen Teil der kosmischen Energie sie symbolisieren. Wir müssen ihren Platz und ihre Aufgabe im Schöpfungsplan kennen. Dann können wir sie harmonisieren und integrieren und dadurch ihre Energie in unserem Inneren befreien.

Der *Astralkörper,* das Licht, das wir in der Aura sehen, besteht aus der Energie der Sterne und Planeten. Der materielle Körper ist ein grobes Duplikat, die äußere Form des Astralkörpers. Als astrale Wissenschaft ist die Astrologie somit auch die Wissenschaft vom Astralkörper, der den Intellekt, die Vernunft, das Gedächtnis und die Fantasie einschließt. Die Astrologie macht den Instinkt, die Intuition und Einflüsse aus früheren Existenzen verständlich.

Aus dem Horoskop können wir nicht nur den Zustand des materiellen Körpers ablesen, sondern auch – mit größerer Mühe – den des kausalen Körpers, der enger mit der Sonne verbunden ist. Durch eine höhere Form der Wahrnehmung wird die Astrologie zur kausalen Wissenschaft. Auf dieser Ebene können wir die Reise unserer Seele von einem Leben zum anderen beobachten, und wir entdecken das wahre Ziel der Seele in dieser Inkarnation. Unser wahres Wesen transzendiert jedoch alle Körper, da es reines Bewusstsein ist. Als Teil des Geschaffenen kann die Astrologie uns mit dieser Wahrheit lediglich vertraut machen.

Letztlich gibt es keine äußere Welt. Sie ist nur ein Produkt der Sinnesorgane unseres Geistes. Von der Linse des Geistes abgelenkt, wird das Licht des Bewusstseins zu den Objekten der Sinne. Sobald uns das klar wird, sind wir vom Verlangen frei und entdecken unser wahres selbst in allen Wesen. Das ist auch das höchste Ziel der Astrologie – nicht blinder Gehorsam vor den Einsflüssen der Sterne und Planeten. Die Astrologie zeigt uns, was diese Einflüsse in uns bewirken, damit wir zu Meistern des gesamten Universums werden.

Manche Leute meinen, die Astrologie sei unabhängig von ihrem Wahrheitsgehalt keine spirituelle Wissenschaft und kein Weg zur Befreiung, sondern nur eine okkulte Wissenschaft. Sie zeige uns zwar unser Karma, aber an dieses seien wir nicht gebunden. Nur Unwissende seien ihrem Geburtshoroskop unterworden, nicht aber Weise. Gewiss ist die populäre Astrologie nicht spirituell. Sie ist weltlich und egozentrisch. Aber es gibt auch eine höhere Form der Astrologie, die unser höheres Selbst widerspiegelt, das nicht nur göttlich ist, sondern auch universell und sich im ganzen Kosmos widerspiegelt. Dies ist die vedische Auffassung von Astrologie.

Wenn wir eine wahrhaft spirituelle Kultur aufbauen wollen, müssen wir die Astrologie erneuern. Nur dann können wir die Sprache des Lebens verstehen und von unseren alten, spirituellen Ahnen unser höheres Erbe einfordern.

VEDISCHE WISSENSCHAFT

Die vedische Astrologie geht wie der Yoga auf die alten indischen Seher, die Rishis, zurück. Rishis waren große Wesen, die im legendären Zeitalter des Lichts und der Wahrheit lebten und die spirituelle Erleuchtung erlangt hatten. Ihr Wissen wird seit Jahrtausenden mündlich überliefert. Vieles ist verloren gegangen, aber der Kern ist erhalten geblieben. Wir finden es auf der tieferen Ebene des Geistes als Erbe der spirituellen Menschheit, dem wir untreu geworden sind. Wenn wir die Rishis als innere, spirituelle Vorfahren betrachten, können wir ihr Wissen neu entdecken.

Aus der Meditation der Rishis entstand die großartige vedische Wissenschaft, eine integrale, spirituelle Wissenschaft, die alle Bereiche des Lebens umfasst. Die Rishis formulierten sie in der Sprache der Mantras, mit der wir Menschen die kosmischen Schwingungen am Beginn der Schöpfung ausdrücken.

Mantras sind Saatlaute, und das wichtigste Mantra ist die Saatsilbe Om, in der die Gesetze und Archetypen des Universums enthalten sind. Wenn wir dieses mantrische Wissen auf verschiedenen Ebenen anwenden, verstehen wir die innere Wahrheit aller Existenzbereiche. Durch die Mantras wurden die Rishis zu Meistern des Yoga, der Philosophie, der Astrologie, der Geomantie, der Medizin, der Dichtung, der Kunst und der Musik. Das Urwissen der Mantras ist ein Instrument, dessen Skala alles Wissen offenbart, wie die *Maitriyani-Upanischad* bestätigt:

Das Selbst ist zweifach: Prana und Sonne zugleich.
Und zweifach ist der Weg im Inneren und im Äußeren,
den es bei Tag und bei Nacht geht.

Die Sonne ist das äußere Selbst, Prana ist das innere Selbst.
An der Bewegung des äußeren Selbstes messen wir
die Bewegung des inneren.

Doch der Wissende, der frei von Sünde ist
und dessen Auge nach innen schaut, misst die Bewegung
des äußeren Selbstes an der Bewegung des inneren.

Die alten Seher studierten die Bewegung der Sonne, um die Bewegung der Lebenskraft (Prana) im Körper zu verstehen. Das war die Grundlage des Yoga. Aber als sie über die Lebenskraft meditierten, lernten sie auch die Bewegung der Sonne am Himmel verstehen. Auch uns enthüllen sich die Mysterien des Universums im eigenen Körper, wenn wir das innere Auge öffnen.

Da die vedische Wissenschaft spirituell ist, bildet das Wissen vom Selbst *(atma vidya)* das Zentrum, in dem sich alle vedischen Disziplinen begegnen. Nur durch das Selbst können wir alles andere wissen. Wahres Wissen ist kein Faktenwissen, sondern das Wissen um das Wesen der Dinge. Nur dieses Wissen befreit den Geist und erfüllt das Herz, und nur durch dieses Wissen werden wir glücklich und unsterblich.

Aus diesem zentralen Wissen um das Selbst stammt das Mantra, das Wesen des kosmischen Lautes und der kosmischen Energie, verkörpert im *Rigveda,* dem ältesten der Veden. Der Rigveda ist eine Aufzeichnung der alten Rishis in ihrer Sprache. Mit ihm haben sie uns den geheimen Code alles Wissens überliefert. Vedische Mantras sind eine intuitive und symbolische Sprache, die alle Gesetze des Kosmos enthalten. Auch die vedische Astrologie blickt zum Rigveda als ihrem Ursprung zurück, und ihre großartigen Mantras an die Gottheiten der Planeten stammen aus dieser Quelle.

Den vedischen Mantras verdanken wir vor allem spirituelles Wissen und den Yoga. Außerdem enthalten sie Wissen über die Schöpfung und okkultes Wissen von den subtilen Gesetzen, die das materielle Universum regieren. Die wichtigste okkulte Wissenschaft ist die Astrologie. Vedische Mantras überliefern im Ayurveda außerdem Wissen über den materiellen Körper. Sie enthalten das Geheimnis der gesamten menschlichen Evolution und der gesamten kosmischen Evolution, von der kosmischen Explosion am Anfang bis zur Vollkommenheit des Kosmos am Ende.

Der wohl größte vedische Seher war der Rishi Vasishta. Er ist der berühmteste Weise des Rigeda und der vedischen Schriften, und auch die puranischen und tantrischen Lehren künden von ihm. Der Ursprung der vedischen Astrologie lässt sich auf seinen Enkel Parashara Shakti zurückführen, dem Seher in einigen esoterischen Hymnen des Rigveda. Ein Werk seiner Schule, das *Brihat Parashara Hora Shastra,* ist heute noch das Haupt- und Quellenbuch der Astrologie, obwohl ihm im Laufe der Zeit manches hinzugefügt wurde.

Selbsterkenntnis transzendiert Zeit, Raum und Persönlichkeit. Das Wissen vom Bewusstsein geht allem Manifesten voraus und liegt ihm zugrunde. Darum ist Selbsterkenntnis nicht auf bestimmte Lehrer oder Religionen beschränkt. Das wichtigste Prinzip der vedischen Astrologie ist der Primat des inneren Wissens. Die vedische Astrologie will uns zu eigenem, unmittelbarem Wissen verhelfen; sie will uns keine äußere Autorität und keinen äußeren Glauben aufzwingen. In der Praxis der vedischen Astrologie ist die Ehrfurcht vor dem Selbst in allen Wesen das höchste Gebot, denn das Selbst steuert sogar die Planeten, und vor ihm ist das ganze Universum nur ein Schatten.

Die vedische Astrologie will uns nicht zu Untertanen äußerer Kräfte machen, sondern uns die Selbstentfaltung ermöglichen. Darum müssen wir zuerst uns selbst verstehen. Ohne ein gewisses Maß an Selbsterkenntnis kann ein Astrologe seinem Klienten nur eigene Urteile anbieten, selbst wenn er subtile planetare Einflüsse erkennt. Dadurch wird er zu einem weiteren Hindernis für das Erblühen der individuellen Seele. Diese Astrologie wurzelt im Ich und hat keinen bleibenden Wert.

DIE VEDISCHE ASTROLOGIE

Die vedische Astrologie ist die traditionelle Astrologie Indiens. Ihre Ursprünge liegen in der vedischen Kultur, also in einer Zeit, die wir als prähistorisch bezeichnen (vor 3000 v. Chr.). Sie gründet auf den Veden, den ersten Schriften Indiens und vielleicht aller indoeuropäischer Völker.

Hindus, Buddhisten, Jainas und Sikhs nutzen die vedische Astrologie. Sie wurde in ganz Indien praktiziert, teilweise auch im heutigen Iran, Afghanistan und russischen Zentralasien. In Tibet, Sri Lanka und Burma ist sie immer noch lebendig. Mit dem Hinduismus und Buddhismus gelangte sie nach Indochina und Indonesien, nach China und in den Nahen Osten, in sehr alten Zeiten sogar nach Babylonien und Ägypten. Wenn die vier astronomischen Daten in den Veden richtig sind, haben sich möglicherweise alle Formen der Astrologie aus der vedischen entwickelt. Vermutlich ist sie auch die Astrologie des frühen spirituellen Zeitalters, jener mythischen Ära des Lichts, die angeblich all jenen alten Kulturen vorausging, von denen wir heute wissen.

In den Veden finden wir uralte Daten über Äquinoktien, zum Beispiel viele Hinweise in den späteren vedischen Schriften auf die Frühlings-Tagundnachtgleiche in den Plejaden (*krittika*) oder auf das Ende des Stierzeitalters um 2500 v. Chr. Der Rigveda spricht von der Ära der Zwillinge und des Orions *(mrigashiras)* um 4000 v. Chr., dem Zeitalter des Krebses *(punarvasu)* um 6000 v. Chr. und noch früheren Perioden.

Der Rigveda enthält astronomische Berechnungen mit zwölf Zeichen und einem Kreis, der in 360 Grade eingeteilt ist, sowie einen Mondkalender mit Schaltmonaten. Die Metapher vom Sonnenwagen, den sieben Pferde ziehen, belegt die Kenntnis der sieben Hauptplaneten. Erwähnt werden auch die Mondkonstellationen oder Nakshatras. Die vedischen Götter haben viele astronomische und zeitliche Entsprechungen. Konstellationen wurden nach den Gottheiten benannt, die sie regieren, und alle finden wir bereits in den ältesten vedischen Schriften.

Der Rigveda enthält eine mathematische und astrologische Symbolik, die von tiefgründigem, aber verborgenem kosmischem Wissen zeugt. In einer Hymne (Rigveda IV.58.2) heißt es:

Er hat vier Hörner, drei Füße, zwei Köpfe und sieben Hände.
Dreifach gebunden brüllt der Stier. Der allmächtige Gott ist zu den Sterblichen gekommen.

Das ist eine Anspielung auf das astronomische Juga, das 4 320 000 000 Jahre umfasst. Die sieben Hände sind die sieben Nullen.

Die vedische Kultur basierte auf einem ausgeklügelten Ritual, das den Zyklen der Zeit – den Tagen, den Monaten und dem Jahr – folgte, enthüllt von den Bewegungen der Sonne, des Mondes und der Planeten. Für die alten Völker war der Himmel eine Uhr; sie meditierten über seinen Einfluss und entdeckten das höhere Bewusstsein hinter ihm.

Nach der Kultur und Religion, mit der sie sich entwickelt hat, wird die vedische Astrologie auch als hinduistische Astrologie bezeichnet.

Wie der Hinduismus ist sie ein pluralistisches, flexibles System, das viele Wege kennt und immer wieder neue Inkarnationen annimmt. Darum ist sie auch im modernen Westen anwendbar und nützlich – neben dem Yoga und der Meditation, die bereits aus Indien zu uns gekommen sind und von denen so viele Menschen profitieren.

Ein weiterer Name für die vedische Astrologie ist *Jyotish*, was „Wissenschaft vom Licht" bedeutet. Damit sind die Astronomie, die Astrologie und die Meteorologie gemeint. Als Zweig der Veden und als ihr Kern heißt sie in den alten Schriften auch *Vedanga Jyotish*.

DIE VIER LEBENSZIELE

Die vedische Wissenschaft kennt viel Ziele des menschlichen Lebens: Kama, Artha, Dharma und Moksha. Kama ist das Verlangen, das Bedürfnis nach emotionaler und sinnlicher Erfüllung. Wir können auch Genuss oder Vergnügen dazu sagen. Alles, was wir tun, sollte eine Quelle des Glücks sein und keinem anderen Geschöpf schaden.

Artha ist das Erreichen von Zielen, vor allem der Erwerb wertvoller Dinge. Wir alle sollten so viel Wohlstand besitzen, dass wir unser Potenzial ausschöpfen können.

Dharma ist das Prinzip oder Gesetz, unser Bedürfnis nach Anerkennung und Ehre. Wir können es auch Beruf oder Berufung nennen, denn so deutet unsere Kultur dieses Bedürfnis. Jeder Mensch will für das, was er tut, anerkannt werden, damit er einen Beitrag für die Gesellschaft leisten kann, ohne sich selbst zu verleugnen.

Moksha ist die Freiheit oder Befreiung, unser Drang nach spirituellem Wachstum. Wir müssen die drei niedrigeren Werte und uns selbst transzendieren, bis wir eins mit allem geworden sind. Alle vier Ziele werden Dharmas genannt, weil Dharma auch das fundamentale Gesetz ist. Moksha ist das höchste Dharma.

Die vedische Astrologie erkennt den Wert aller vier Lebensziele an und will uns helfen, sie zu erreichen. Die drei ersten – Vergnügen, Wohlstand und Beruf – sind dem letzten – der spirituellen Befreiung – jedoch untergeordnet. Die Befreiung ist das höchste Ziel aller Wesen, denn ohne sie wären die anderen Ziele bedeutungslos. Die anderen sind ein nützliches Mittel zum Zweck, aber kein Selbstzweck. Wenn wir das verstehen, haften wir nicht an ihnen, sondern fördern mit ihnen unser spirituelles Wachstum.

Gesundheit ist die Voraussetzung für die vier Lebensziele, denn was könnten wir ohne sie erreichen? Aber die Gesundheit hat nicht nur eine körperliche, sondern auch eine geistige Komponente. Die Astrologie muss sich also sowohl mit dem körperlichen als auch mit dem seelischen Wohlbefinden befassen, damit wir alle Lebensziele erreichen können. Darum sind die medizinische und die psychologische Astrologie neben der spirituellen die wichtigsten Zweige.

Diese vier Ziele sind eine Pyramide mit der Befreiung als Spitze. Jedes Ziel soll die anderen fördern. Wir müssen glücklich sein, damit wir überhaupt leben können. Wir brauchen genügend Mittel, damit wir Muße und Seelenfrieden haben. Wir brauchen Anerkennung, damit wir leisten können, wozu wir berufen sind. Aber die meisten Menschen klammern sich an die niedrigeren Ziele und vergessen das höhere. Selbst wenn wir nach dem höheren Ziel streben, geht es uns insgeheim oft um die niedrigeren – im Namen Gottes suchen wir nach Vergnügen, Macht oder Ruhm und spannen dafür häufig auch die Astrologie ein. Damit die Astrologie ihre spirituelle Integrität wiedergewinnt, muss sie die Rangordnung der Lebensziele respektieren.

2
Die östliche und die westliche Astrologie

Die Astrologie existiert seit uralten Zeiten überall auf der Welt. In den alten Kulturen, etwa in Ägypten und Babylonien, spielte sie eine große Rolle. Auch die christlichen und islamischen Kulturen des Mittelalters benutzten die Astrologie; aber viele hielten sie für heidnisch. Die Religion des einen Gottes wollte die Macht der Götter, die hauptsächlich planetarischer Natur ist, nicht anerkennen. Die moderne Kultur mit ihrem wissenschaftlichen Anspruch hält die Astrologie für reine Fantasie und unbeweisbar.

Die indische Kultur ist dagegen erhalten geblieben. Sie verehrt heute noch die Götter und sucht nach dem göttlichen Selbst, nach dem reinen Bewusstsein, das selbst den Schöpfer transzendiert. Spiritualität und Religion sind in Indien frei geblieben, denn es gibt keinen Monotheismus mit Anspruch auf Exklusivität und keine intolerante Kirche. Hier konnte die ältere, vollständige Form der Astrologie überleben. Im heutigen Indien wird noch ein ritueller Kalender benutzt, der auf den Sternen basiert und die Planeten als Götter verehrt. So war es auch in Babylonien und Ägypten vor Tausenden von Jahren. Moderne Hindus beten zu den Planeten, wie es die Menschen im alten Europa und im Nahen Osten vor langer Zeit taten.

Im Westen hat die Astrologie im Laufe des vorigen Jahrhunderts eine Wiedergeburt erlebt. Die neue, moderne, psychologische Astrologie hat einen breiteren Blickwinkel und ist frei von den Fesseln des mittelalterlichen Denkens. Sie hat alle Angriffe der materialistischen Ära abgewehrt, weil sie für die Seele derart reizvoll ist, dass der Intellekt sie nicht verleugnen kann. Einst war sie ein Symbol der Vergangenheit; heute gilt sie oft als Weg in die Zukunft, ins Zeitalter der Raumfahrt. Die Astrologie ermöglicht also einen Dialog zwischen dem Osten und dem Westen, zwischen dem Alten und dem Modernen.

DIE ZWEI TIERKREISE

Die meisten Menschen glauben, es gäbe nur einen Tierkreis, der aus Fixsternen oder Konstellationen bestehe. Wenn die Ephemeriden (eine Tabelle der Planetenpositionen) einen Planeten einem bestimmten Zeichen zuordnen – z. B. Jupiter dem Schützen –, dann nehmen wir an, dass wir nur den Nachthimmel betrachten müssen, um den Planeten dort zu finden. Das trifft jedoch meist nicht zu. Der Tierkreis, den die meisten westlichen Astrologen benutzen, ist der *tropische Tierkreis*, der nicht mehr auf den Sternen basiert, so dass die Astrologie nicht mehr den beobachtbaren Konstellationen entspricht. Unser astrologischer Jupiter im Schützen ist wahrscheinlich zwischen den Sternen des Skorpions zu finden.

Die Zeichen des tropischen Tierkreises haben sich im Laufe der Jahrtausende verschoben und entsprechen heute völlig anderen Konstellationen als früher. Das tropische Zeichen des Widders entspricht heute den Fixsternen der Fische, und bald wird es den Wassermann erreichen und den Beginn des Wassermannzeitalters verkünden. In zehntausend Jahren wird der tropische Widder den Fixsternen der Waage entsprechen, seinen Antipoden. Die Zeichen des tropischen Tierkreises richten sich nach den Tagundnachtgleichen, nicht nach den Fixsternen. Der Beginn des tropischen Tierkreises, sein erster Grad des Widders, ist mit der Frühlings-Tagundnachtgleiche identisch, also mit dem Ort der Sonne am ersten Frühlingstag, nicht mit bestimmten Sternen. Der Frühlingspunkt wechselt die Sternbilder ständig, weil die Position der Erdachse schwankt. Diese „Präzession" führt dazu, dass die Erdachse sich relativ zu den Fixsternen im Tierkreis rückwärts bewegt und ihn einmal in 25 800 Jahren durchläuft.

Der Tierkreis, der den tatsächlichen Konstellationen entspricht, heißt *siderischer Tierkreis*. Ihn benutzen die vedische Astrologie und die westliche siderische Astrologie, wobei die Erstere das Vorbild der Letzteren ist. Vor etwa zweitausend Jahren, als die westliche Astrologie noch im Entstehen begriffen war, fielen beide Tierkreise zusammen. Seither hat die Präzession beide Tierkreise allmählich verschoben. Der tropische Tierkreis entspricht immer noch den astronomischen Positionen vor rund zweitausend Jahren.

Er basiert nicht auf den Sternen, sondern auf der Position der Erde im Vergleich zur Sonne. Sein Krebs und sein Steinbock geben den Ort der Sonne zur Zeit der Sommer- und Wintersonnenwende an. Der tropische Tierkreis beginnt mit der Sonne am Frühlingspunkt, und damit beginnt das Zeitalter des Widders. Die Position der Sonne am Tag ihrer Sommerwende gilt als erster Grad des Krebses. Ihre Position bei der Herbst-Tagundnachtgleiche ist dann der erste Grad der Waage und ihr Ort am Tag ihrer Winterwende der erste Grad des Steinbocks.

Die Jahreszeiten legen also die Kardinalpunkte des tropischen Tierkreises fest. Da die Präzession jedoch weitergeht, ändern sich auch die Fixsterne, die diesen Punkten entsprechen.

Der tropische Tierkreis hält an den jahreszeitlichen Punkten fest und berücksichtigt die Präzession nicht. Der siderische Tierkreis bezieht die Präzession in seine Berechnungen mit ein, und darum sind seine Zeichen identisch mit den Fixsternen.

Heute ist den meisten tropischen Astrologen klar, dass ihre Zeichen den Fixsternen nicht mehr entsprechen. Aber sie behaupten, ihre Astrologie sei dennoch richtig. Einige sagen, sie basiere auf den Jahreszeiten, andere reden von einer zeitlichen, nicht räumlichen Symbolik – die tropischen Zeichen seien eben eine Einteilung der Zeit, nicht des Raumes.

Aber auch die tropische Astrologie berücksichtigt die Präzession in Bezug auf die Weltalter. Sie spricht ja vom Zeitalter des Wassermanns, während der Frühlingspunkt sich zu den Fixsternen der Konstellation Wassermann zurückbewegt. Sie erkennt auch die siderische Astrologie an und hält sie für nützlich, wenn es um längere kollektive Zeitphasen geht und nicht um individuelle Horoskope.

Die vedische Astrologie berücksichtigt ihrerseits die Position der Planeten relativ zu den Sonnenwendpunkten und Tagundnachtgleichen. Doch diese Punkte dienen dazu, die Stärken und Schwächen der Planeten zu bestimmen; sie sind kein wesentlicher Aspekt bei der Horoskopdeutung.

Es gibt also zwei unterschiedliche Methoden, die Zeichen des Tierkreises zu bestimmen. Jede hat ihre eigene Berechnungsgrundlage, und keine ist richtig oder falsch. Beide Methoden verwenden die gleiche Sprache.

Wenn ein tropischer Astrologe sagt, die Sonne stehe im Wassermann, meint er nicht, dass die Sonne sich zwischen den Fixsternen des Sternbildes Wassermann befindet. Er weiß in der Regel, dass sie wahrscheinlich im Sternbild Steinbock zu finden ist. Was er sagen will ist: Die Sonne steht im elften von zwölf Teilen des Tierkreises, der auf der Position der Sonne am Frühlingspunkt basiert. Wenn ein siderischer Astrologe sagt, die Sonne stehe im Steinbock, meint er die Fixsterne, nicht das tropische Sternbild, das wahrscheinlich der Wassermann ist. Obwohl beide Astrologen die gleichen Begriffe verwenden, beziehen sich diese auf verschiedene Punkte am Himmel, weil dieser unterschiedlich eingeteilt wird.

Manche Leute versuchen heute, die Zeichen nur den tatsächlichen Sternen zuzuordnen, nicht dem dreißig Grad umfassenden Teil, in dem sie liegen. Ihrer Meinung nach gehört der Stier nur zu den Sternen dieser kleinen Konstellation, nicht zum größeren Band. Die vedische Astrologie ist damit nicht einverstanden. Sie betrachtet die zwölf Teile des Tierkreises als harmonische Aufteilung des Lichts aus dem Zentrum der Galaxis. Diese harmonische Teilung ist der Schlüssel, nicht die einzelnen Sterne darin, obwohl auch diese ihre Bedeutung haben.

Das es zwei Tierkreise gibt, kommt es zwischen ihren Anhängern auch zu Konflikten. Manche Astrologen halten „ihren" Tierkreis für richtig und den anderen für falsch. Andere halten beide für richtig, wenn auch auf unterschiedliche Weise. Die Debatte zwischen beiden Schulen wird sicherlich weitergehen. Der Nutzen der vedische Astrologie wird jedoch immer augenscheinlicher, obwohl sie einen anderen Tierkreis voraussetzt.

Da die vedische Astrologie siderisch ist, finden wir in ihren Horoskopen meist andere Planetenpositionen als in den Horoskopen der tropischen Astrologie. Die Sonne steht dann vielleicht nicht mehr im Zeichen des Stieres, sondern im Zeichen des Widders. Das kann zu Verwirrung führen, vor allem wenn wir mit dem tropischen System vertraut sind. Wenn Ihre Sonne im Wassermann steht, sind Sie vielleicht mit der Sonne im siderischen Steinbock nicht glücklich. Andererseits freuen Sie sich vielleicht, wenn Ihre Sonne nicht mehr im tropischen Steinbock, sondern im siderischen Steinbock steht. Darum ist es sehr wichtig, dass wir die beiden Tierkreise und ihre Unterschiede verstehen, damit wir die beiden Systeme nicht verwechseln.

Der siderische Tierkreis ist wahrscheinlich der ursprüngliche, da man ihn ja beobachten kann. Der tropische ist abstrakt und dürfte vom siderischen abgeleitet sein. Der Tierkreis wurde sehr früh entdeckt, lange bevor die Frühlings-Tagundnachtgleiche der erste Punkt des Widders war. Als die Ägypter und Babylonier vom Sternbild des Stieres sprachen, meinten sie offenbar die Fixsterne. Damals fiel die Frühlings-Tagundnachtgleiche mit dem Stier zusammen, nicht mit dem Widder. Wenn der Mond im Jahr 2000 v. Chr. zwischen den Sternen des Stiers stand, haben die alten Völker ihn gewiss nicht im tropischen Zeichen des Widders gesehen. Ein abstrakter oder symbolischer Tierkreis hätte für diese Kulturen keinen Sinn gehabt, weil ihr Kalender sich nach beobachtbaren Positionen der Planeten richtete. Falls die Astrologie aus Indien stammt, ist der siderische Tierkreis mit Sicherheit der älteste, da die indische Astrologie während ihrer langen Geschichte immer siderisch war.

Der siderische Tierkreis hat also den Vorteil, dass er astronomisch und historisch betrachtet vermutlich das Original ist. Wenn die Astronomen klagen, die Astrologie sei wertlos, weil ihre Zeichen nicht mehr mit den Sternen übereinstimmten, so trifft dieser Vorwurf den siderischen Tierkreis nicht.

Die vedische Astrologie besteht seit vielen Jahrtausenden. Sie hat einige Verschiebungen der Äquinoktialpunkte (ähnlich wie unser Wassermannzeitalter) und Korrekturen des Kalenders mitgemacht. Das vedische System und sein Tierkreis basieren auf einer kulturellen Kontinuität, die bis in die Ära der Götter zurückreicht. Damals konnten die Menschen noch mit der Intelligenz des Kosmos sprechen. Darum könnte die vedische Astrologie der Schlüssel zum Wirken dieser Intelligenz und zur Zukunft unseres Planeten sein. Ihr bleibender Wert zeigt sich auch darin, dass wir sie an der Wende zum neuen Jahrtausend wieder entdeckt haben.

DIE AUSRICHTUNG DES SIDERISCHEN TIERKREISES

Meiner Meinung nach ist der siderische Tierkreis nach dem Zentrum der Milchstraße ausgerichtet, also nach der galaktischen Sonne, die uns durch die Fixsterne des Schützen beeinflusst. Das galaktische Zentrum wird *Brahma* (schöpferische Kraft) oder *Vishnunabhi* (Nabel Vishnus) genannt. Die galaktische Sonne strahlt das Licht aus, von dem das Leben und die Intelligenz auf Erden abhängen. Sie steuert das Spiel der sieben Strahlen der Schöpfung und die Verteilung des Karmas. Sie ist der Mittelpunkt, wenn wir die Sternzeichen deuten, welche die zwölf Teile ihres Lichts symbolisieren.

Im siderischen Tierkreis liegt das galaktische Zentrum im ersten Teil des Schützen. Im vedischen System gibt es eine Mondkonstellation (Nakshatra) namens *mula*, was Wurzel oder Quelle bedeutet und darauf hinweist, dass sie die erste einer Reihe von Nakshatras auf der kosmischen Ebene ist. Sie markiert die ersten 13°20' des Schützen, in deren Mitte sich das galaktische Zentrum befindet. Das vorhergehende Nakshatra – am Ende des Skorpions – heißt *jyeshta*, „das älteste“. Die alten Völker kannten also das galaktische Zentrum und gaben ihren Konstellationen entsprechende Namen. Für den siderischen Tierkreis gibt es drei wichtige Orientierungspunkte, die ein Dreieck bilden:

- *Widder*, das Kardinalfeuer oder schöpferische Feuer, ist der Bereich, dem das kosmische Licht zufließt.
- *Löwe*, das feste Feuer, ist der Ort, an dem das Licht unterhalten wird.
- *Schütze*, das bewegliche Feuer, ist der Ort, an dem das Licht vollendet oder transformiert wird.

Diese Ausrichtung folgt der Beziehung der Sonne zum galaktischen Zentrum. Das galaktische Licht kommt durch Jupiter und den frühen Schützen und formt mit Widder und Löwe (120° vom Schützen entfernt) ein Dreieck.

Der siderische Tierkreis behält seine Beziehung zum galaktischen Zentrum bei, während der tropische Tierkreis auf der Beziehung zwischen Erde und Sonne, symbolisiert durch die Tagundnachtgleichen, gründet. Der siderische Tierkreis untersucht die Beziehung zwischen dem Sonnensystem und der galaktischen Sonne. Er spiegelt die Einflüsse wider, die vom Mittelpunkt der Milchstraße ausgehen und von den Planeten unseres Systems übertragen werden. Dafür sorgen hauptsächlich Jupiter – in den Veden der Guru (Lehrer) – und Schütze, sein positives Zeichen. Jupiter gilt als Lehrer der Götter, der kosmischen Mächte des Lichts. Insofern ist er sogar Lehrer der Sonne, der Lenkerin der Welt. Jupiter symbolisiert und leitet das Licht der galaktischen Sonne in unser Sonnensystem. Auf diese Weise können wir den Tierkreis in drei Gruppen zu je vier Konstellationen einteilen:

Widder – Stier – Zwillinge – Krebs
Löwe – Jungfrau – Waage – Skorpion
Schütze – Steinbock – Wassermann – Fische

Die erste Gruppe wird von Mars regiert, der durch Widder, das Kardinalfeuer, die Energieausstrahlung des Tierkreises in Gang setzt. Dies ist die kardinale oder kreative (rajasische) Gruppe. Sie besteht aus den beiden Kardinalzeichen Widder und Krebs sowie aus dem festen Zeichen Stier und dem beweglichen Zeichen Zwillinge. Die kardinalen Zeichen setzen Bewegungen und Aktivitäten in Gang; sie steuern die Manifestation, indem sie die Saatkräfte ausstreuen.

Die zweite Gruppe wird von der Sonne regiert, die durch den Löwen, das feste Feuer, die Energieausstrahlung des Tierkreises stabilisiert. Dies ist die feste oder stabilisierende (tamasische) Gruppe. Sie besteht aus Löwe und Skorpion, zwei festen Zeichen, sowie Waage, einem kardinalen, und Jungfrau, einem festen Zeichen. Dieses feste Drittel des Tierkreises sorgt dafür, dass Bewegungen beibehalten werden; es stabilisiert Aktivitäten und bringt Energie in Form. Dadurch gewährleistet es die Erhaltung der Kräfte in unserem Leben.

Die dritte Gruppe wird von Jupiter regiert, der durch den Schützen, das bewegliche Feuer, die Lichtausstrahlung des Tierkreises vervollständigt und zur Reife bringt. Dies ist das bewegliche oder ausgleichende (sattwische) Drittel des Tierkreises. Es besteht aus dem Schützen und den Fischen, zwei beweglichen Zeichen, sowie Steinbock, einem Kardinalzeichen, und Wassermann, einem festen Zeichen. Das bewegliche Drittel vollendet Bewegungen, transformiert Energie und destabilisiert Formen. Es führt uns von Energien und Formen weg und in den Bereich des Denkens hinein.

Alle drei Gruppen beginnen mit einem Feuerzeichen und enden mit einem Wasserzeichen. Die erste Gruppe hat ein kardinales Feuer- und Wasserzeichen, die zweite ein festes Feuer- und Wasserzeichen, die dritte ein bewegliches Feuer- und Wasserzeichen. Diese drei Gruppen symbolisieren drei Bewegungen: Schöpfung, Erhaltung und Auflösung, je nach der galaktischen Kraft, die ihnen zufließt.

SOLARE UND KOSMISCHE ASTROLOGIE

Zusammenfassend können wir sagen, dass die tropische Astrologie im Grunde eine solare Astrologie ist. Ihre Zeichen sollte man besser „solare Häuser" oder „äquinoktiale Zeichen" nennen. Ihr Tierkreis geht von der Beziehung der Erde zur Sonne aus; aber es besteht keine unmittelbare Verbindung mit den Fixsternen. Diese Astrologie befasst sich mit Psychologie, Persönlichkeiten und Charaktertypen, also mit der solaren Seite des Lebens. Ihre Zeichen zeigen uns, wie die Planeten die Sonnenkraft verteilen, nicht aber, wie sie die Energie der Sterne und der Galaxis verteilen.

Die siderische Astrologie ist eine kosmische Astrologie. Ihre Zeichen sind die Sternbilder, und ihrem Tierkreis liegt die Beziehung zwischen unserem Sonnensystem, den Fixsternen und der Milchstraße zugrunde. Sie ermöglicht gute Voraussagen und eignet sich auch als spirituelle Astrologie. Eine spirituelle Astrologie muss das große galaktische Zentrum und die Position der Zeichen berücksichtigen.

Beide Systeme lassen sich integrieren. Beide verwenden ein System von Häusern, die auf der täglichen Drehung der Erde um ihre Achse basieren. Der tropische Tierkreis spiegelt darüber hinaus die jährliche Drehung der Erde um die Sonne wider. Der siderische Tierkreis fügt die Drehung des Sonnensystems innerhalb des Präzessionszyklus hinzu. Man könnte alle drei Faktoren bestimmen und die östliche und westliche Astrologie vereinigen. Das wäre allerdings eine komplexe und mühselige Aufgabe.

Andererseits können beide Systeme auch Alternativen bleiben, so wie die verschiedenen Heilweisen. Vielleicht ist es nützlich, die Unterschiede zwischen ihnen zu bewahren, damit das astrologische Wissen breiter wird. Selbst dann können sie einander sinnvoll ergänzen. Viele vedische Astrologen, vor allem im Westen, beziehen Uranus, Neptun und Pluto in ihre Deutung mit ein. Segmenthoroskope, die in der heutigen tropischen Astrologie immer beliebter werden, stammen aus dem vedischen System.

AYANAMSHA

Der Unterschied zwischen dem tropischen und dem siderischen Tierkreis heißt *ayanamsha. Ayana* bedeutet im Sanskrit „Sonnenwende", *amsha* ist der „Teil" oder „Abschnitt". Der Ausdruck bezieht sich auf den Unterschied zwischen dem Frühlingspunkt in den Fixsternen und dem ersten Punkt des Sternbildes Widder.

Siderische Astrologen streiten vor allem über die genauen Grade und Minuten der Ayanamsha. Manche westlichen Astrologen behaupten, der Frühlingspunkt liege bereits im Wassermann. Das wäre eine Ayanamsha von über dreißig Grad. Diese Auffassung lässt sich astronomisch nur schwer begründen, da der Frühlingspunkt immer noch in den frühen Fischen liegt, weit entfernt von den Sternen des Wassermanns.

Westliche siderische Astrologen nehmen ab 1950 eine Ayanamsha von etwa 24°02' an. Die meisten vedischen Astrologen gehen von 21°40' bis 23°10' aus. Die letztere Korrektur heißt Lahiri-Ayanamsha und wird von der indischen Regierung als Standard benutzt, obwohl sie nicht allgemein anerkannt ist. Es ist zwar einfach, den exakten Himmelspunkt zu bestimmen, dem der Frühlingspunkt heute entspricht; aber es ist schwer herauszufinden, welcher Punkt tatsächlich der erste Punkt des Widders sein sollte. Die Identität des vedischen Sterns *Revati,* der diesen Punkt angeblich markiert, ist ebenfalls umstritten.

Heute geht man meist vom Stern *Chitra* (Spica oder Alpha Vrgo, ein Stern erster Größe) aus und legt den Anfang des Tierkreises genau gegenüber (also 180° entfernt). Das ist die Grundlage der Lahiri-Ayanamsha. Diese Ayanamsha heißt *chitrapaksha.* Wie man ihre Position berechnet, ist aber etwas umstritten. Die ältere vedische Astrologie benutzte eine polare Breite, um die Position der Sterne zu messen. Nach dieser Methode wäre die Chitra-Ayanamsha vierzig Minuten kleiner als die Lahiri-Ayanamsha.

Häufige Ayanamshas für 1950

Lahiri	23°10′
B. V. Raman	21°42′
Srei Yukteswar	21°46′
J. N. Bhasin	22°02′
Fagan-Bradley	24°02′

Auch über das Ausmaß der jährlichen Präzession bestehen einige Meinungsunterschiede, denn sie schwankt in der Tat. Darum wird auch der Zeitpunkt der Übereinstimmung beider Tierkreise unterschiedlich berechnet. Vedische Astrologen nehmen Daten zwischen 200 und 550 n. Chr. an.

Das System, das Sri Yukteswar, der Lehrer von Paramahansa Yogananda, in seinem Buch *The Holy Science* erläutert, ist beachtenswert, da er sowohl Astrologe als auch eine erleuchtete Seele war. Bei ihm beginnt der Zyklus 499 n. Chr. und hat eine Periode von 24 000 Jahren, die er entsprechend der vedischen Theorie in vier Yugas einteilt. Dr. B. V. Ramans Berechnungen kommen dem nahe – sie weichen davon nur ein paar Minuten ab, und dieser Betrag ist für heutige Berechnungen unbedeutend. Allerdings ist der Zyklus bei Raman länger. Die Astronomie nimmt einen Zyklus von 25 800 Jahren an, räumt aber Schwankungen ein. Wenn wir 108 statt 100 als Grundzahl für den Zyklus von Yukteswar nehmen, erhalten wir eine Gesamtperiode von 25 920 Jahren, die dem astronomischen Wert sehr nahe kommt.

Jeder kann die Ayanamsha benutzen, die er für richtig hält. Die meisten vedischen Astrologen ziehen die Lahiri-Ayanamsha vor, aber nur wenige erreichen die Genauigkeit von B. V. Raman, was Voraussagen auf dieser Grundlage anbelangt. Ich benutzte die Ayanamsha von Raman und Yukteswar, als ich dieses Buch 1989 zum ersten Mal schrieb; aber seither habe ich vorzügliche Deutungen gesehen, denen die Lahiri-Ayanamsha zugrunde liegt.

DAS VEDISCHE HOROSKOP

Ein vedisches Horoskop berechnet man am einfachsten mit einem Computerprogramm. Wenn Sie es manuell berechnen wollen, gehen Sie so vor wie bei einem tropischen Horoskop, ziehen aber die Ayanamsha von allen Positionen ab. So können Sie aus jedem tropischen Horoskop ein vedisches machen. Darum gehe ich hier nicht auf die Horoskopberechnung ein, die in vielen astrologischen Büchern erläutert wird. Es gibt zwar eine spezifisch indische Berechnungsmethode, aber diese ist für unsere Zwecke zu kompliziert.

Unten is in beispielhaftes Horoskop im südindischen Stil abgebildet (in Nordindien benutzt man ein Diamantmuster). Die obere linke Ecke steht für die Fische, die übrigen Zeichen folgen im Uhrzeigersinn. Alle südindischen Horoskope folgen diesem Muster; darum werden die Zeichen meist nicht angegeben. Die genaue Position der Planeten und Häuser wird meist gesondert aufgeführt; aber für eine einfache Deutung braucht man sie nicht.

GEBURTSHOROSKOP VON PARAMAHAMSA YOGANANDA

Fische Jupiter Mars	**Widder Rahu**	**Stier**	**Zwillinge**
Wassermann			**Krebs**
Steinbock			**Löwe Mond Aszendent**
Schütze Sonne Merkur	**Skorpion Venus**	**Waage Ketu**	**Jungfrau Saturn**

5. Januar 1893, 20.38 Uhr mittlere Ortszeit, 83° E 23′ 26° N 47′

Aszendent 06°31′ Löwe	Sonne 23°12′ Schütze
Mond 03°14′ Löwe	Mars 13°18′ Fische
Merkur 00°55′ Schütze	Jupiter 23°51′ Fische
Venus 24°44′ Skorpion	Saturn 20°13′ Jungfrau
Rahu 12°40′ Widder	Ketu 12°40′ Waage
Uranus 17°41′ Waage	Neptun 16°37′ Stier R
Pluto 17°21′ Stier	

3
Die Yugas oder Weltzeitalter

Wer kennt sie jetzt, wer kann sie zeigen, die Wege, die zu Gott führen?
Nur ihre niedrigen Wohnungen sind zu sehen,
dort im Bereich des höchsten Mysteriums.

Rigveda III.54.5

Die vedischen Seher lehren, dass das Leben auf Erden von gewaltigen kosmischen Kräften regiert wird, deren Ursprung die Sterne sind. Alles, was auf unserem Planeten geschieht, wird von Kräften aus den fernen Regionen des Universums bewirkt, nicht nur von Regionen der materiellen Welt, sondern auch von Regionen des kosmischen Geistes, des mysteriösen Ursprungs aller Dinge, aus dem die Kräfte der Schöpfung kommen. Diese Kräfte bestimmen den Charakter der Zeit, in der wir leben. Aber wir sind meist derart mit den vergänglichen Ereignissen unseres persönlichen Lebens beschäftigt, dass wir diese starken Kräfte ignorieren – wie Fische den Ozean.

Wir reagieren auf die Jahreszeiten, und wir werden als Individuen und Gruppen von Zeitzyklen regiert. Jeder Mensch, jedes Volk und jede Menschheit hat einen solchen Zyklus, ebenso die ganze Erde. Wir existieren in verschiedenen Phasen des Prozesses, der Geburt, Wachstum, Verfall und Tod umfasst, nicht nur im Körper, sondern auch im Geist und in der Seele. Aber hier handelt es sich nicht um einen mechanischen, ziellosen Kreislauf. Hinter dem Zyklus der Zeit spielt sich die Evolution des Bewusstseins ab. So wie ein Baum Jahresringe bildet und jedes Jahr wächst, haben alle Dinge einen inneren Wachstumsprozess, und das Bewusstsein entwickelt sich in jeder Existenz weiter.

DIE KLEINEN ZYKLEN DER WELTZEITALTER

Der Hauptzyklus, der uns Menschen regiert, ist der Präzessionszyklus. Er bestimmt die Jahreszeiten der Menschheit. Diese Periode von 25 000 Jahren ist etwa ein Jahr im Leben der Menschheit. Einige vedische Astrologen glauben, dass sie so lang ist wie der Umlauf der Sonne um einen dunklen Begleiter. Demnach wäre die Sonne ein Doppelstern und ihr Begleiter ein dunkler Zwerg. Auch einige moderne Astronomen spekulieren über die Existenz dieses Sterns, der Abweichungen in der Umlaufbahn von Neptun und Pluto erklären könnte.

Neben dem Licht unserer Sonne erhalten wir auch Licht von der Mitte der Milchstraße, der galaktischen Sonne. Ein großer Teil des Lichts von dieser größeren Sonne ist jedoch unsichtbar. Manche Astronomen vermuten im Zentrum der Galaxis einen Quasar, dessen Licht von Staubwolken verdunkelt wird. Nach der vedischen Astrologie hat das Licht dieser galaktischen Quelle einen besonderen Einfluss auf die Erde: Es speist die Intelligenz der Menschen, und zwar die wahre Intelligenz: die Fähigkeit, den göttlichen Geist in allen Dingen wahrzunehmen und nach dem göttlichen Willen zu handeln.

Wenn die Sonne sich an der Stelle ihrer Umlaufbahn befindet, wo ihr dunkler Begleiter zwischen ihr und dem galaktischen Zentrum steht, bekommt die Erde weniger Licht. Das sind dunkle, materialistische Zeitalter. Befindet sich die Sonne hingegen an der entgegengesetzten Stelle, kann das Licht der galaktischen Sonne ungehindert einfließen, und wir erleben ein goldenes, spirituelles Zeitalter, in dem die Menschen in Harmonie mit der kosmischen Intelligenz und deren göttlichen Boten handeln. Der dunkle Begleiter der Sonne besitzt offenbar ein negatives Magnetfeld, das dem kosmischen Licht aus der Mitte der Galaxis den Weg zur Erde versperrt. So kommt es zum Aufblühen und zum Niedergang unserer Zivilisationen.

Die moderne Astronomie schätzt die Dauer dieses Zyklus auf rund 25.900 Jahre. Die Zahl ist nicht exakt, weil das Ausmaß der jährlichen Präzession schwankt. Manu, der große vedische Gesetzgeber im goldenen Zeitalter, nimmt in seiner Lehre, der *Manu Samhita* (I.68-71; vgl. auch Yukteswar, *The Holy Science)* einen Zyklus von 24 000 Jahren an (100 x 240). Andere vedische Astrologen gehen von 25920 Jahren aus (108 x 240, wobei 108 die okkulte oder mystische Form der Zahl 100 ist). Die genaue Dauer kennen wir nicht; aber die allgemeinen Wirkungen des Zyklus sind gewiss.

Die alte Astrologie kennt vier Zeitalter: das goldene, silberne, bronzene und eiserne. Diesen Gedanken finden wir sowohl bei den Griechen als auch bei den Hindus, die allerdings keine Zeitdauer angeben. Im Sanskrit heißen diese Zeitalter *Yugas*. Es sind die Weltzeitalter *Satya* (Wahrheit; auch viertes Zeitalter genannt), *Treta* (das dritte), *Dwapara* (das zweite) und *Kali* (das erste). Nach Manu dauern diese Zeitalter 4000, 3000,

2000 und 1000 Jahre. Hinzu kommt eine Übergangsperiode von einem Zehntel der jeweiligen Länge, sowohl vorher als auch hinterher.

Das ergibt insgesamt 4800 Jahre für Satya Yuga, 3600 Jahre für Treta Yuga, 2400 Jahre für Dwapara Yuga und 1200 Jahre für Kali Yuga. Die Gesamtdauer beträgt somit 12000 Jahre. Zwei Zyklen zu je vier Zeitaltern ergeben den Präzessionszyklus von 24 000 Jahren.

Jeder Präzessionszyklus wird in zwei Hälften geteilt: in eine *aufsteigende* Hälfte, in der die Sonne sich dem Punkt nähert, der dem galaktischen Zentrum am nächsten ist, und in eine *absteigende* Hälfte, in der die Sonne sich dem Punkt nähert, der dem Zentrum am fernsten ist. In der aufsteigenden Hälfte wandern wir von Kali zu Dwapara, Treta und Satya, in der absteigenden von Satya zu Treta, Dwapara und Kali. So entsteht ein Zyklus aus den aufsteigenden Zeitaltern Kali, Dwapara und Satya sowie den absteigenden Zeitaltern Satya, Treta, Dwapara und Kali. In diesem System bewegen wir uns nicht direkt von Kali zu Satya, wie manche Leute behaupten, sondern wir müssen zuerst alle Zwischenstadien durchlaufen.

Das Maß der wahren Intelligenz auf Erden nimmt in jedem Weltzeitalter um ein Viertel ab. Am höchsten Punkt von Satya beträgt es 100 %, am tiefsten Punkt von Kali nur 25 %. Im Dwapara Yuga sind es 50 % und im Treta Yuga 75 %. Der Stier des Dharma, der in jedem abnehmenden Yuga ein Bein verliert, symbolisiert diesen Prozess.

Einige vedische Astrologen nehmen an, dass die Sonne um 500 n. Chr. den Punkt erreichte, der dem galaktischen Zentrum am fernsten ist. Damals lag der Frühlingspunkt im ersten Grad des Widders, und die Dunkelheit auf unserem Planeten war am größten. Seither nimmt das Licht allmählich zu. Nach neren Meinungen liegt dieses Datum zwischen 200 und 550 v. Chr. – hier tritt das gleiche Problem auf wie bei der Ayanamsha.

Während viele westliche Astrologen uns bereits im Zeitalter des Wassermanns sehen, verlegen vedische Astrologen dessen Ankunft um bis zu 500 Jahre in die Zukunft (manche sind jedoch ebenfalls der Meinung, dass wir uns jetzt in einem neuen Zeitalter befinden). Die historischen Daten, die den vier vedischen Weltzeitaltern entsprechen, wie Sri Yukteswar sie in *The Holy Science nennt,* wären dann:

Absteigende Yugas

Satya	11501 v.Chr. – 6701 v.Chr.
Treta	6701 v.Chr. – 3101 v.Chr.
Dwapara	3101 v.Chr. – 701 v.Chr.
Kali	701 v.Chr. – 499 n.Chr.

Aufsteigende Yugas

Kali	499 n.Chr. – 1699 n.Chr.
Dwapara	1699 n.Chr. – 4099 n.Chr.
Treta	4099 n.Chr. – 7699 n.Chr.
Satya	7699 n.Chr. – 12499 n.Chr.

Wenn wir die Übergangsperioden berücksichtigen, liegt zwischen Kali und Dwapara ein intermediäres Zeitalter von 1599 bis 1899. Daran sehen wir, dass wir uns im aufsteigenden Dwapara Yuga befinden. Dies ist das neue Zeitalter, das eben erst begonnen hat, wie die großen wissenschaftlichen und technischen Fortschritte belegen. Wir sind nicht mehr im dunklen Kali Yuga, wie manche Leute glauben, aber doch noch weit vom Satya Yuga entfernt. Zudem ist Dwapara noch in der Anfangsphase, und bis zu seinem Gipfel können noch einige Jahrhunderte vergehen. Vielleicht müssen wir warten, bis der Frühlingspunkt tatsächlich in den Wassermann eintritt. Bis dahin ist mit einigen Schwierigkeiten zu rechnen: mit Kriegen, Umweltverschmutzung, Hunger und Katastrophen. Das ganze System ist nur annähernd genau; aber im Allgemeinen ist es nützlich und hilft uns, den Verlauf der Geschichte zu verstehen.

DER GROSSE ZYKLUS DER WELTZEITALTER

Die meisten vedischen Astrologen sind jedoch der Meinung, wir befänden uns im Kali Yuga, dem dunklen oder Eisenzeitalter, das 432.000 Jahre dauert und angeblich um 3102 v. Chr. begonnen hat. Das ist jedoch eine Spekulation mittelalterlicher Denker, die eine Reihe von Fragen aufwirft, von ihrem Pessimismus ganz zu schweigen. Selbst wenn wir von den vedischen historischen Schriften ausgehen, ist diese Auffassung zweifelhaft. Die alten Texte erwähnen viele Könige und Weise, nicht nur im vorhergehenden Dwapara, sondern auch im Satya und Treta. Wenn wir diesen längeren Zyklus anwenden, müssten diese Menschen vor Hunderttausenden von Jahren, wenn nicht vor Millionen Jahren gelebt haben!

Der Avatar Rama lebte beispielsweise am Ende des Treta Yuga, des silbernen Zeitalters. Man findet ihn auf der puranischen Königsliste etwa 35 Generationen vor Krishna. Wenn aber das Kali Yuga 432 000 Jahre dauert und 3100 v. Chr. begann, hätte Rama mindestens 868000 Jahre früher leben müssen. Wenn wir das System von Sri Yukteswar zugrunde legen, hat Rama um 3100 v. Chr. gelebt, und das ist ein viel wahrscheinlicheres Datum.

Das Problem ist kompliziert, weil es unterschiedliche Zyklen gibt, sowohl längere als auch kürzere. Neben dem 25000-Jahre-Zyklus muss es noch längere Zyklen geben, die Hunderttausende und Millionen Jahre dauern. Auch unser Leben enthält Zyklen innerhalb der Zyklen des Tages, Monats und Jahres.

So gesehen könnten wir durchaus in einem Kali Yuga leben, das vielleicht 432000 Jahre dauert (allerdings weiß ich nicht, wann es begonnen hat und wann es endet). Innerhalb dieses großen Zyklus befänden wir uns dann jedoch in einem kleinen Zyklus von etwa 2400 Jahren, Bronzezeitalter genannt.

Dafür, dass die Menschheit sich in einem größeren dunklen Zeitalter befindet, sprechen auch die Veden. Dort heißt es nämlich, die meisten Menschen seien selbst im Satya und im Treta materialistisch gewesen und hätten sich hauptsächlich für die Familie, Reichtum und persönliches Glück interessiert. Nur ein kleiner Teil der Menschheit, die kulturelle Elite, scheint die Zeitalter des Lichts bewusst zu erleben. Das ist heute nicht anders, denn die Mehrzahl der Menschen befindet sich auf derselben emotionalen Ebene wie immer, und nur wenige verstehen die wissenschaftlichen und technischen Errungenschaften, von denen wir alle profitieren. Dieses größere Kali Yuga hat aber nicht unbedingt 3100 v. Chr. begonnen. Wir wissen einfach nichts Genaues über den Anfang und wie weit wir innerhalb des Zyklus gekommen sind.

Die Verwirrung um die großen und kleinen Zyklen hat zu einigen Irrtümern bei Okkultisten geführt. H. P. Blavatsky und ihre Anhänger sind dafür ein Beispiel, denn ihre Ansichten stützen sich auf Hindutexte, die den langen Zyklus zugrunde legen. Den präzessionalen Zyklus verstanden diese Leute nicht. Darum sind die Zeitalter der alten Völker, die Madame Blavatsky berechnete, wahrscheinlich viel zu lang. Andererseits geben moderne Historiker, die kein spirituelles Wissen haben, den alten Kulturen eine viel zu kurze Lebenszeit. Die Wahrheit ist offenbar, dass Kulturen wie die indische in diesem Zyklus mindestens 10.000 Jahre alt sind. Zehntausende von Jahren vor diesem Zyklus der Zivilisationen gab es noch mehrere andere.

Eine Kultur kann die höheren Kulturen eines Weltzeitalters nicht verstehen. Unsere historischen Aufzeichnungen reichen nur bis ins Dwapara zurück, das um 3100 v. Chr. begann und die ägyptische und sumerische Kultur einschießt. Diese waren typisch für die damalige Zeit. Im Treta und im Satya gab es noch ältere Kulturen, die wir aber nicht finden können, weil wir nicht wissen, auf welchem Niveau sich sie befanden. Sie waren zwar sehr spirituell, aber technisch nicht fortgeschritten. Über die Kulturen des vorigen Weltalters (älter 12 000 v. Chr.) wissen wir gar nichts, weil die große Flut am Ende der Eiszeit alle Spuren beseitigte.

Wir wissen also nicht, wie viele Kulturen unserer Art es gegeben hat und noch geben wird. Nach manchen Berechnungen braucht die Seele des Menschen bis zu eine Million Jahre, um über unsere Ebene hinauszuwachsen. Insofern ist die Menschheit vielleicht noch jung, obwohl sie seit mehreren hunderttausend Jahren existiert.

Die Technik dürfte eine seltene und vorübergehende Phase in der menschlichen Entwicklung sein, vor allem in ihrer groben, modernen Form mit all ihrer Umweltzerstörung. Sie kann gar nicht länger als ein oder zwei Jahrhunderte bestehen, ohne den Planeten zu zerstören. Falls es sie schon einmal gegeben hat, was durchaus möglich ist, kam ihr Ende schnell und die Schäden wurden repariert, so dass keine Spur von ihr zurückgeblieben ist. Wir müssen eine natürliche, saubere Form der Technik (wie die Solarenergie) entwickeln, wenn wir überleben wollen.

Die meisten Kulturen waren religiös und spirituell, nicht materialistisch. In allen antiken und mittelalterlichen Kulturen spielte die Religion eine große Rolle, und im Osten hat sich daran bis heute nichts geändert. Die Technik, besonders ihre zerstörerische Form, ist für die menschliche Kultur nicht typisch. Sie ist eine zeitweilige Abweichung von der wahren Kultur, die spirituell ist.

Jeder präzessionale Zyklus kennzeichnet ein neues Zeitalter. Unser jetziges Weltzeitalter begann mit dem Ende der Eiszeit vor über 10000 Jahren. Die frühen Phasen, Satya und Treta, sind in den Hymnen des

Rigveda festgehalten, in den ältesten Schriften Indiens. Spuren dieser Lehre finden sich in den Mythen der ganzen Welt und in der alten, weltweiten Sonnenreligion. Was die Archäologen für die Anfänge der Landwirtschaft und der Zivilisation halten, war nur ein kultureller Wandel, den viele geologische und klimatische Veränderungen verursacht hatten.

Nach den Veden und den Zeugnissen der alten Völker macht die Erde immer wieder große geologische und klimatische Veränderungen durch. Noch vor 10000 Jahren lagen Chicago und der größte Teil der Nordhalbkugel unter einer dicken Eisschicht, die nie abtaute. Die Menschen erfahren solche Veränderungen als Katastrophen, Erdbeben und Überschwemmungen. Viele Ereignisse dieser Art sind in Büchern wie der Bibel oder den Veden aufgezeichnet. Obwohl diese Geschichten oft als Märchen abgetan werden, gibt es Beweise für große Erdbeben und Fluten am Ende der Eiszeit. Wichtige Flüsse der vedischen Zeit, etwa der Saraswati, sind seit langem ausgetrocknet; aber wir können ihr ehemaliges Flussbett heute noch auf Luftaufnahmen erkennen. Globale Katastrophen fallen in der Regel mit dem Wechsel von Weltzeitaltern zusammen. Die Natur verändert sich ständig, und die Erde wird periodisch erneuert. Dabei werden die Einflüsse der vorherigen Zivilisationen beseitigt.

Es ist schwer, frühere Zivilisationen zu entdecken und zu verstehen. Unser Weltzeitalter begann mit einige Kulturen im Himalaya gegen Ende der Eiszeit. Die vorherige Zivilisation war die atlantische. Nur Kenner des Okkulten akzeptieren die Existenz früherer Weltzeitalter, aber auch ihre Meinungen gehen auseinander. Manche Erinnerungen basieren auf dem Rassengedächtnis, das subjektiv oder wirr sein kann. Wer zu tieferer Wahrnehmung fähig ist, zweifelt jedoch nicht an der die Existenz von Kulturen lange vor dem so genannten Anfang der Geschichte.

AUFSTEIGENDE UND ABSTEIGENDE ZYKLEN

Die beiden Hälften des präzessionalen Zyklus weisen charakteristische Mentalitätsunterschiede auf. In der absteigenden Hälfte geht die spirituelle Energie zurück, in der aufsteigenden nimmt sie zu.

Kulturen in der absteigenden Phase können Kulturen in der aufsteigenden nur schwer verstehen. Absteigende Kulturen wie die östlichen sind traditionell, konservativ und autoritär. Sie versuchen, das Licht der Wahrheit aus dem vergangenen Zeitalter des Lichts zu bewahren. Die meisten alten Kulturen gehörten in diese Kategorie. Das alte Ägypten war eine typische absteigende Kultur. Es war derart von der Vergangenheit besessen, dass es daraus einen Todeskult machte und an seiner eigenen Trägheit zerbrach.

Aufsteigende Kulturen sind traditionsfeindlich, liberal und revolutionär. Sie bewegen sich auf das künftige Licht der Wahrheit zu. Die westliche Kultur gründet auf griechisch-römischen Einflüssen, die nur bis 500 v. Chr. zurückreichen und erst in der Renaissance an die Oberfläche kamen. Darum können wir ältere Kulturen nicht verstehen. Das heutige Amerika ist eine noch beschränktere aufsteigende Kultur, die erst ein paar Jahrhunderte alt ist. Sie ist im Wesentlichen eine aufsteigende Kultur des Bronzezeitalters (Dwarapa), die zwar nach dem Licht und der Wahrheit sucht, aber nur oberflächlich und äußerlich.

Es überrascht nicht, dass zwischen aufsteigenden und absteigenden, traditionellen und nicht-traditionellen Kulturen Missverständnisse entstehen. Das können wir in der heutigen Welt leicht beobachten. Absteigende Kulturen basieren auf einer höheren spirituellen Wahrheit, aber sie sind oft derart in Traditionen erstarrt, dass sie diese Wahrheit falsch verstehen. Das gilt zum Beispiel für das Kastensystem in Indien. Aufsteigende Kulturen sind offener und kreativer. Dort herrscht zwar Meinungs- und Gedankenfreiheit, die aber oft nur oberflächlich genutzt wird, so dass sie von der Wahrheit weit entfernt ist. Solche Kulturen sind unreif, materialistisch und sinnlich.

Wir müssen beide kulturellen Einflüsse auf positive Weise verbinden. Die Freiheit und Humanität des aufsteigenden Geistes braucht die Spiritualität des absteigenden Geistes als Gegengewicht. Wenn wir in unserer Entwicklung Fortschritte machen, können wir weiter zurückblicken und diese Integration bewerkstelligen. Das ist eine der großen Herausforderungen der heutigen Welt, und wir werden uns sehr anstrengen müssen, um sie zu bewältigen; denn die Teilung in Osten und Westen, Spiritualität und Materialismus, alt und modern hat sich in unseren Köpfen festgesetzt.

Doch innerhalb all dieser Zyklen geht die Evolution der Menschheit weiter. Selbst wenn sie eine Zeit lang Rückschritte macht, erhebt sie sich mit neuer Kraft. Wir haben zwar die Spiritualität der alten Kulturen verloren; aber vielleicht haben wir in materieller und intellektueller Hinsicht etwas gewonnen, was unseren Aufstieg fördert. Eines Tages wird die Menschheit alle äußeren Einflüsse überwinden und im ewigen goldenen Zeitalter leben. Dann können wir zum inneren Selbst zurückkehren, das zeitlos ist. Niemand weiß, wann es zu diesem großen Sprung kommt. Er ist jederzeit möglich, aber bisher war er ein seltenes Ereignis, selbst für Individuen. Was die Mehrheit anbelangt, so dürfen wir in nächster Zeit nicht damit rechnen. Manche Menschen sehen das Potenzial unseres Zeitalters. Einige sehen auch das Potenzial eines fortgeschritteneren Zeitalters. Und ganz wenige sehen das Ewige, das unsere wahre Heimat ist. Aber selbst eine einzige Seele dieser Entwicklungsstufe ist ein Leuchtturm für die ganze Menschheit und erschüttert die Grundfesten der Unwissenheit, die uns beherrscht.

HARMONIE MIT DEM GALAKTISCHEN ZENTRUM

Wir sind Zeugen eines wichtigen kosmischen Ereignisses. Die Wintersonnenwende findet an einem Punkt statt, der sich in Konjunktion mit dem galaktischen Zentrum befindet. Die exakte Position ist umstritten. Meiner Meinung nach liegt dieser Punkt bei 06°40' Schütze, also in der Mitte der Nakshatra Mula. Je nach der Ayanamsha, die man benutzt, tritt diese Konjunktion entweder jetzt oder in den nächsten paar Jahrzehnten ein. Dasselbe Ereignis spiegelt sich im Kalender der Mayas wider, deren Kultur mit der vedischen vieles gemeinsam hatte.

Das lässt darauf schließen, dass die Menschheit bald in größerer Harmonie mit dem göttlichen Willen leben wird. Die neue Spiritualität unserer Zeit könnte eine Folge dieses Prozesses sein. Sie behauptet, dass wir uns einem neuen aufsteigenden Zeitalter des Lichts nähern und die Schatten des dunklen Zeitalters abschütteln werden. Zwar müssen wir mit globalen Erschütterungen rechnen, doch deren Wirkungen werden positiv sein. Wir müssen dem göttlichen Willen vertrauen, der hinter diesen Vorgängen steht, und dürfen angesichts des heutigen Zustandes der Welt nicht verzweifeln. Wir werden vielleicht nicht sofort in ein Zeitalter der Erleuchtung eintreten; aber es wird viel positives Wachstum geben. Auch mit bedeutsamen geschichtlichen Ereignissen ist zu rechnen. Die Dunkelheit wird dem Licht weichen, und die Menschen werden wieder nach Bewusstheit streben.

Alte Denker wie Platon berichten von einer großen Flut, die Atlantis vernichtete und um 9300 v. Chr. die Eiszeit beendete. Damals stand die Sommersonnenwende in Konjunktion mit dem galaktischen Zentrum, also genau in Opposition mit dem heutigen Punkt. Derartige Katastrophen sind auch in diesem Jahrhundert möglich, vor allem wenn wir unser Ökosystem weiter zerstören. Größere Ehrfurcht vor den kosmischen Mächten würde unserer Kultur gut tun. Wir leben unter den kosmischen Gesetzen, und wenn wir sie verletzen, müssen wir dafür büßen. Die alten Völker zitterten nicht aus Aberglauben vor Gott und baten ihn um Gnade. Sie hatten globale Katastrophen mitgemacht, wie sie uns vielleicht bevorstehen. Wenn wir nicht lernen, unseren Planeten, die Natur, andere Geschöpfe und die spirituellen Lehren zu respektieren, werden wir eine große Reinigung über uns ergehen lassen müssen, die für niemanden angenehm sein wird.

DER STERN WEGA ODER ABHIJIT

Vedische Astrologen betrachten den Nordpol als spirituellen Pol des Globus. Dort strömen dem Planeten höhere spirituelle Energien zu. Der Polarstern bleibt allerdings während des präzessionalen Zyklus nicht derselbe. An der anderen Seite dieses Zyklus markiert der helle Stern Wega (Alpha Lyra) den Nordpol. Wega gehört zu dem Sternbild, das in der vedische Astrologie *Abhihit* („vollständiger Sieg") heißt und von Brahma, der kosmischen Schöpferkraft, regiert wird.

Die vedische Astrologie sieht eine Verbindung zwischen Wega und unserer Sonne. Wega könnte der Leitstern der Sonne sein, oder unsere Sonne dreht sich um Wega oder gemeinsam mit Wega um ein höheres Zentrum. Vedische Astrologen schauen rund 15 000 Jahre zurück. Damals war Wega der Polarstern. Neben dem galaktischen Zentrum ist Wega möglicherweise ein weiterer wichtiger Lichtpunkt, der das Leben auf Erden beeinflusst.

Teil II

Die Methoden der vedischen Astrologie

Der Mond

Er ist weiß gekleidet und schimmert weiß. Weiß ist auch sein Kopfschmuck, den eine Perle ziert. Er hat zwei Arme und hält eine Lotosblüte in der Hand, die uns segnet. Seine Seele ist unsterblich, und er ist ein Yogi, der auf einem Hirsch reitet. Möge der göttliche Mond uns immer gnädig sein.

4
Die Planeten

Die großen kosmischen Signifikatoren, die Planeten, empfangen die Energie der Sterne und leiten sie weiter. Wir sollten sie nicht nur anhand ihrer Position in unserem Sonnensystem beurteilen; denn sie bringen uns auch die Kräfte der Galaxis und des Universums.

Das Wesen der Astrologie liegt darin, die Bedeutung der Planeten zu verstehen. Die Bedeutung der Zeichen, Häuser, Aspekte und anderen astrologischen Faktoren hängt von den Planeten ab, die sie regieren. Die Astrologie ist nichts anderes als die Wissenschaft von den Planeten, da die Energie der Sterne sich durch sie manifestiert.

Als Grundlage des astrologischen Studiums müssen wir zuerst die Bedeutung der Planeten verstehen. Astrologisches Denken ist planetares Denken, denn die Planeten sind Signfikatoren (Faktoren von überragender Bedeutung), die alle Lebensbereiche und die Evolution des Bewusstseins einschließen.

Wir alle bestehen aus planetaren Energien in erschiedenen Kombinationen. Jeder Mensch gehört zu einem bestimmten planetaren Typ. Was wir im Leben tun, richtet sich weitgehend nach der Natur des Planeten, der uns regiert. Wenn wir die Bedeutung der Planeten verstehen, begreifen wir auch, welche Möglichkeiten das Leben bietet.

DIE ANORDNUNG DER PLANETEN

In der vedische Astrologie werden die sieben Hauptplaneten meist nach den Tagen geordnet, die sie regieren:

Sonne	Mond	Mars	Merkur	Jupiter	Venus	Saturn
Sonntag	Montag	Dienstag	Mittwoch	Donnerstag	Freitag	Samstag

Zwei Reihen sind also ineinander verwoben. Die Tage der Planeten, die innerhalb der Umlaufbahn der Erde um die Sonne liegen, befinden sich zwischen den äußeren Planeten.

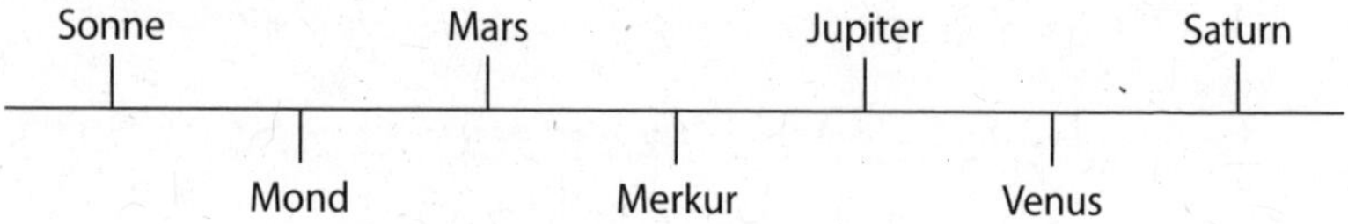

Jeder Planet trägt eine Nummer,
die sich nach dieser Reihenfolge richtet:

1. Sonne 2. Mond
3. Mars 4. Merkur 5. Jupiter 6. Venus 7. Saturn
8. Rahu 9. Ketu

Diese Zahlen entsprechen den Energien der Planeten. Die Sonne ist Eins, die Einheit, die Zahl, aus der alle anderen Zahlen hervorgehen. Sie ist der Ursprung, die Führerin und das Fundament. Der Mond ist Zwei, die Dualität, die Grundlage des Denkens und der Gefühle. Er ist Beziehung, Gleichgewicht und Wechselseitigkeit. Mars ist Drei, die Zahl des Willens und der Energie. Er ist Macht, Durchdringung und Entscheidung. Merkur ist Vier, die Zahl der Ordnung, Ausgewogenheit und Vernunft. Jupiter ist Fünf, die Zahl des Gesetzes und der Intelligenz. Venus ist Sechs, die Zahl der Harmonie, Schönheit und Beziehung. Saturn ist Sieben, die Zahl der Herrschaft, der Begrenzung und der Vollendung. Rahu ist Acht, die Zahl der Auflösung und des Neubeginns. Ketu ist Neun, die Zahl der Erkenntnis und der Befreiung.

Die planetare Energie beginnt mit der Sonne und folgt dieser Reihe bis zu Ketu. Jeder Planet symbolisiert ein Stadium der Entwicklung und Verteilung solarer Energie. Wir können jeden Planeten dank seiner Nummer verstehen. Es gibt aber auch andere planetare Numerologien in der vedischen Astrologie.

Sonne und Mond, die zwei großen Himmelskörper, sind die wichtigsten Planeten. Dann folgen Mars, Jupiter und Saturn als Hauptplaneten jenseits der Erdumlaufbahn. Danach kommen Venus und Merkur, die Hauptplaneten innerhalb der Erdumlaufbahn, die der Sonne stets nahe sind.

Rahu und Ketu, die nördlichen und südlichen Mondknoten, gelten als schattenhafte oder sekundäre Planeten von drittrangiger Bedeutung. Wenn wir sie einbeziehen, sind sie allerdings bedeutsamer als die fernen Planeten Uranus, Neptun und Pluto.

DIE PLANETEN UND DIE DREI GUNAS

Aus der großen Natur (Prakriti) stammen die drei primären Qualitäten oder *gunas*. Sie heißen *sattwa*, *rajas* und *tamas*.

Sattwa ist die höhere Qualität des Lichts, Helligkeit, Klarheit, Harmonie, Ausgewogenheit und Intelligenz. Es ist eine göttliche (devische) Qualität, welche die Seele emporhebt. Sie bringt Frieden, Liebe und Glauben hervor und führt die Menschen auf den spirituellen Weg.

Rajas ist die intermediäre Qualität der Energie, Aktion, Turbulenz, Störung, Gewalt und Leidenschaft. Es ist die dämonische (asurische) Qualität, welche die Seele auf den mittleren Welten festhält, Aggression und Rivalität auslöst und den Menschen veranlasst, vor allem nach weltlichem Besitz und Erfolg zu streben.

Tamas ist die niedrige, animalische Qualität der Trägheit, Dunkelheit, Langsamkeit, Hemmung, Schwere und Lethargie. Tamas bindet die Seele an die unteren und unbewussten Ebenen. Es führt zu Knechtschaft, Verfall, Herrschaft und Zerstörung und veranlasst den Menschen, verletzend, nutzlos, unproduktiv und dumm zu werden.

Jede dieser drei Qualitäten ist in der Natur notwendig. Tamas gibt dem menschlichen Körper und der Erde Stabilität. Rajas gibt der Atmosphäre und dem Vitalkörper Energie. Sattwa gibt dem Himmel und dem Geist Licht.

Rajas und Tamas sind jedoch im Geist fehl am Platz, denn er ist die natürliche Domäne von Sattwa. Tamas ist die Unwissenheit und mangelnde Aufmerksamkeit, die den Geist vernebelt. Rajas entfacht das Verlangen und die Fantasie. Wenn der Astrologe Sattwa, die mentale Qualität, misst, werden Tamas und Rajas im Horoskop zu negativen Energien.

Die spirituelle Entwicklung besteht darin, Rajas und Tamas abzubauen und Sttwa zu steigern. Wenn Sattwa rein ist, erkennen wir unsere wahre, göttliche Natur, durch die wir die äußere Welt aus Zeit und Raum überschreiten und ins Ewige und Unendliche eingehen können.

Wenn sattwische Planeten im Horoskop dominieren, hat es eine moralische, religiöse und spirituelle Note und zeigt, dass die Seele emporsteigt. Ein Überwiegen von rajasischen Planeten macht das Horoskop weltlich und symbolisiert eine Seele, die an der äußeren Welt haftet und dort nach Reichtum und Ansehen sucht. Wenn tamasische Planeten vorherrschen, können wir auf negative Eigenschaften und Tendenzen sowie auf eine absteigende Seele schließen.

Planeten und Gunas

Sattwa	Sonne, Mond, Jupiter
Rajas	Merkur, Venus
Tamas	Mars, Saturn, Rahu, Ketu

Die Planeten haben aber auch sekundäre Eigenschaften. Die Sonne hat auch ein wenig Rajas, da sie nicht nur die Wahrnehmung ermöglicht, sondern uns auch Energie schenkt. Der Mond besitzt auch ein wenig Tamas oder Trübheit. Da Merkur und Venus Mitgefühl und liebende Hingabe symbolisieren, haben sie etwas Sattwa. Mars und Ketu haben ein wenig Rajas, weil sie uns Energie und Willenskraft geben. Rahu und Ketu werden meist von den Eigenschaften der mit ihnen verbundenen Planeten überlagert.

Es ist schwierig, die drei Gunas im Horoskop genau zu bestimmen. Sie sind Teil des mentaln und spirituellen Wesens eines Menschen und hängen auch von der Natur der Seele ab. Höher entwickelte Seelen nutzen die höheren Aspekte ihrer planetaren Energien, während die weniger entwickelten den niedrigen Energien zuneigen. Höhere Seelen bevorzugen die sattwischen Planeten, gering entwickelte die tamasischen. Dazwischen gibt es Seelen, die rajasische Planeten bevorzugen. Darum weigern sich manche Astrologen, die Spiritualität eines Menschen allein aufgrund seines Horoskops zu beurteilen.

PLANETEN UND DIE FÜNF ELEMENTE

Aus den drei Gunas steigen die fünf Elemente. Sattwa erzeugt den Äther, Rajas die Luft und das Feuer, Tamas das Wasser und die Erde.

Elemente und Planeten

Äther	Jupiter
Luft	Saturn, Rahu
Feuer	Sonne, Mond, Ketu
Wasser	Mond, Venus
Erde	Merkur

Die Sonne symbolisiert das Feuer, aber als sehr trockener Planet enthält sie auch etwas Luft als zweites Element. Der Mond ist das Sinnbild des Wassers, doch wenn er schwach leuchtet (in Sonnennähe), wird er ein wenig luftig oder feurig, je nach den Umständen.

Mars ist ein Feuersymbol, enthält als schwerer Planet aber auch etwas Erde. Merkur steht dem Element Erde nahe, weil er irdische Eigenschaften wie objektive Wahrnehmung, Handel und Kommunikation symbolisiert. Als schneller Planet steht er manchmal auch für die Luft, und als wandelbarer Planet nimmt er die Einflüsse der Planeten an, denen er nahe ist.

Wegen seiner spirituellen Natur symbolisiert Jupiter den Äther. Doch als schwerer und flüssiger Planet ist er auch ein Symbol für Wasser. Venus symbolisiert ebenfalls das Wasser, und vor allem dieser Planet weist auf das Wasser im Horoskop hin. Mars ist ein Feuerplanet, aber hell und beweglich; darum ist die Luft seine zweite Natur.

Der trockene, nervöse Saturn symbolisiert die Luft, wenn er schwach ist; aber ein starker Saturn herrscht über die Erde, weil er dunkel, schwer und grob ist.

Rahu, der nördlich Mondknoten, gleicht dem Saturn, ist aber luftiger. Wie Saturn kann aber auch Rahu dunkle Erdenergie ausstrahlen. Ketu, der südliche Mondknoten, ist feurig wie der Mars und zugleich ein wenig luftig. Wir müssen die Knoten nach den Planeten beurteilen, die sie beeinflussen, weil es sich um Schattenplaneten handelt.

Diese Elemente spielen auf unsere allgemeine Natur an: Körper, Intellekt und Seele. Keines ist an sich gut oder böse – im Gegensatz zu den Gunas, die günstig und ungünstig sein können. Wir können aber auch die Elemente in „höhere“ und „niedrige“ Arten einteilen. Ein hoher Erdtyp ist sattwisch und liebt die Erde. Er könnte zum Beispiel Umweltschützer sein. Ein niederer Erdtyp ist tamasisch und könnte ein Dieb sein. Allgemein gilt: Wenn zu viele niedrige Elemente, etwa Erde, und starke Erdplaneten, zum Beispiel Saturn, vorhanden sind, bringen sie die niedrigen Eigenschaften der Seele ans Licht. Starke hohe Elemente wie Äther oder Luft neben Planeten wie Jupiter heben die Seele empor.

WICHTIGE ATTRIBUTE DER PLANETEN

Jedem Planeten sind mehrere innere und äußere Attribute zugeordnet. Entscheidend ist jedoch der Einfluss des Planeten im Horoskop. Die Sonne ist beispielsweise der Signifikator des Vaters. Wenn sie stark ist, spricht sie für einen starken, gesunden und erfolgreichen Vater. Natürlich hat jeder Planet viele Attribute; wir müssen daher auch andere Faktoren berücksichtigen, etwa die Häuser und ihre Regenten.

- SONNE: Vater, Ich, Selbst, Seele, Individualität, Intellekt, Ehre, Ansehen
- MOND: Mutter, Gefühle, Persönlichkeit, Geselligkeit, Glück, Heim, Beliebtheit
- MARS: Brüder, Freunde, Feinde, Feindschaft, Verletzung, Energie, Logik, Wissenschaft
- MERKUR: Kindheit, Erziehung, Bildung, Intellekt, Sprache, Handel, Beruf, Anpassungsfähigkeit
- JUPITER: Ehemann, Guru, Dharma, Prinzip, Wohlstand, Reichtum, Gnade, Kinder, Kreativität, Gesundheit
- VENUS: Ehefrau, Liebe, geliebter Mensch, Kunst, Schönheit, Bequemlichkeit, Charisma, Charme
- SATURN: Tod, langes Leben, Alter, Krankheit, Verlust, Sorge, Eigentum, Schicksal, Einschränkung, Hindernis, Loslösung
- RAHU: Krankheit, seelische Störungen, kollektive Trends, Epidemien und andere allgemeine Probleme
- KETU: Verletzung, Feindschaft, Tod, Verneinung, Wissen, Befreiung, übersinnliche oder spirituelle Erkenntnis

BENEFIZ- UND MALEFIZPLANETEN

Planeten werden seit langem danach eingeteilt, ob sie einen günstigen oder ungünstigen Einfluss ausüben. Daraus wird oft „gut" oder „schlecht", als wäre das Leben eine Schule, in der wir belohnt oder bestraft werden, und als hätten die Sterne nichts anderes zu tun, als unter uns Sterblichen für Ordnung zu sorgen. Immerhin hat diese Vorstellung einen wahren Kern.

Günstige oder Benefizplaneten steigern und fördern die Wirkung der Planeten, Zeichen und Häuser, die sie beeinflussen. Ungünstige oder Malefizplaneten verursachen Krankheiten, Schwierigkeiten, Verzögerungen, Konflikte, Trennung, Armut und Leid. Benefizplaneten fördern

Gesundheit, Wohlbefinden, Frieden, Harmonie, Fülle und Glück. Wenn es aber um Vorhersagen geht, verbinden sich die planetaren Einflüsse auf vielfältige Weise.

Malefizplaneten können positive Wirkungen haben, wenn sie negative Aspekte (z. B. Krankheit oder Armut) im Horoskop aufheben. Andererseits können Benefizplaneten eine negative Wirkung entfalten, denn zu viele günstige Einflüsse machen die Menschen schwach, oberflächlich und satt, weil ihr Leben zu einfach ist und keine Herausforderungen bietet.

Die vedische Astrologie legt nicht exakt fest, ob ein Planet günstig oder ungünstig ist. Um das herauszufinden, gibt es zwei Möglichkeiten. Einmal können wir von der „Natur“ eines Planeten ausgehen, wie die westliche Astrologie es tut. Dann wäre Jupiter günstig, Saturn ungünstig und so weiter. In der vedischen Astrologie kommt jedoch der *temporäre Charakter* hinzu, der davon abhängt, welches Zeichen im Horoskop den Aszendenten regiert. Ob ein Planet positiv oder negativ, günstig oder ungünstig, kreativ oder destruktiv ist, richtet sich also nach dem Haus, das er regiert. Beispielsweise wird sogar Saturn als Regent des Aszendenten (etwa Steinbock) in seinem temporären Charakter günstig. Darauf gehe ich im Abschnitt über die Häuser genauer ein.

Hinzu kommt, dass die Natur eines Planeten sich durch Assoziationen (Aspekte zwischen Planeten) und die Natur der Zeichen und Häuser ändert. Auch die Freundschaft oder Feindschaft zwischen den Planeten spielt eine Rolle. Ein Übergewicht ungünstiger Einflüsse und Aspekte kann günstige Einflüsse und Aspekte aufheben und umgekehrt.

Manche Astrologen wollen Begriffe wie günstig und ungünstig als moralisierend abschaffen. Sie ziehen Ausdrücke wie expansiv und kontrahierend vor, oder sie erklären, dass ein Planet Schwierigkeiten auslöst oder beseitigt. Aber wir dürfen den Einfluss ungünstig stehender Planeten nicht unterschätzen, denn er lässt sich schwer neutralisieren. Andererseits sollten wir auch die Fähigkeit günstiger Planeten, unerwarteten Segen zu bringen, nicht unterbewerten. Planeten sind nicht einfach zu deuten; denn sie spiegeln Kräfte wider, die sich unserem Einfluss entziehen und die uns nach unten ziehen oder nach oben bringen können – mehr als wir es allein jemals schaffen würden.

Welche Planeten wir als günstig oder ungünstig beurteile, hängt aber auch davon ab, was wir im Leben erreichen wollen. Das Leben hat viele Aspekte, und was in einem Bereich gut ist, kann in einem anderen schlecht sein. Was unseren Reichtum vermehrt, hemmt vielleicht unsere spirituelle Entwicklung. Was die Spiritualität angeht, können Bösewichte wie Saturn sehr positiv sein, weil sie unser Verlangen dämpfen und unsere Aufmerksamkeit nach innen wenden.

Ein Planet kann uns reich oder berühmt machen, aber die Gesundheit schwächen. Er kann uns helfen, einige – aber nicht alle – äußerliche Ziele zu erreichen. Jeder kennt Menschen, die beruflich erfolgreich sind, aber früh krank werden, weil sie zu viel arbeiten. Die Planeten sind also ebenso komplex wie das Leben selbst.

Die Natur der Planeten

Sehr günstig	Jupiter
Sehr ungünstig	Saturn, Rahu
Weniger günstig	Venus
Weniger ungünstig	Mars, Ketu
Meist günstig	Mond, Merkur
Meist ungünstig	Sonne

Der Mond ist wandelbar, aber sehr günstig, wenn er weit von der Sonne entfernt und hell ist. Er wird jedoch ungünstig, wenn er der Sonne nahe ist. Er ist günstiger, wenn er zunimmt, und ungünstiger, wenn er abnimmt. Ich betrachte ihn als günstig, außer wenn er von seiner Konjunktion mit der Sonne weniger als 60° entfernt ist (manche Bücher verlangen weniger als 72°). Doch selbst wenn er nahe bei der Sonne steht, kann seine günstige Natur in einem guten Zeichen und mit guten Aspekten zum Durchbruch kommen. Merkur ist wie der Mond meist günstig, aber ebenfalls wandelbar. Er übernimmt die Natur der Planeten, mit denen er assoziiert ist, und gilt daher bisweilen als neutral.

Manche Astrologen halten Mars für ungünstiger als Saturn, weil er seine negativen Wirkungen (z. B. Unfälle und Verletzungen) schneller entfaltet. Langfristig gesehen ist der ungünstige Einfluss Saturns jedoch stärker.

Die Mondknoten Rahu und Ketu sind in der Regel ungünstiger als ihre planetaren Partner Saturn und Mars; aber als Schattenplaneten nehmen sie häufiger die Natur der mit ihnen assoziierten Planeten an. Darum sind sie manchmal auch günstig.

Andere Faktoren können den natürlichen Charakter eines Planeten überlagern. Dennoch bewirken Benefizplaneten immer etwas Gutes, selbst wenn andere Aspekte ungünstig sind. Von Natur aus ungünstige Planeten richten immer irgendeinen Schaden an, auch wenn andere Aspekte günstig sind.

Die Natur der Planeten stimmt im Allgemeinen mit der Beurteilung der westlichen Astrologie überein. Der wichtigste Unterschied ist die Sonne, die in der westlichen Astrologie meist als günstig angesehen wird, während sie in der vedischen Astrologie der ungünstigste aller Planeten sein kann. Als mächtiger, heißer Planet neigt die Sonne dazu, die Merkmale der Häuser, in denen sie sich befindet, einzuschränken. Die Sonne im fünften Haus kann den Wunsch, Kinder zu haben, vereiteln, oder Probleme mit den Kindern hervorrufen. Im siebten Haus kann sie zu Trennung oder Verzögerung führen. Das erkennt auch die westliche Astrologie an. Planeten, die der Sonne zu nahe sind, gelten in der Regel als ungünstig. Wenn der Mond sich der Sonne nähert, wird er schwächer.

Allerdings ist die Sonne ein sattwischer oder spirituelle Planet. Insofern unterscheidet sie sich von anderen ungünstigen Planeten, die als tamasisch oder nicht-spirituell gelten. So gesehen ist die Sonne ein guter Planet, der uns hohe Werte vermittelt, etwa Selbstachtung, Integrität und Unabhängigkeit.

DER PRÄGENDE EINFLUSS DER PLANETEN

Ein Planet hat auf andere Planeten im Zeichen, das er regiert, einen prägenden Einfluss. Er herrscht über sie, und sie nehmen seine Natur an. Wenn zum Beispiel Saturn im Schützen steht, gewinnt Jupiter Macht über ihn, so dass er weniger ungünstig ist als sonst. Aber auch Jupiter wird von Saturn ein wenig beeinflusst. Wenn allerdings in einem Zeichen mehrere sehr günstige oder ungünstige Planeten stehen, können sie den Herrscher überwältigen, so dass er ihre Natur annimmt. Angenommen, Saturn und Mars stehen im Krebs, dem Zeichen des Mondes Dann nimmt der Mond etwas von ihrer Natur an. Um festzustellen, ob ein Planet günstig oder ungünstig ist, müssen wir demnach auch überlegen, ob er günstige oder ungünstige andere Planeten prägt.

Dieser Grundsatz führt dazu, dass jeder Planet die Natur jedes anderen annehmen kann. Jupiter kann ungünstig werden wie Saturn und Rahu, und Saturn kann günstig werden wie Venus. Die Planeten übertragen Energien, deren Wirkung ebenso sehr von ihren Aspekten wie von ihrer eigenen Natur abhängt.

Ein Planet kann alle anderen Planeten im Horoskop prägen. Das geschieht, wenn alle Planeten sich in Zeichen befinden, die ein anderer Planet regiert. Ein solcher Planet wird meist sehr stark und bestimmt oft den planetaren Typ eines Menschen.

5
Beschreibung der Planeten

Sonne

Ich kenne das große Wesen mit dem Glanz der Sonne. Nur wer es kennt, kann über den Tod hinausgehen. Einen anderen Weg gibt es nicht.

Shukla Yajur Veda 31.18

Die Sonne hat gelbe Augen, die Honig spenden. Ihr Körper ist rund, sie ist rein, reizbar (Pitta), intelligent, männlich und neigt zu Kahlheit.

Parashara 3.23

Die alte vedische Religion war wie alle Religionen der alten Welt eine Sonnenreligion. Die Verehrung der Sonne war in allen alten Kulturen von größter Bedeutung, auch bei den indoeuropäischen Griechen, Kelten, Germanen und Slawen. Sie ist die älteste und natürlichste Religion des Menschen, denn eine Religion sucht nach dem Licht. Darum ist die Sonnenreligion auch die Religion der Zukunft, wenn wir im bevorstehenden Zeitalter des Lichts wieder zu unseren spirituellen Wurzeln zurückkehren.

Die Sonne ist ein großes Symbol und ein tiefgründiger psychologischer und spirituelle Archetyp. Sie ist die sichtbare Gestalt und Gegenwart der Gottheit, das Antlitz der Wahrheit. Die Sonne ist Gott und das Göttliche in der Natur. Sie ist der Deva, die Gottheit. Für die alten Völker war die Sonne der eine Gott und die eine Wahrheit. Im Geburtshoroskop enthüllt die Sonne unsere Göttlichkeit, unsere Einheit und unser wichtigstes Lebensziel. In der Sonnenreligion der Veden ist die Sonne Atman, das Selbst des gesamten Universums. Sie ist das göttliche Wesen, das im Herzen aller Wesen als ihr wahres Selbst wohnt. Die Sonne symbolisiert kosmische Intelligenz, reines Bewusstsein und den erleuchteten Geist.

Die geflügelte Sonnenscheibe war in der alten Welt das Symbol der Seele, welche die Zeit transzendiert. Die Sonne wurde auch als goldener kosmischer Mensch verehrt, als wahrer Mensch, der alle Götter in sich birgt. Dieser solare Mensch war die Grundlage der Bilderverehrung im Hinduismus, vor allem in Gestalt von Vishnu oder Surya-Narayana.

Der Erlöser, den die alten Kulturen verehrten, war der Sohn der Sonne, die Gegenwart der Sonne auf Erden, die Inkarnation des göttlichen Lichts der Wahrheit. Diese Symbolik finden wir auch im Christentum: Christus wird während der Wintersonnenwende geboren, also an dem Tag, an dem die Sonne neu geboren wird, weil die Tage wieder länger werden. Wir finden sie ebenso im Buddhismus, in dem Buddha, das erleuchtete oder solare Wesen, das Rad des Gesetzes – das Sonnenrad – dreht.

Manu, der erste Mann und Vater der Menschheit, ist ebenfalls der Sohn der Sonne. Er war kein gefallender Adam, sondern ein Rishi, ein erleuchteter Meister. Die Sonne ist unser spiritueller Vater, unser Ursprung und unsere letzte Ruhestätte. Wer in der alten Zeit im Sterben lag, betete um Verschmelzung mit der Sonne – er wollte dem Weg des Lichts zu den Göttern und zum höchsten Licht folgen.

Der Mensch soll das göttliche Licht auf die Erde bringen, das Licht der Wahrheit auf der materiellen Ebene leuchten lassen. Insofern sind wir alle Kinder der Sonne. Wir sind Teil des Sonnenlichts, das die Erde erreicht, um den Willen der göttlichen Sonne in ihrem schöpferischen Spiel zu erfüllen. Um bewusste Seelen zu sein, müssen wir diese Pflicht kennen.

Die Sonne wohnt im Herzen aller Menschen als innere Sonne, als inneres Licht und Leben. Ohne dieses innere Licht könnten wir nicht einmal atmen. So wie die äußere Sonne sich durch die Sternbilder des Tierkreises bewegt, wandert die innere Sonne durch die Chakras unseres subtilen oder astralen Körpers, der unser Geburtshoroskop widerspiegelt.

Die Sonne erleuchtet aber nicht nur unser eigenes Sonnensystem. Sie ist unsere lokale Manifestation des kosmischen oder universellen Lichts, und sie bringt uns das Licht, das Leben und die Liebe aller Sterne, deren Kinder wir sind. Sie reflektiert das Licht des galaktischen Zentrums, der zentralen Sonne unserer Milchstraße, und sie ist mit den Sonnen der subtilen Ebenen ebenso verbunden wie mit dieser materiellen Ebene. Sie ist das Tor zu allen Ebenen und Mächten des Lichts. Alle Planeten scheinen mit dem reflektierten Licht der Sonne; sie symbolisieren unterschiedliche Sonnenstrahlen. Es gibt nur ein reales Licht, nämlich die Sonne. Sie ist alle Lichter, auch das Licht des Geistes.

In der vedischen Astrologie ist die Sonne der wichtigste Faktor bei der Beurteilung der Spiritualität. Sie symbolisiert die Seele, den Kausalkörper oder die reinkarnierte Wesenheit, deren Willen unser Schicksal lenkt. Und auf einer tieferen Ebene ist sie ist der Intellekt: Vernunft, Urteilsvermögen, Klarheit und Erleuchtung.

Die Sonne an einem günstigen Ort gibt uns Intelligenz, klare Wahrnehmung, Willenskraft und Charakterstärke. Sie fördert Ausdauer, Vitalität, Optimismus, Mut, Überzeugung, Selbstvertrauen, Führungsqualitäten, Unabhängigkeit und Geradlinigkeit. Ohne sie gehört alles, was wir im Leben sind oder erreichen, nicht wirklich uns – es schenkt uns keine innere Kraft und keinen Frieden. An einem ungünstigen Ort vermittelt die Sonne Torheit, schlechte Wahrnehmung, Willensschwäche und Charakterschwäche. Sie macht uns müde, melancholisch, ängstlich, abhängig oder unterwürfig, verschlagen oder unehrlich.

Auch Stolz, Hochmut und Tyrannei sind die Folge einer schlecht positionierten Sonne. Wenn sie zu stark ist, ruft sie die gleichen Probleme hervor wie Mars, zum Beispiel trügerisches Charisma und die Neigung, andere zu manipulieren. Wenn die Sonne stark ist, überstrahlen wir alle anderen im positiven oder im negativen Sinne, je nachdem, ob sie günstig oder ungünstig steht.

Eine schwache, aber spirituell geneigte Sonne macht uns empfänglich, zurückhaltend und begierig, Gutes zu tun. Aber es fehlt uns an Selbstvertrauen, und wir lassen uns von anderen herumschubsen. Wir wollen uns aufopfern, aber wir wissen nicht, was wir uns selbst geben sollen.

Die Sonne regiert das Herz, das Organ des Kreislaufs und der Vitalität. Daher kann eine schwache Sonne Herzprobleme auslösen. Auf der subtilen Ebene lenkt das Herz unser Leben und Streben, den Atem und die Wahrnehmung. Die Sonne im Horoskop enthüllt, was wir im Herzen wirklich sind, nicht welche Rolle wir spielen.

Die Sonne sagt uns auch, auf welcher Ebene wir manifestiert sind – wo und wie wir scheinen. Auf der unteren Ebene symbolisiert sie das Ich und gibt Auskunft darüber, wie sehr es nach Macht, Ansehen, Ruhm, Ehre und Autorität strebt.

Auf der höheren Ebene erfahren wir von der Sonne – unserer Seele –, welche hohen Ziele wir haben und wie wir das Licht und die Wahrheit suchen. Im Geburtshoroskop hilft uns die Sonne, die Frage „Wer bin ich?" zu beantworten. Sie führt uns zum Yoga des Wissens, das unser wahres Ich offenbart.

Die Sonne ist auch ein Symbol des Vaters, und sie berichtet über das Leben unseres Vaters, unser Verhältnis zu ihm und seinen Einfluss auf uns. Der Vater hat die Aufgabe, unser Ichgefühl zu formen, unser Selbstwertgefühl zu fördern und uns die Richtung im Leben zu zeigen. Viele Menschen leiden heutzutage an Identitätsproblemen, weil sie keinen Vater haben. Ein Sohn braucht einen wohlwollenden Vater, der ihm beibringt, sich in der Welt zu behaupten. Eine Tochter braucht den Vater, um selbstsicher zu werden und in der Welt so zu sein, wie sie ist. Ob das gelingt, verrät das Geburtshoroskop.

Die Sonne sagt uns, welche Autoritäten und Werte unser Leben prägen. Sie symbolisiert den König oder den politischen Führer, aber auch die Regierung insgesamt und das, was sie für uns tut. Außerdem steht die Sonne für Recht und Ordnung, für Herrschaft und Vernunft auf einer höheren oder tieferen Ebene.

Die Sonne kann auch ein Symbol für spirituelle Autorität sein und uns zusammen mit Jupiter helfen, den Guru oder eine spirituelle Lehre zu verstehen. Sie enthüllt die Werte und Grundsätze, die uns leiten, und führt un über Äußerlichkeiten hinaus auf eine höhere innere Ebene. Die Sonne schätzt das Banale im Leben nicht; sie strebt nach dem Außergewöhnlichen, nach dem Höchsten und Besten.

Die Sonne macht uns unabhängig und fördert das Wachstum der Intelligenz. Ihre Form und ihr Selbstausdruck sind zwar zerstörerisch; aber sie hebt das Wesen und den inneren Wert aller Dinge hervor. Sie gibt nicht immer Fülle, wohl aber Sinn. Sie gibt Macht und Ruhm, aber nicht immer Reichtum und ein glückliches Leben.

Im Sanskrit gibt es sehr viele Namen für die Sonne. Meist heißt sie *Surya*, was Vater, Vorfahr, das Belebende und Quelle der Energie, Motivation und Inspiration bedeutet, so wie der griechische Sonnengott Apollon. Außerdem nennt man sie *Savitar*, was eine ähnliche Bedeutung hat und zudem auf den göttlichen Willen beim Schöpfungsakt hinweist.

Mond

Der Mond ist wässerig und luftig (Kapha und Vata). Er ist intuitiv und hat einen runden, leuchtenden Leib. Er spricht lieblich und ist wandelbar und launisch.

Parashara 3.24

Während die Sonne die männliche kosmische Kraft verkörpert, ist der Mond das Symbol der weiblichen kosmischen Kraft. Die Sonne ist der Gott (Deva), der Mond die Göttin (Devi). Die Sonne ist das wahre Selbst, der Mond seine schöpferische Energie, die zu Materie wird. Darum ist die Sonne Shiva und der Mond Shakti. Zusammen symbolisieren sie das große Urpaar, das männlich und weiblich, aktiv und passiv, Körper und Geist, Tag und Nacht, Wille und Liebe ist. Die Sonne ist der göttliche Vater und Schöpfer, der Mond die göttliche Mutter und Schöpferin. Die Sonne herrscht über das Feuer und die Zeit, der Mond über das Wasser und den Raum.

Die Sonne ist das Symbol des Selbstes, der Mond das Symbol des Gemüts. Nach den Veden wurde der Mond aus dem Intellekt (*manas*) geboren, der allerdings auch die Gefühle einschließt und somit das Bewusstsein im Allgemeinen bezeichnet: das, was über die Dinge nachdenkt. Oft ist mit Manas auch das ganze mentale Feld gemeint. Während das Selbst der Punkt der zentralen Klarheit und Wahrnehmung ist, stellt der Geist den Bereich der Vorstellung und der Manifestation dar. Manas ist Denken, Sorgfalt, Überlegung, aber auch Grübeln, Träumen und Fantasie.

Die Sonne symbolisiert das Selbst, also unser unabhängiges, unmittelbar wahrnehmendes Bewusstsein. Der Mond steht für das Gemüt, unser abhängiges, nachdenkendes, meist konditioniertes Bewusstsein. Während die Sonne zeigt, was wir in uns selbst sind, enthüllt der Mond unsere Beziehung mit anderen, unser soziales Bewusstsein. Die Sonne ist demnach der Charakter oder die Individualität, der Mond die Persönlichkeit.

Die Sonne ist auch der Kausalkörper, der uns sagt, was die Seele in dieser Inkarnation erreichen will. Der Mond ist der Astralkörper, der Bereich des Karmas, das diese Inkarnation steuert.

Die Sonne symbolisiert Gegenwart und Zukunft, der Mond die Vergangenheit. Die Sonne zeigt uns, was wir sind und sein sollen. Der Mond zeigt uns, wer wir gewesen sind und was wir aus der Vergangenheit mitbringen. Er offenbart die Schätze der Vergangenheit, die uns in diesem Leben bewusster machen, und er deckt negative Einflüsse aus der Vergangenheit auf, die uns an regressive Verhaltensmuster fesseln.

Störungen des Mondes sind ein Indiz für Persönlichkeitsstörungen, Probleme mit anderen Menschen und seelische Störungen. Steht der Mond an einem ungünstigen Platz, löst er Halluzinationen, seelischen Aufruhr oder Mondsüchtigkeit aus. Ein ungünstiger Mond spricht für schlechte Erbanlagen, gestörte Familienverhältnisse, schlechte Erziehung und andere emotionale Belastungen, die oft schwer abzuwerfen sind.

Der Mond verrät auch, ob wir empfangen können, ob wir beeinflussbar sind. Von allen Planeten ist er der beste Indikator unserer Verwundbarkeit. Ein starker Mond ist ein Zeichen von Empfindsamkeit, Empfänglichkeit, Fürsorge, seelischer Reife, Verantwortungsbewusstsein und der Fähigkeit, die Gesellschaft vorteilhaft zu beeinflussen.

Wie die Sonne ist der Mond ein sattwischer, spiritueller Planet. Er gibt uns Glauben, Liebe, Offenheit, Ergebenheit, Frieden und Glück. Er schenkt uns die Gnade der Göttin, der göttlichen Mutter. Dadurch macht er uns flexibel, empfindsam und nachdenklich – wir helfen anderen und haben edle Prinzipien. Menschen mit so einem spirituellen Mond sind oft stark mit einer traditionellen Religion verbunden und waren in einem früheren Leben möglicherweise Mönch oder Nonne. Das sind nette, tolerante und gütige, sehr fromme Menschen, die nichts kritisieren und in allem das Gute sehen.

Die Hauptschwäche des religiösen Mondtyps ist Dogmatismus. Solche Menschen verlassen sich blind auf Autoritäten, die nicht die Wahrheit sagen. Sie lieben die Organisation, Riten und Traditionen und sind das Beste, was eine Kirche zu bieten hat. Aber wenn die Tradition auf Abwege geraten ist, sind sie oft unfähig, den Fehler zu erkennen und sich davon zu distanzieren. Gutes zu tun ist ihnen wichtiger als die Wahrheit zu finden.

Als sensibler und veränderlicher Planet lässt der Mond sich leicht von anderen planetaren Energien beeinflussen und überwältigen. Saturn kann ihn verdüstern, niederdrücken oder distanziert machen. Rahu kann ihn umwölken oder bewirken, dass wir die Macht über unseren Intellekt, den der Mond regiert, verlieren. Mars bringt Konflikte und Aggressionen in den lunaren Intellekt.

Der Mond symbolisiert sowohl Trägheit als auch Aufgeschlossenheit. Dank unserer lunaren Empfindsamkeit können wir uns an ein Leben voller Schmerzen, Sorgen und Unwissenheit gewöhnen, aber auch an einen Weg der Freude und Wahrheit. Der Mond ist unsere Fähigkeit, in jeder Umwelt zu überleben. Das kann negative Folgen haben, wenn wir Unterordnung und Erniedrigung hinnehmen.

Das Gemüt ist ein abhängiges Bewusstsein ohne eigene Realität. Darum hat es nur zwei Möglichkeiten: Es kann das innere Wesen der Dinge oder deren äußere Erscheinung widerspiegeln. Es kann sich ein Beispiel am inneren Licht der Wahrheit, an der spirituellen Sonne, nehmen, oder an äußeren Einflüssen und Autoritäten.

Als reines, empfangendes Bewusstsein ist das Gemüt mit dem Selbst eins. Mond und Sonne sind eins, und sie integrieren das Bewusstsein des Menschen. Ein spiritueller Mond in einer guten Position erscheint oft im Horoskop von Yogis und anderen bewussten Menschen. Da der Mond aber auch empfänglich für Einflüsse der Masse und der kollektiven Verletzungen ist, finden wir ihn ebenso häufig im Horoskop von Verbrechern und psychisch oder neurologisch Kranken.

Als Indikator der weiblichen Natur gibt der Mond uns Schönheit. Er kann eine Frau zu einer guten Ehefrau und Hausfrau machen. Wenn er mehr intellektuell geneigt ist, fördert er Wissen und wie Venus auch die künstlerische Begabung und die Religiosität.

Auf der Ebene menschlicher Beziehungen symbolisiert der Mond die Mutter. Er enthüllt ihr Wesen, ihren Einfluss und die Dauer ihres Lebens. Außerdem zeigt er uns, ob unsere Geburt leicht oder schwer verlaufen ist. Der Mond ist auch ein Symbol des Ortes, an dem wir uns zuhause fühlen, und er gibt Auskunft über unseren Gefühlszustand und über das, was wir lieben.

Der Mond hat Liebe und Freundlichkeit für alle übrig. Ein günstiger Mond erscheint im Horoskop von Ärzten, Heilern und Psychologen sowie von guten Müttern und Ehefrauen. Er hilft ihnen, für andere da zu sein.

Während die Sonne allein steht, ist der Mond allen ein Freund. Er bestimmt, wie beliebt wir werden, welches Ansehen wir erlangen und wie gut wir andere beeinflussen können. Wie die Sonne ist er ein wichtiger Planet für Politiker. Ein starker Mond bedeutet Macht; er kann die anderen Planeten überstrahlen, manchmal sogar die Sonne. Während die Sonne einen König oder Politiker mit starkem Willen hervorbringt, ist der Mond der Planet der guten Verwalter und der Politiker, die auf das Volk hören.

Der Mond ist unsere soziale Seite und zeigt, welchen Wert wir auf Kommunikation und Beziehungen legen, wie wir mit anderen umgehen und was die Gesellschaft uns bedeutet. Er gibt uns Kreativität und die Fähigkeit, andere zu beeinflussen und uns beeinflussen zu lassen.

Während die Sonne aussät, ist der Mond die Gebärerin. Die Sonne steht allein und besiegt jeden Planeten, mit dem sie assoziiert ist; der Mond führt zusammen und nimmt jede planetare Energie in sich auf, mit der er verbunden ist.

Lunare Menschen sind freundlich und fürsorglich, aber nicht immer ehrlich, beständig und klar. Sie legen Wert auf Zusammenarbeit und gegenseitige Hilfe, auf die Familie und Freunde. Solare Menschen verlassen sich dagegn auf ihre eigenen Willenskraft und können egoistisch sein. Lunare Menschen sind manchmal unfähig, mit Menschen außerhalb ihres Clans, ihrer Familie oder ihrer Gruppe zu arbeiten.

Der Mond regiert das Wasser in unserem Körper und in der Welt. Er ist der kreative Strom des Lebens, der Strom des Bewusstseins, das Wasser der Schöpfung, das wir trinken müssen, um zufrieden zu sein. Er ist das Wasser der Freude, das uns glücklich macht. Sein Einfluss fördert Liebe und Gemeinschaft.

Der Hauptname des Mondes ist *Chandra*, Spender der Freude und der Rhythmen in der Natur. Er heißt aber auch *Soma*. Dieser Name spielt auf unseren inneren Nektar des Glücks an, der allein die Macht hat, den Geist zu beruhigen und die Nerven zu erfrischen. Der Mond gibt uns die innere Zufriedenheit, die uns verjüngt und ein langes Leben beschert. Er ist die Schönheit, Glückseligkeit und Einheit, die Quelle der Energie des Merkur und der Venus.

Mars

Der Mars ist grausam. Er hat blutrote Augen, benimmt sich schlecht, ist aber großzügig. Seine Natur ist gallig (Pitta), und er wird leicht wütend. Er hat eine dünne Taille und einen hageren Körper.

Parashara 3.25

Der Mars ist der Planet der Energie. Während Venus die Gefühle und die vitale Empfindsamkeit regiert, herrscht Mars über die Leidenschaften und die emotionale und vitale Selbstdarstellung. Venus hilft uns also, Gefühle aufzunehmen; Mars hilft uns, Gefühle auszudrücken.

Mars ist das Männliche, Venus das Weibliche. Sie sind das Positive und Negative, das Aktive und Passive unserer fühlenden Natur. Venus ist Sensitivität, aus der Vornehmheit werden kann. Mars ist emotionale Erregbarkeit, die zur Gewalt werden kann. Venus symbolisiert somit die positive Seite der Gefühle, Mars die negative.

Während Sonne und Mond Symbole unserer männlichen und weiblichen Aspekte im Allgemeinen sind, spiegeln Mars und Venus die Beziehungen zwischen den Geschlechtern wider. Wenn beide sich vereinigen, vor allem in festen Zeichen, wird der Geschlechtstrieb sehr stark und kann einen Menschen beherrschen.

Mars ist der Planet der Macht, der Stärke, des Mutes und der Aggression; er bestimmt, in welchem Umfang wir im Leben Gewalt anwenden. Ein starker Mars gibt uns (wie die Sonne) die Energie, die Unabhängigkeit, den Willen und das Selbstvertrauen, das wir brauchen, um unsere Pläne zu verwirklichen. Ohne diese Qualitäten haben wir keine echten Interessen und Leidenschaften, keine Motivation und keine Entschlossenheit – wir geben auf, ehe wir unsere Ziele erreichen.

Andererseits können diese Eigenschaften aggressiven Wettbewerb und Streit auslösen: Wir wollen die Macht mit allen Mitteln und ohne

Rücksicht auf andere erringen. Mars war immer der Gott des Krieges. Er kann Menschen militaristisch oder gewalttätig machen, sie in Soldaten oder Kriminelle verwandeln. Wenn er die Faktoren beeinflusst, die im Horoskop das Selbst symbolisieren (etwa den Aszendenten und seinen Regenten), kann er Verletzungen und Unfälle herbeiführen.

Die negative Natur des Mars beim gewaltsamen Tod ist bekannt. Mars kann im Horoskop auch auf einen frühen Tod hinweisen, ebenso auf den Verlust von Partnern, meist auf den Tod des Ehemannes. Außerdem warnt er vor Verletzungen, Unfällen und Konflikten. Er löst Missverständnisse, Streit und Prozesse aus. Insofern ist er der egoistische Wille, dem die Wünsche und Bedürfnisse anderer gleichgültig sind.

Diese Probleme entstehen jedoch, weil Mars auf Unabhängigkeit und Klarheit besteht. Er sagt uns genau, wer wir sind und wer unsere Freunde sind. Er löst Unzufriedenheit aus, solange wir die wahre Quelle der Macht in uns nicht entdeckt haben.

Mars symbolisiert Brüder, Freunde und Verbündete sowie alle Gruppen, die ein gemeinsames Ziel verfolgen. Auf der niedrigen Ebene kann es sich um Soldaten und Diebe handeln. Aber die Energie des Mars, die disziplinierte Zusammenarbeit ermöglicht, ist für jedes gemeinsame Unternehmen notwendig. Mars ist der Führer, die zentrale Energie der Entschlossenheit, von der die richtige Organisation der Kräfte abhängt, denn Energie ist nur wirksam, wenn wir sie bündeln.

Mars ist auch ein Symbol für Arme und Muskeln, für körperliche Kraft. Ein guter Mars ist notwendig für harte Arbeit und sportliche Leistungen. Dem Mann gibt er sexuelle Vitalität. Ein schwacher Mars kann Impotenz oder Mangel an männlichen Eigenschaften herbeiführen; dann fällt jede Leistung schwer.

Mars ist ein kritischer, aufmerksamer Planet. Er gibt uns Sprachfertigkeit und logisches Denken. Anwälte, Politiker und Wissenschaftler brauchen einen starken Mars. Manuelle Fertigkeiten verdanken wir ebenfalls dem Mars. Er ist Maschinist, Ingenieur, Bergarbeiter, Chemiker oder Elektriker. Er erfindet Dinge, die unsere Arbeit erleichtern.

Mars regiert Werkzeug, Waffen, Maschinen und deren Anwendung. Er ist der Planet der Forschung und Entwicklung. Die moderne Gesellschaft ist auf ihre Technik angewiesen und wird daher stark vom Mars beeinflusst – darum neigen wir auch zum Krieg und zu monströsen Waffen. Technik und Krieg gehen Hand in Hand, denn beide sind Aspekte der Marsenergie, die wir noch nicht verstehen und beherrschen.

Mars gibt uns zwar Energie, nicht aber die Weisheit, sie angemessen zu nutzen. Für ihn ist Macht das eigentliche Ziel, obwohl sie in Wahrheit nur ein Mittel sein kann.

Auf einer höheren Ebene führt Mars uns zu den Yogas des Wissens und der Energie, zu Selbstbeherrschung und Askese. Ein starker, spiritueller Mars unterstützt Rituale, Yogatechniken und die Lenkung okkulter und spiritueller Energien. Diesen Mars finden wir im Horoskop von Menschen, die sich mit Energie-Yoga oder Tantra befassen. Marstypen lieben ein dramatisches, herausforderndes, kühnes Leben.

In der indischen Mythologie ist der Mars der Sohn der Erde. Er heißt *Kuja,* „der Erdgeborene", und gilt als die verborgene Flamme in der Materie. Seine Energie will materielle Form annehmen. Aber er kann auch die dunkle Seite der Erdenergie zum Vorschein bringen, die titanischen Urkräfte, die *asuras* (Dämonen) des Abgrunds, die die Schöpfung vernichten und Chaos hervorrufen wollen. Diese tamasische Trägheit der Marsenergie dürfen wir nicht vergessen.

Zusammen mit Jupiter ermöglicht Mars große Leistungen in Harmonie mit dem Gesetz und der Wahrheit. Gemeinsam mit Saturn dominiert seine negative Seite und erzeugt egoistische, perverse oder kriminelle Neigungen, vor alle wenn ausgleichende Aspekte fehlen. Sind solche Aspekte vorhanden, sorgen Mars und Saturn für Disziplin und machen große Erfolge möglich.

Mars ist der Planet der zielorientierten Tat. Unser Handeln ist nach unserem höchsten Ziel und unseren höchsten Werten ausgerichtet. Es ist wichtig, die Energie des Mars – die für ein schöpferisches Leben unentbehrlich ist – den spirituellen Prinzipien und den Einflüssen spiritueller Planeten unterzuordnen. Dann hilft uns der Mars, Energie für spirituelle Zwecke zu nutzen, etwa im Yoga oder in der Meditation. Mars gibt uns Einsicht auf der inneren und äußeren Ebene.

Die meisten Eigenschaften des Mars haben etwas mit seiner feurigen Natur zu tun. Er kann verbrennen oder wärmen, Licht oder Rauch erzeugen, verzerren oder erleuchten. Im Gegensatz zur Sonne, die ihr eigenes Licht ist, braucht Mars jedoch Brennstoff. Sorgen wir dafür, dass nichts verbrennt, was wir anderen weggenommen haben, sondern nur unsere eigene Begrenztheit.

Merkur

Merkur ist der schönste Planet. Er ist geistreich, liebt Spaß und Lachen und ist gelehrt. Er nimmt das Wesen und die Konstitution der Planeten an, die ihn begleiten.

Parasha 3.26

Merkur, der Götterbote, symbolisiert Sprache, Kommunikation und Handel. Auf einer niedrigen Ebene kümmert er sich um materielle Ressourcen; auf einer höheren Ebene verbindet er uns mit unseren inneren Fähigkeiten, den tieferen Kräften des Intellekts.

Während Jupiter das Symbol des höheren oder abstrakten Intellekts ist, steht Merkur für den niedrigen oder konkreten Intellekt. Außerdem symbolisiert er das kritische Urteil und verbindet uns mit dem göttlichen Wort, dem Wort der Wahrheit. Merkur regiert Namen. Auf einer niedrigen Ebene sind es Titel und Persönlichkeit, also Illusionen. Auf einer höheren Ebene sind es die Namen Gottes, die uns mit dem universellen Aspekt aller Dinge verbinden.

Merkur regiert auch Schreiben, Bildung, Rechnen und gezieltes Denken. Er ist der schnellste Planet und steht daher für rasche Auffassungsgabe und gute Ausdrucksfähigkeit. Er hilft uns, schnell Zusammenhänge zwischen Ideen herzustellen und Informationen auszutauschen. Merkur ist die klare mentale und nervöse Energie und enthüllt im Horoskop unsere intellektuellen Fähigkeiten.

Merkur ist ein Kind und gibt daher Auskunft über die Kindheit, vor allem über die Phase zwischen früher Kindheit und Adoleszenz. Ein ungünstiger Merkur kann Kinderkrankheiten, Familienprobleme oder Schwierigkeiten in der Schule hervorrufen. Darunter können der Intellekt, die Nerven und die Lungen leiden.

Als Planet des Handels symbolisiert Merkur auch Waren und Geld. Er hilft uns, beides zu erwerben und reich zu bleiben. Überall wo Ideen oder

Waren ausgetauscht werden, wird Merkur gebraucht. Er schätzt den freien Markt und die freie Kommunikation und bevorzugt keine bestimmte Rasse, Nation, Kaste oder Religion. Manchmal hängt er jedoch an seinen eigenen Meinungen und Berechnungen, Gewinnen und Verlusten.

Merkur baut Barrieren zwischen Menschen ab und zeigt uns, dass alle Menschen gleiche Bedürfnisse haben. Insofern besitzt er ein gewisses Mitgefühl und einen Sinn für Gleichheit. Beides gründet aber weniger auf Gefühlen als auf Objektivität und praktischen Erwägungen. Ein ungünstiger Merkur beutet andere aus, wenn er dabei auch häufig ihre äußeren Lebensbedingungen verbessert.

Merkur ist auch ein wichtiger Faktor bei der Berufswahl. Denn im Beruf kommunizieren wir mit anderen und mit der Gesellschaft. Merkur enthüllt unsere Rolle im Netzwert der Transaktionen, in der Welt der Dinge und Ideen. Er symbolisiert unsere Bildung und unsere Werte im Leben. Materielle Werte wie Preise und Normen, künstlerische Werte und spirituelle Werte sind verschiedene Aspekte Merkurs.

Merkur ist der veränderlichste Planet. Er nimmt mühelos das Wesen der Planeten an, die ihn begleiten. Er schätzt Kommunikation und die öffentliche Meinung mehr als die Wahrheit und passt sich den Einstellungen der anderen an. Er ist der Intellekt, der keine eigene Natur hat, sondern das widerspiegelt, was er für real hält, selbst wenn es nur Sinneseindrücke sind.

Ein schwacher Merkur rechtfertigt alles, was Mittel zu seinem Zweck ist. Er bringt Unreife, Naivität und Wahn hervor, aber auch Unehrlichkeit und Mangel an klaren Grenzen. Dadurch kann ein Mensch zum Dieb werden, nicht weil er grausam ist, sondern weil er fremdes Eigentum nicht respektiert. Solch ein Mensch nimmt, was er braucht, weil er wie ein Kind glaubt, die Welt sei dazu da, ihn zu versorgen. Er kann nicht objektiv sein und glaubt in seiner kindlichen Fantasie vielleicht, ihm sei gegeben worden, was er sich genommen hat, oder er habe es verdient.

Insofern gleicht Merkur dem Mond, der in der vedischen Astrologie als sein Vater gilt. Merkur ist der vernünftige, bewusste Intellekt, der nur ein Teil des unbewussten Intellekts (des Mondes) ist. Er ist der denkende Geist, der selbst nichts wahrnimmt, sondern nur Ideen ordnet. Wenn der Intellekt nach Wahrheit und Ewigkeit strebt, durchschaut er die äußere Welt als irreal und erkennt die Realität des inneren Bewusstseins. Strebt er jedoch nach den Bildern, die ihm die Sinne vermitteln, und hält sie für echt, dann ist die äußere Welt für ihn die Wirklichkeit und er wird materialistisch. Und wenn er an seine egoistischen Ängste und Wünsche glaubt, erschafft er Illusionen und hat eine neurotische oder gar schizophrene Einstellung zum Leben. Im Sanskrit ist Merkur *budha*, was Intelligenz oder Wahrnehmung bedeutet. Das Wort ist mit *buddhi* verwandt, der Fähigkeit, das Wirkliche vom Unwirklichen zu unterscheiden und nach dem vollständigen Erwachen zu einem *Buddha*, einem Erleuchteten zu werden. Wenn wir die Realität nicht nach den Erscheinungen beurteilen, sondern das Vergängliche vom Unvergänglichen scheiden, hat Merkur seine höhere Macht offenbart. Wenn wir nur die äußeren Formen sehen, verfangen wir uns in einer Scheinwelt.

Im höheren Sinne ist Merkur die Fähigkeit, Illusionen zu durchschauen. Wenn das gelingt, arbeitet der Intellekt vollkommen wie Vishnu, der göttliche Sohn und das alles durchdringende Bewusstsein, die kosmische Intelligenz und Quelle der großen Lehrer und Avatars.

Ein guter Merkur schenkt uns Humor, seelisches Gleichgewicht und eine verspielte geistige Anpassungsfähigkeit. Er ist der Gaukler, der uns bisweilen hinters Licht führt. Ein ungünstiger Merkur wird zum Toren. Manchmal, selbst wenn er klug ist, spielt er den Narren, um seine Anpassungsfähigkeit und seine Schläue zu zeigen und um zu lernen, was ihm andernfalls verborgen bliebe. Unter einem starken negativen Saturn kann Merkur seine Macht und seine Intelligenz verlieren.

Das geschieht jedoch nicht immer. Es kann auch zu Sprachstörungen, Nervenstörungen oder Neurosen kommen. Andere Planeten, etwa Jupiter, fördern die Intelligenz; aber ohne einen staren Merkur können wir sie nur schwer ausdrücken, vor allem beim Schreiben. Merkur bestimmt unsere Selbstdarstellung im Leben. Welchen Wert hat das, was wir tun und sind, wenn wir es nicht mit anderen teilen können?

Merkur ist sehr wichtig für die moderne Gesellschaft und symbolisiert eines ihrer nützlichsten Merkmale: die offene Kommunikation, die zu einer weltweiten Kultur führen muss. Telefon, Rundfunk, Fernsehen und Computer gehen auf merkurische Bedürfnisse zurück und wurden dank der technischen Fertigkeiten des Mars geschaffen. Aber bisher befinden wir uns noch auf der niedrigen Ebene Merkurs und teilen nur oberflächlichen Reichtum und unwichtige Informationen mit anderen. Wir kommunizieren nicht mit unserem tieferen Selbst, und die Massenmedien überschwemmen uns mit einer trivialen Datenflut.

Astrologen brauchen einen starken Merkur, denn sie müssen berechnen und mit anderen kommunizieren. Als Prinzip des Gleichgewichts ist Merkur oft der Punkt, an dem wir unser Leben ändern und höhere Ziele anstreben können.

Jupiter

Jupiter hat große Gliedmaßen. Er ist schwer und hat gelbes Haar und gelbe Augen. Er ist phlegmatisch (Kapha), intelligent und auf allen Gebieten gelehrt.

Parashara 3.27

Jupiter ist als hilfreichster, großzügigster und verheißungsvollster Planet bekannt. Die Anhänger der Astrologie suchen immer seine Gunst. Im Sanskrit ist er der Guru, der spirituelle Lehrer. Er symbolisiert das Dharma, das Gesetz unseres inneren Wesens, das zugleich das Gesetz der schöpferischen Evolution und Selbstverwirklichung ist. Er enthüllt unsere Prinzipien, das Licht der Wahrheit. Seine Position im Horoskop erhellt die Art und Stärke unserer Grundsätze.

Jupiter ist ein Sinnbild des Gesetzes, der Religion und der Philosophie. Er ist ein spiritueller und ethischer (sattwischer) Planet, der immer nach dem Guten strebt und für das Gute in unserem Leben sorgt.

Jupiter ist auch der Planet der Intelligenz, nicht des Intellekts, der von Informationen und kritischem Urteil abhängt (und eher von Merkur symbolisiert wird), sondern der formlosen Intelligenz, die auf den ewigen Gesetzen und letztlich auf dem ewigen Selbst gründet. Er symbolisiert unseren Sinn für das Bleibende, unser Wissen um die kosmische Intelligenz und unsere Bereitschaft, unser Leben an ihr zu orientieren. Jupiter ist der immanente göttliche Geist, der die Naturgesetze erlässt und durchsetzt.

Jupiter ist der Planet der schöpferischen Kraft. Er ist ein Sinnbild unserer äußeren Kreativität, zum Beispiel unserer Kinder. Von ihm erfahren wir, wie viele Söhne und Töchter wir haben werden, ob sie gesund bleiben und wie unser Verhältnis zu ihnen sein wird. Er schenkt uns Ausdruckskraft, die von philosophischen Erkenntnissen bis zu Institutionen alles hervorbringen kann (jedoch nur selten Kunstwerke, da dies die Domäne der Venus ist). Die Quelle der Kreativität sind unsere inneren Prinzipien, die Jupiter bestimmt. Er ist expansiv und teilt gerne; zunehmende Entfaltung entzückt ihn.

Während Merkur unsere äußere Karriere enthüllt – unsere Beziehung mit der Gesellschaft auf der praktischen Ebene –, gibt Jupiter Auskunft über unsere innere Karriere und zeigt uns, wo wir Erfüllung finden und was wir gerne tun. Von ihm erfahren wir, welche spirituelle Mission wir im Leben haben. Mit einem guten Jupiter, aber ohne guten Merkur können wir innerlich klug sein, aber nach außen hin unklug erscheinen. Anders als Merkur achtet Jupiter wenig auf Einzelheiten und lässt es nicht immer zu, dass wir uns klar ausdrücken. Er legt größeren Wert darauf, dass eine Arbeit getan wird, und will nicht lange erklären, wie es geht.

Jupiter symbolisiert Freude am Leben. Er ist der große Optimist, der immer das Gute sieht. Darum verwandelt er Sorgen, Niedergeschlagenheit und Melancholie in Erfahrungen, aus denen wir lernen. Jupiter ist der Planet des Glücks und der Gnade. Er gibt uns Wohlstand, Fülle und Erfolg – auch Glück auf der materiellen Ebene, weil er sich als mutiger Optimist am Ende durchsetzt. Außerdem verspricht er günstiges Karma und unerwartete Belohnungen. Wer im Lotto gewinnt oder viel erbt, hat meist einen günstigen Jupiter.

Auf einer höheren Ebene ist Jupiter die göttliche Gnade, die alle unsere Bedürfnisse befriedigt, ohne dass wir darum bitten. Er belohnt religiöse und spirituelle Verdienste. Wenn er mit uns ist, dann ist alles Leben und das ganze Universum mit uns, denn er ist der kosmische Wohltäter. Auf der materiellen Ebene ist Jupiter der Planet der Gesundheit. Er macht uns auf gesunde Weise aktiv und schenkt uns Freude an der Natur. Kraft, Vitalität und ein starkes Immunsystem verdanken wir ihm.

Aber ein ungünstiger Jupiter kann uns auch zu optimistisch machen. Wir stellen uns das Beste vor und sind nicht auf Rückschläge oder Täuschungen gefasst. Vielleicht leben wir über unsere Verhältnisse oder spenden zu großzügig. Spekulationen können schief gehen. Wir nehmen uns zu viel vor und erreichen gar nichts. Unerwartetes Pech, schlechtes Karma, Ärger mit Behörden oder materielle Verluste können die Folge sein.

Wenn Jupiter zu sehr nach außen wirkt, kann er uns zu Materialisten machen, die nach Reichtum und anderen profanen Werten streben. Wir werden selbstzufrieden und satt und finden uns mit dem Status quo ab. Jupiter ist ein fröhlicher Planet; aber in einer ungünstigen Position kann er wie Venus einen Hang zum Vergnügen und zum Luxus auslösen. Während das Vergnügen der Venus hauptsächlich sexueller Art ist, zieht Jupiter Vergnügungen in der Gruppe oder Masse vor.

Jupiter liebt die Musik und ist manchmal ein Indiz für musikalisches Talent. Shows, Zeremonien, Umzüge und Rituale machen ihm Spaß. Er kann uns helfen, Unterhaltungskünstler zu werden. Auf einer niedrigeren Ebene ist er ein Partygänger, der uns zu Hemmungslosigkeit verführt. Er teilt gerne, selbst wenn er keine spirituellen Neigungen hat. Er überredet uns, mit Freunden zu trinken und die Rechnung zu bezahlen.

Auf einer höheren Ebene symbolisiert Jupiter den Priester sowie Eigentum, Formalität und Hierarchie. Im Sanskrit heißt er auch *Brihaspati*, erster Priester oder Brahmin. Jupiter ist der Planet der großen Ziele. Er enthüllt unseren Glauben an das Leben und unsere Religion odr die Form, in der wir das Göttliche verehren.

Jupiter zeigt, mit welcher Hingabe wir leben. Im Horoskop einer Frau symbolisiert er oft den Ehemann, sein Wesen, seine Gesundheit und ihr Verhältnis zu ihm. Das ist für Hindus äußerst wichtig, weil sie die Ehe mit dem Segen der Familie und der Religion schließen müssen. Im Westen heiraten wir einen Partner unserer Wahl; darum ist hier oft Mars das Symbol des Gatten.

Jupiter sagt uns, wie weit unser Geist sich ausdehnt, während wir von Saturn erfahren, wie gut wir uns konzentrieren können. Es ist kein Wunder, dass Menschen auf der ganzen Welt die Energie dieses Planeten nutzen, um innerlich und äußerlich reich und kreativ zu werden. Dies ist die Energie der Gnade im Horoskop, die unsere Lebensziele fördert. Das höchste Ziel sollten Liebe und Glück für alle Wesen sein.

Jupiters Einfluss ist besonders günstig, wenn er von der Sonne oder von Saturn gemäßigt wird – beide sind ernster und realistischer. Alle Planeten, sogar Jupiter, symbolisieren einseitige Energien, die ein Gegengewicht brauchen, um harmonisch zu wirken.

Venus

Venus ist fröhlich. Sie hat einen schönen Leib und liebliche Augen. Prächtig ist sie, die Inspiration der Dichter. Ihre Konstitution ist wässerig und luftig (Kapha und Vata), und sie hat lockiges Haar.

Parashara

Venus ist der weibliche Geist, die Göttin der Liebe und Schönheit. Sie ist das Symbol unserer Zuneigung und unseres Harmoniebedürfnisses. Im Horoskop des Mannes symbolisiert sie die Ehefrau oder Geliebte. Außerdem ist sie ein Sinnbild der Kunst, Dichtung, Malerei und Musik. Sie ist die Muse, die Liebende kreativ macht; sie ist Empfindsamkeit, Kultiviertheit und Sanftheit.

Auf einer niedrigeren Ebene zeigt sie unser Streben nach Lust, Bequemlichkeit und Luxus. Sie ist die Sinnenfreude und das körperliche Vergnügen. Sie macht uns sexuell attraktiv und schenkt uns Reichtum als Schmuck. Venus ist Schönheit, Stil und Eleganz, nicht bloßes Anhäufen von Besitz, sondern verfeinerter Wohlstand, nicht Quantität, sondern Qualität und guter Geschmack. Sie liebt Edelsteine, Antiquitäten und alle wertvollen Dinge, nicht nur aus Freude am Besitz, sondern aus Freude über die Bewunderung anderer.

Aber Venus neigt auch zu Eitelkeit, Oberflächlichkeit und Geziertheit – ihr Liebreiz kann zur Show werden. Sie will nicht nur mit sich und ihrer Schönheit protzen, sondern auch mit dem Schmuck, der sie ziert. Sie will, dass wir ihre Wünsche erfüllen, und belohnt uns mit vergänglicher Lust, die uns auslaugt, und Hemmungslosigkeit, die uns zerstören kann.

Venus ist also auch Verführerin. Ihr Netz kann unsere Energie einfangen wie ein Spinnennetz und unser Feuer, unseren positiven Willen im Leben ersticken, während wir um ihre Gunst buhlen, die wankelmütig, schwer zu erringen und nicht von Dauer ist. Sie ist verträumt, zerbrechlich und flüchtig, und sie beherrscht uns, weil wir ihr immer nachlaufen. Vielleicht erreichen wir sie nie, denn sie will, dass wir sie begehren, aber nicht besitzen.

Innerlich ist Venus der Morgenstern, das Licht der Inspiration, der erste Funke der Sonne der Wahrheit. Sie ist unser Streben nach dem Guten, Schönen und Reinen, unsere Hingabe an das Wahre. Venus ist unsere Empfindsamkeit, die zur Sinnlichkeit wird; aber ihrem Wesen nach ist sie gut.

Eine reine Venus ist mit Jupiter und Merkur assoziiert. Auch Saturn kann sie reiner und spiritueller machen. Ihre eitle Seite kommt zum Vorschein, wenn sie mit Merkur auftritt. Die Folge sind Leidenschaft, Gefühle, Sexualität und Sinnlichkeit im Exzess.

Venus enthüllt unseren natürlichen Hang, alle Dinge zu verschönern, damit sie ihre reine, astrale Form widerspiegeln. Dank ihrer Arbeit wird die Welt zu einem Spiel des Entzückens, denn für Venus ist alles ein Spiel (was auf einer niedrigen Ebene bedeutet, dass alles Show ist), und sie legt Wert auf Pathos und Dramatik, nicht auf praktische oder objektive Ergebnisse. Venus veranlasst den Menschen, ein Königreich für seine wahre Liebe zu opfern. Die astralen Götter sind venusianische Geschöpfe, und sie dirigieren das Spiel der Schönheit in unserer Welt.

Venus symbolisiert das astrale Licht. Sie macht uns empfänglich für die Königreiche der Schönheit, in denen die Götter leben – nicht nur für Kunst und Mythen, sondern auch für übersinnliche Fähigkeiten, Fantasie und Kreativität. Auf der höchsten Ebene führt sie uns in den Himmel der liebenden Hingabe. Dort dürfen wir mit dem Göttlichen sprechen, in einer Form, die uns gefällt. Tantra ist ebenfalls eine Domäne der Venus, wobei die niedrigen oder sexuellen Praktiken die niedrigen Energien der Venus widerspiegeln, während das höhere Tantra eine Reflexion ihrer höheren Energien ist.

Der Sanskritname der Venus ist *Shukra*. Das bedeutet „strahlendes Licht", „Hitze" und „Samenflüssigkeit". In der hinduistischen Mythologie ist Venus, die Weise Shukra, die Lehrerin der Dämonen oder Titanen (Asuras), die man nicht unterdrücken oder gewaltsam beeinflussen, sondern nur bezaubern kann. Venus gibt uns auch Kraft. Sie ist nicht nur die Kraft, die fasziniert, sondern auch die Kraft, die bewegt und motiviert.

Eine starke Venus gibt uns sexuelle Energie, die wir auf der inneren Ebene in astrale oder spirituelle Energie und Willenskraft verwandeln können. Außerdem schenkt sie uns Charisma, aber auch die Fähigkeit, zu hypnotisieren und zu täuschen. Venus kann eine Zauberin sein, und sie nimmt viele Formen an, um uns zu verführen und gefangen zu nehmen.

Venus war die wichtigste planetare Göttin in Ägypten und Mexiko, wo atlantische Einflüsse sich am längsten hielten. Die Kalender dieser Völker basierten teilweise auf dem Venuszyklus. Die positive und visionäre Seite der Venus kam in Atlantis zum Ausdruck, wo man Edelsteine, Farben und Musik liebte und über die schöpferischen astralen Kräfte Bescheid wusste. Doch schließlich setzte sich die negative Seite durch, und die Atlanter verfielen der schwarzen Magie und missbrauchten die Kräfte der Natur.

Auch in unseren Massenmedien tauchen Elemente der negativen, okkulten Venus auf. Sex und Gewalt sind zum Kult geworden. Wahrschinlich werden wir der Vernichtung entgehen; aber wir müssen wohl einige unangenehme Folgen unserer Unwissenheit tragen. Die Kraft der Venus kann heilen, wenn wir sie richtig nutzen, und sie kann zerstören, wenn wir egoistisch mit ihr umgehen.

Eine starke Venus ist in jedem Horoskop vorteilhaft, weil sie zeigt, dass wir lieben können und einen Sinn für Schönheit und Reinheit haben. Liebe ist die stärkste Kraft, und darum kann Venus sogar den Mars besiegen. Sie gibt uns Vitalität, die Energie des Entzückens. Sie ist unser Teil der Ananda, der göttlichen Glückseligkeit.

Eine ungünstige Venus ist sehr schwer zu überwinden, denn sie veranlasst uns, am äußeren Schein zu haften. Diese dunkle Seite der Venus ist dafür verantwortlich, dass unsere Gesellschaft sinnlichen Vergnügungen frönt. Sogar der künstlerische Aspekt der Venus wird heute auf laute Musik, grelle Farben und Showbusiness reduziert.

Wir müssen verstehen, dass Venus die Liebe zur Wahrheit ist, damit wir unsere Liebe für äußere Erscheinungen überwinden können. Wir müssen nach tiefer Liebe streben und dürfen hübsche Zerrbilder der Liebe nicht akzeptieren.

Saturn

Saturn ist groß und dünn. Er hat gelbe Augen und ist luftig (Vata). Er hat große Zähne und raues Haar, und er ist faul und lahm.

Parashara 3.28-29

Saturn ist traditionell der schwierigste der Hauptplaneten, der legendäre König des Bösen. Er wird seit Jahrhunderten als Gott des Todes gefürchtet, der Tod, Krankheit, Armut, Trennung, Hässlichkeit und Abartigkeit ankündigt. Er hat zwar auch höhere, günstigere Aspekte – zumindest wenn wir nach dem Spirituellen streben –, doch selbst diese sind ernst und anspruchsvoll, denn Saturn legt Wert auf Disziplin, Askese und Einsamkeit.

Saturn begrenzt und behindert die Selbstdarstellung und die Selbstmanifestation, und daraus kann Unterdrückung und Feindschaft werden. Während Jupiter Schöpfung und Expansion symbolisiert, verursacht Saturn Zusammenziehung und Zerstörung. Jupiter ist der große Bejaher, Saturn der große Verneiner. Jupiter ist der Optimist, Saturn der Pessimist. Jupiter ist der positive Lehrer der Seele, Saturn ist der negative Verführer. Jupiter sagt uns: „Alles ist Gott", Saturn will uns einreden: „Nichts ist göttlich und nichts in der äußeren Welt ist real".

Saturn kündigt Krankheit, Alter und Tod an, die großen Feinde des Menschen, die eines Tages jedes zeitgebundene Leben vernichten. Als fernster der Hauptplaneten ist er der wichtige Einfluss, mit dem wir am Ende alle konfrontiert sind. Saturns Ort im Horoskop spiegelt die Grundfragen unseres Lebens und Schicksals wider, die harten Fakten und die ungeschminkte Wirklichkeit, der wir uns irgendwann stellen müssen.

Wir sollten Saturns begrenzende und zerstörende Macht nie unterschätzen; aber wir dürfen auch seine positive Seite nicht vergessen. Die Zerstörung ist das notwendige Gegenstück der Schöpfung, denn Tod und Verfall sind die Voraussetzung für neues Leben und Wachsen.

Auch das Ende unseres physischen Lebens ist unvermeidlich, denn alle materiellen Dinge müssen vergehen. Was zusammengesetzt wurde, muss auseinander fallen und sich in seine Bestandteile auflösen. Die vier edlen Wahrheiten des Buddha und seine Lehre von der Unbeständigkeit und vom universellen Leiden spiegeln die Weisheit Saturns wider.

Unsere Furcht vor Saturn bestimmt, wie sehr wir an der materiellen Welt haften und ob wir fähig sind, uns mit existenziellen Fragen auseinander zu setzen. Saturn zeigt uns die Grenzen dieser Ebene, und wir müssen diese schmerzliche Lektion lernen, damit wir den Weg zum Unbegrenzten finden, selbst wenn er gerade und schmal wie eine Rasierklinge ist. Saturn ist der Tod, der uns über die Grenzen der Sterblichkeit hinausführt; er ist das Tor zum Ewigen.

Saturn bringt Unglück, schwieriges Karma oder ein schlimmes Schicksal – aber nicht unbedingt deshalb, weil die Seele in einem vergangenen Leben böse war oder sich zu langsam entwickelt hat. Manche Seelen, vor allem die fortgeschrittenen, wählen ein schweres Schicksal, um ihr spirituelles Wachstum zu beschleunigen. Jeder kann im Wohlstand Zuflucht beim Göttlichen suchen – aber unter widrigen Umständen gelingt das nur einer großen Seele. Saturn ist auch das Leiden, das uns innerlich wachsen lässt.

Saturns Einfluss verzögert und hemmt. Als langsamster Planet bremst er Entwicklungen. Er kann bewirken, dass wir taub und blind, zurückgeblieben oder verkrüppelt werden. Im Sanskrit heißt er *Shani*, „der sich langsam Bewegende". Wer langsam denkt oder spricht, hat meist einen starken Saturn.

Saturn symbolisiert das Alter. Er ist der Gott der Zeit, der Altersbeschwerden und Altersschwäche auslöst. Ein ungünstiger Saturn verursacht vorzeitige Alterung. Er nimmt uns die körperliche und seelische Vitalität und löst Depressionen, Melancholie, Selbstmitleid, Sorgen und Angst aus.

Als nervöser Planet stört Saturn das Nervensystem. Er kann Taubheit, Lähmung und chronische Nervenkrankheiten hervorrufen. Da er den Intellekt hemmt, können Neurosen und Psychosen die Folge sein. Saturn steht hinter den meisten Krankheiten, vor allem wenn sie chronisch sind, zum Beispiel Krebs oder Arthritis. Als Sinnbild des Verfalls kann er die Ansammlung von Schlacken im Körper bewirken.

Saturn verursacht Armut, Entbehrung und Not. Er hält uns in Fesseln oder in Knechtschaft. Aber er veranlasst uns auch zu behalten, was wir besitzen und symbolisiert Eigentum, Grundstücke und feste Anlagen.

Wer dank eines günstigen Saturns reich wird, hält sorgfältig fest, was er unter großen Schwierigkeiten erworben hat.

Auf einer niedrigen Ebene ist Saturn der Planet des Egoismus. Er enthüllt unsere am tiefsten verwurzelten und hartnäckigsten Triebe. Saturn ist unser Lebenserhaltungstrieb, unser Drang, die separate Existenz beizubehalten. Dieser Trieb ist noch stärker und grundlegender als der Geschlechtstrieb. Die meisten materialistischen Triebe, etwa das Verlangen nach Reichtum, sind glorifizierte Ableger des Selbsterhaltungstriebes; aber Saturn hindert uns daran, sie zu durchschauen. Am Ende löst er jedoch auch diese Triebe auf.

Als Planet des Ichs ist Saturn auch der Planet der Furcht und der Dunkelheit. Er flößt uns das Gefühl ein, dass wir nicht gewinnen können, weil das Leben gegen uns ist. Er veranlasst, dass wir an uns selbst zweifeln und Ängsten, Fantasien und Phobien zum Opfer fallen.

Saturn ist das Symbol der dunklen Seite des Geistes und der niedrigen Elemente des Lebens: Verbrechen, Perversion und Paranoia. Er ist das Sinnbild der Unterwelt, der tiefen astralen Ebenen. Seinen Einfluss übt er durch Hässlichkeit, Schrecken und Furcht aus, durch Missbrauch und Erniedrigung. Er kann uns nicht nur von geliebten Menschen trennen, sondern auch sexuelle Abartigkeit auslösen. Saturn bewirkt, dass wir Spaß an primitiver Lust oder sogar an Gewalt und an den Schmerzen der anderen haben.

Ein sehr ungünstiger Saturn fällt in den Horoskopen von Kriminellen und Gefühllosen auf. Seine negative Seite tritt besonders dann hervor, wenn er mit Mars assoziiert ist, einem anderen grausamen Planeten. Auf einer niedrigen Ebene symbolisiert Saturn den groben Körper und die Sinne, die elementaren Kräfte, die uns beherrschen. Er ist die Schwerkraft, die uns nach unten zieht und an das Niedrige fesselt. Saturn ist der Gott, der seine eigenen Kinder verschlingt. Er erhöht manche Menschen nur, um sie später in den Abgrund zu stürzen. Wer unser dem Bann seiner niedrigen Werte lebt, wird irgendwann vernichtet.

Als Macht der Finsternis und der Hindernisse ist Saturn der Feind der Sonne und des Mondes und kann sie gewissermaßen verfinstern. Nur Jupiter ist imstande, Saturns Einfluss zu neutralisieren, und Venus und Merkur können ihn in gewissem Umfang mildern. Saturn begrenzt, Jupiter hebt Grenzen auf. Saturn ist geizig, Jupiter großzügig. Beide zusammen ermöglichen eine harmonische Expansion und Kontraktion, Schöpfung und Zerstörung: wahres Wachstum. Jupiter läutert Saturn, und Saturn macht Jupiter objektiver.

Aber Saturn ist nicht nur der niedrigste Planet, sondern auch der höchste. Seine Lektionen sind zwar die schwersten, aber auch die nützlichsten. Er ist der Ur-Geist und Ur-Gesetzgeber, unser Ahnenführer. Zudem symbolisiert er den positiven Geist der Vergangenheit und bringt Ordnung und Beständigkeit in unser Leben.

In der hinduistischen Mythologie ist Saturn der Sohn der Sonne. Die Sonne fährt in einem Wagen, den Saturn lenkt. Er ist die Dunkelheit, der Tod und die Sorge, die wir überwinden müssen, um das wahre Licht zu sehen. Er ist der Hüter der Mysterien des wachen Bewusstsens, das wir nur erlangen, wenn wir uns immer bemühen, wach und aufmerksam zu sein.

Saturn ist der meditierende Yogi. Er kann uns zu völliger Losgelöstheit und Unabhängigkeit verhelfen, denn er steht allein und hat die Grenzen der Massen gesprengt. Er zeigt uns den Weg zur Transzendenz, der notwendigerweise schwer ist, auf dem wir jedoch alle Grenzen überschreiten können, wenn wir uns auf das wahre, unbegrenzte Selbst stützen. Insofern wirkt die Macht Shivas, des Meisters aller Yogis und des Gottes der Transzendenz, durch Saturn.

Ein starker Saturn in einer guten Position ist unentbehrlich für ein spirituelles Leben. Wir brauchen ihn, um in irgendeinem Lebensbereich etwas von bleibendem Wert zu schaffen. Saturn gibt uns Konzentration, Sinn fürs Detail, Disziplin und Ernsthaftigkeit, so dass wir den großen Herausforderungen des Lebens gewachsen sind.

Saturn ist auch das Symbol des Lebens. Er steht für das Schicksal, die Lebensdauer und langes Leben. Ein starker Saturn schützt das Leben; darum müssen wir ihn im Alter versöhnlich stimmen. Er zeigt uns, was zu tun ist, um ein erfülltes und langes Leben zu haben. Wer nicht auf ihn hört, muss mit schnellem Verfall und frühem Tod rechnen.

Rahu und Ketu

Rahu erzeugt Rauch, hat einen dunklen Leib, wohnt in den Wäldern und erweckt Furcht. Seine Konstitution ist luftig (vata). Ketu ist Rahu ähnlich.

Parashari 3.30

Neben den sieben Planeten sind auch die Mondknoten in der vedischen Astrologie sehr wichtig. Der nördliche Knoten heißt *Rahu* oder Drachenkopf, der südliche *Ketu* oder Drachenschwanz.

Rahu und Ketu gelten als sekundäre oder Schattenplaneten. In der Astronomie sind sie die Punkte, an denen der Mond die Ekliptik, den Himmelsäquator, kreuzt. Dort, wo der Mond die Sonnenumlaufbahn überquert, kann es zu Finsternissen kommen. Die Mondknoten geben an, wann die Kräfte der Sonne und des Mondes einander stören oder aufheben. Dadurch erfahren wir, ob unsere solaren oder lunaren Energien sozusagen kurzgeschlossen werden. Es handelt sich also um sehr empfindliche Punkte, die Auswirkungen auf das gesamte Netz der planetaren Kräfte haben.

Rahu, der nördliche oder aufsteigende Knoten, ist der Punkt, an dem der Mond die Ekliptik nach Norden kreuzt. Ketu, der südliche oder absteigende Knoten, ist der Punkt, an dem der Mond die Ekliptik nach Süden kreuzt. Darum hat der nördliche Knoten einen aufsteigenden, expansiven Einfluss – allerdings ist seine Energie im Wesentlichen negativ. Der südliche Knoten wirkt absteigend und kontrahierend; darum ist er weniger negativ als der nördliche Knoten.

Sonnen- und Mondfinsternisse können sich in der Nähe beider Knoten ereignen. Einst sah man in den Mondknoten die beiden Hälften eines entmannten Dämons, der einen der Himmelskörper verschlingt und dadurch eine Finsternis herbeiführt. Die Knoten haben also die

Macht, Sonne und Mond zu besiegen und können so gesehen stärker sein als jeder andere Planet. In der vedischen Astrologie gilt die Konjunktion eines Planeten mit einem Mondknoten als eine Art Finsternis dieses Planeten. Dabei wird seine Energie irgendwie gehemmt, neutralisiert oder befreit. Da Finsternisse Orte der Energietransformation sind, können sie günstige oder ungünstige planetare Einflüsse übertragen oder verstärken.

Westliche Astrologen verbinden Rahu mit Jupiter und Ketu mit Saturn. Ihrer Meinung nach ist der nördliche Knoten günstig und der südliche ungünstig. Der nördliche Knoten ist demnach der Punkt der mühelosen Energie-Expansion, des Führungspotenzials und des Glücks. Der südliche Knoten ist der Punkt der Hemmung und Begrenzung, des Machtverlustes und des Unglücks. Neuerdings gibt es aber auch westliche Astrologen, die diesen Standpunkt nur als ersten Schritt betrachten, nicht als das letzte Wort der Schattenplaneten.

In der westlichen Astrologie ist der nördliche Knoten ein Punkt des guten Karmas aus einem selbstlosen früheren Leben, in dem der Mensch seine Energie zum Wohl des Ganzen nutzte. Der südliche Knoten gilt als Punkt des schwierigen Karmas aus einer vergangenen Existenz, in welcher der Mensch auf Kosten anderer nur seinen eigenen Interessen frönte.

Wenn der Einfluss des nördlichen Knotens jedoch zu stark ist, kann er unsere Energie ausdünnen. Wir lassen uns dann von Massentrends und kollektiven Einflüssen (symbolisiert z. B. von einem ungünstigen Jupiter) mittragen. Andererseits kann der südliche Knoten eine starke Konzentration bewirken, so dass wir auch abstruse oder obskure Themen (symbolisiert z. B. von einem günstigen Saturn) bewältigen können.

In der vedischen Astrologie sind die Mondknoten ein komplexeres und genauer durchdachtes Phänomen, das meist auch eine andere – manchmal aber ähnliche – Bedeutung hat. Die Knoten gelten im Allgemeinen als die ungünstigsten Kräfte im Horoskop. Der nördliche Knoten gleicht dem Saturn, der südliche dem Mars. Aber die Knoten haben eine subtilere, eher übersinnliche Energie, die schwerer zu neutralisieren ist als die Energie dieser beiden Planeten. Rahu gilt als besonders bösartig; er ist oft die negativste Kraft im Horoskop.

Es ist durchaus verständlich, dass die beiden Knoten ungünstig sind. Sie symbolisieren Faktoren, die Finsternisse hervorrufen, also die Sonne und den Mond verdunkeln. Darum kündigen sie öfter schlechtes Karma an als gutes. Sie sagen voraus, dass das kollektive Karma – z. B. eine Katastrophe – das individuelle überschatten wird. Da der südliche

Knoten diesen karmischen Zyklus vollendet, ist er vorteilhafter als der nördliche, der den Zyklus in Gang setzt, weil die Energie nach innen geleitet wird.

Die vedische Astrologie erkennt aber auch an, dass die Mondknoten, vor allem der nördliche, einen positiven, jupitergleichen Einfluss haben können, wenn sie mit einem starken Planeten assoziiert sind oder sich in einer starken Position befinden. Als Schattenplaneten übernehmen und verstärken sie die Energie der Planeten. Rahu im zehnten Haus fördert beispielsweise die Karriere, besonders wenn der Herrscher des Hauses ebenfalls stark ist.

Rahu gilt als wichtigste planetare Ursache von Geisteskrankheiten, Neurosen, Nervenleiden, Besessenheit und anderen Störungen dieser Art. Diese Wirkung wird noch verstärkt, wenn Rahu den Mond und andere Faktoren beeinflusst, welche die Psyche symbolisieren, etwa Merkur und das vierte Haus. Er kann die astrale Empfindsamkeit verstärken und dadurch das Band zwischen der Seele und dem Körper lockern.

Ich habe Rahus Einfluss in vielen Horoskopen studiert und festgestellt, dass die Kombination mit dem Mond bei Geisteskrankheiten, Nervenstörungen und Kriminalität häufig vorkommt. Die Wirkung ist nicht immer so stark und kann durch andere Kräfte neutralisiert werden; aber meist stimmt sie mit den Voraussagen der vedischen Astrologie überein und ist selten jupiterähnlich.

In der Regel sind die Mondknoten, besonders Rahu, daran schuld, wenn ein Mensch zu nervösen oder seelischen Störungen neigt, Drogen nimmt, unter medialen Einfluss gerät, an rätselhaften Krankheiten wie Krebs oder neuromuskulären Beschwerden leidet oder grundlos unglücklich oder schwächlich ist. Das gilt vor allem dann, wenn sie negative planetare Kräfte, etwa Saturn, sie begleiten.

Ketu erzeugt Zweifel, Chaos und Eigensinn, eine kritische und engstirnige Haltung, die Konflikte auslöst. Rahu symbolisiert einen Menschen, der vom Massentrend überwältigt wird; Ketu steht für den Menschen, der in seiner eigenen kontrahierten Energie gefangen ist – isoliert, entfremdet und störrisch.

Als Faktoren, die Finsternisse verursachen, sind die Knoten die Schatten der Sonne und des Mondes (symbolisch, nicht astronomisch gesehen). Rahu ist der Schatten des Mondes oder der negative Mond. Er hemmt, verneint, bedeckt oder verdunkelt den Mond (die Psyche). Ketu ist der Schatten der Sonne oder die negative Sonne. Er bedeckt oder verfinstert die Sonne (das Selbst).

Als negativer Mond oder negative Seite der Psyche symbolisiert Rahu Illusionen, Halluzinationen, Trance, Psychosen, Paranoia und ähnliche psychische Zustände. Als negative Sonne oder negative Seite des Selbstes ist Ketu das Symbol des Selbstzweifels, des geringen Selbstvertrauens und des unzureichenden Selbstwertgefühls sowie der Selbstüberschätzung und des Größenwahns.

Während Rahu den Mond überwältigen kann, ist Ketu imstande, die Sonne zu besiegen. Die Knoten können auch die Wirkung anderer Planeten hemmen, Rahu durch unkritische Expansion und Ketu durch überkritische Kontraktion. Ketu kann den Mond stören und uns derart für das Übersinnliche empfänglich machen, dass wir uns zu den niederen oder makabren Aspekten des Leben hingezogen fühlen oder dem Alkohol verfallen. Rahu kann die Sonne stören und wirre Fantasien, Unentschlossenheit oder Illusionen auslösen, so dass wir kollektiven oder medialen Einflüssen leichter erliegen. Aber Rahu ist für den Mond, Ketu für die Sonne gefährlich. Da Ketu die Sonne überwältigen kann, ist er bisweilen neben der Sonne der mächtigste Planet im Horoskop.

Rahu stimmt uns aber auch auf positive soziale Trends ein und verschafft uns Beliebtheit, Ansehen, Ruhm und Macht. Er macht uns fast paranormal empfänglich für Massentrends und hilft uns, davon zu profitieren. Ketu schenkt uns Konzentration, scharfe Sinne sowie mediale und spirituelle Fähigkeiten. Im Yoga und im spirituellen Leben ist Ketu das Symbol der Befreiung *(moksha karaka).* Zusammen mit Merkur gibt er uns Einsicht und hilft uns, die Astrologie und verwandte Gebiete zu verstehen.

Rahu ist meist am günstigsten, wenn er in einem starken Haus steht – z. B. im neunten oder zehnten – und wenn der Herrscher des Hauses ebenfalls eine starke Position hat, am besten in einem Trigonhaus. Dann schenkt Rahu uns Ansehen oder Ruhm (Raja Yoga), vor allem wenn er eine starke Stellung im ersten oder vierten Haus hat.

Ketu bedeutet „Flagge". Er verstärkt die Wirkung starker Planeten, mit denen er gemeinsam auftritt. Ein Planet, der hoch oder in seinem eigenen Zeichen steht, gewinnt durch Ketu erheblich an Macht. Venus im zweiten Haus in der Waage bringt zum Beispiel Reichtum oder Talent, wenn Ketu sie begleitet. Zusammen mit Mars im Skorpion im dritten Haus macht Ketu Soldaten tapfer.

Ein starker Rahu verspricht weltlichen Erfolg, Macht und die Erfüllung unserer Wünsche, aber nicht unbedingt innere Erfüllung. Er kann auch weltliches Verlangen hervorrufen, das nie befriedigt werden kann, einerlei, wie erfolgreich wir sind. Das äußere Glück geht mit innerer Unruhe einher. Ketu bewirkt plötzliche und unerwartete Ergebnisse, die je nach seiner Position gut oder schlecht ausfallen. Ein günstiger Ketu macht uns stark, aber nicht empfindsam. Da die beiden Knoten einander immer gegenüberstehen, sind meist beide stark oder schwach.

Auf der spirituellen Ebene bringt Rahu übersinnliche Fähigkeiten, aber auch eine Neigung zu Drogen, Besessenheit und schwarzer Magie. Ketu macht uns weise und empfänglich für das Übersinnliche, aber auch selbstgerecht. Wahrscheinlich setzt spirituelles Wachstum voraus, dass wir die Einflüsse der Knoten meistern.

Die Mondknoten haben selten einen positiven Einfluss. Beide symbolisieren Kräfte, die schwer zu bändigen sind, und ihre positive Seite kommt oft nur dann zur Geltung, wenn wir große Hindernisse überwunden haben.

Mars

Mars ist rot gekleidet und hat einen roten Leib. Der Sohn der Erde, dessen Reittier ein Widder ist, besitzt vier Arme und hält einen Dreizack, einen Speer und ein Labyrinth in den Händen. Sein Haupt schmückt eine Koralle, und eine Hand spendet Segen. Möge der göttliche Mars uns immer gnädig sein.

6
Die Zeichen

Wie die Planeten die Energie der Sterne übertragen

Die vedische Astrologie benutzt dieselben zwölf Tierkreiszeichen wie die westliche Astrologie. Die Bedeutung ist ebenfalls ähnlich, aber ihre Position wird nach dem siderischen System ermittelt.

DIE ZWÖLF ZEICHEN DES TIERKREISES

	Deutsch	**Sanskrit**	**Symbol**	**Herrscher**
1.	Widder	Mesha	Widder	Mars
2.	Stier	Vrishabha	Stier	Venus
3.	Zwillinge	Mithuna	Zwillinge	Merkur
4.	Krebs	Kataka	Krebs	Mond
5.	Löwe	Simha	Löwe	Sonne
6.	Jungfrau	Kanya	Jungfrau	Merkur
7.	Waage	Tula	Waage	Venus
8.	Skorpion	Vrishchika	Skorpion	Mars
9.	Schütze	Dhanus	Bogen	Jupiter
10.	Steinbock	Makara	Krokodil	Saturn
11.	Wassermann	Kumbha	Topf	Saturn
12.	Fische	Mina	Fische	Jupiter

Die Zeichen spiegeln die Bedeutung ihres Planetenherrschers wider. Krebs und Löwe symbolisieren den Umlauf der Sonne. Ihre Nachbarn sind Zwillinge und Jungfrau. Diese stehen für die zwei Hälften der Umlaufbahn des Merkur, des sonnenächsten Planeten. Dann folgen Stier und Waage, die beiden Hälften der Umlaufbahn der Venus, des zweitnächsten Planeten. Ihnen folgen Widder und Skorpion, die zwei Hälften der Marsumlaufbahn. Die nächsten sind die Fische und der Schütze, die zwei Hälften der Jupiterumlaufbahn. Der Tierkreis endet mit Wassermann und Steinbock, den beiden Hälften der Umlaufbahn des Saturn, der von der Sonne am weitesten entfernt ist.

Jeder Planet regiert zwei Zeichen. Die Zeichen mit ungeraden Zahlen sind das Symbol der positiven Hälfte der Umlaufbahn um die Sonne.

Hier nimmt die Energie zu und wird nach außen geleitet. Die Zeichen mit geraden Zahlen symbolisieren die negative Hälfte der Umlaufbahn. Dort nimmt die Energie ab und wird nach innen geleitet. Krebs und Löwe stehen für die positive und negative Hälfte der Sonnenrotation um die eigene Achse. In der vedischen Astrologie sind Uranus, Neptun und Pluto keine Planetenherrscher – sie würden die Reihenfolge der Umlaufbahnen und die Logik des Systems stören.

Sonne und Mond sind letztlich ein Planet. Der Mond ist die weibliche Seite der Sonne, die in Erdnähe strahlt, um das Leben zu fördern. Der Mond ist die Inkarnation der göttlichen Mutter, die in der Sonne wohnt. Es ist kein Zufall, dass Sonne und Mond, von der Erde aus gesehen, fast gleich groß sind. Das ist die Folge des kosmischen Gesetzes. Nur deshalb sind Sonnen- und Mondfinsternisse möglich, die Energie transformieren und für die Entwicklung des Lebens auf Erden spenden. Die Sonne ist etwa 108 Sonnenradien von der Erde entfernt, und die Erde hat ungefähr 1/108 der Sonnengröße. Der Mond ist rund 108 Erdradien von der Erde entfernt. Kein Wunder, dass 108 in den Veden eine so wichtige Zahl ist!

Die Wechselbeziehung zwischen Sonne und Mond ist notwendig, um das Gleichgewicht der Energien auf der Erde zu bewahren: positiv und negativ, männlich und weiblich, yin und yang. Hätte der Mond nicht die gleiche scheinbare Größe wie die Sonne und würde er nicht deren Einfluss ausbalancieren, wäre kein Leben auf unserem Planeten möglich. Der Mond hilft der Erde, ihr Wasser zu behalten. Dank des Wassers gibt es auf der Erde Meere, aus denen das Leben stammt, und Regen, der die Pflanzen tränkt. Die Energie des Mondes ermöglicht den Aufbau des Körpers und des Geistes.

ZEICHEN MIT GERADER UND UNGERADER ZAHL

Zeichen mit ungerader Zahl sind positiv und männlich. Die Zeichen mit gerader Zahl sind ihre negativen, weiblichen und passiven Gegenstücke. Widder trägt beispielsweise die Nummer 1 und ist das positive oder männliche Zeichen des Mars, dessen Energie nach außen strömt und sich manifestiert. Skorpion trägt die Nummer 8 und ist ein negatives oder weibliches Zeichen, dessen Energie nach innen fließt und im Verborgenen wirkt. Im Allgemeinen sind die Planeten in positiven Zeichen stärker; das heißt, sie bewirken mehr. Zeichen mit ungerader Zahl sind ihrer Natur nach mehr yang, solar, energisch und rajasisch; Zeichen mit gerader Zahl sind mehr yin, lunar, hemmend und tamasisch.

Beide Gruppen von Zeichen sind notwendig und weder gut noch schlecht. Die negative Seite eines Planeten spiegelt sich in dem Teil seiner Umlaufbahn wider, wo er kosmische Energie speichert; den positiven Aspekt bringt der Teil der Umlaufbahn zum Ausdruck, der die Energie freigibt.

Die Planeten leiten die siebenfältige kosmische Energie der Sterne ins Sonnensystem. Sie sind das dynamische Prinzip, während die Zeichen Felder oder Gewebe sind, die von den Bewegungen der Planeten unterhalten werden. Das Sonnensystem ist ein Organismus, und der Tierkreis spiegelt seine Beziehung zur Galaxis wider. Die Planeten empfangen die sieben Strahlen des galaktischen Zentrums und leiten sie weiter, damit das Sonnensystem und das Leben auf Erden sich entwickeln können.

Die Zeichen haben also keine eigene Existenz. Die Zwillinge sind zum Beispiel nur die Energie, die Merkur im positiven Teil seiner Umlaufbahn ausstrahlt. Die Jungfrau ist die Energie, die er im negativen Teil seiner Umlaufbahn abgibt. Die Planeten projizieren diese Energie durch zwei Zeichen des Tierkreises, also zwei Abschnitte des Himmels, die von der Erde aus 30 Grad umfassen.

DIE EIGENSCHAFTEN DER ZEICHEN

Jedes Zeichen hat eine Eigenschaft, die im Westen *kardinal*, *fest* und *beweglich* heißen. Im Sanskrit heißen Sie *chara* (beweglich), *sthira* (fest oder unbeweglich) und *dwiswabhava* (dual).

Diese Eigenschaften beziehen sich darauf, wohin ein Mensch seine Energie lenkt, und sie spiegeln sich in seinem Charakter wider. Man kann sie mit der positiven (kardinalen), neutralen (festen) und negativen (beweglichen) elektrischen Ladung vergleichen. Keine Eigenschaft ist besser als die anderen; jede hat ihr Energiemuster und ihre typischen Ungleichgewichte, die wir meistern müssen.

BEWEGLICHE (KARDINALE) TYPEN

Bewegliche Zeichen symbolisieren die dynamische oder einleitende Phase des Elements. Sie bestimmen den Impuls, die Richtung und den Ausdruck, können aber auch durch zu viele oder zu starke Wechsel Störungen auslösen.

Menschen mit Planeten, die überwiegend in beweglichen Zeichen stehen, sind Tatmenschen. Sie sind positiv, ausdrucksvoll und aufgeschlossen. Leistung und Erfolg bedeuten ihnen viel. Sie sind eigensinnig, aggressiv und dynamisch und entwickeln oft Führungsqualitäten. Zwar erreichen sie viel und bekommen, was sie wollen, aber es fehlt es ihnen bisweilen an Empfindsamkeit, und sie drängen sich anderen auf oder schaden ihnen sogar.

Beweglichen Typen fällt es schwer, einen Arbeitsplatz oder eine Beziehung beizubehalten; sie können daher ihr Potenzial nicht immer voll nutzen. Manche arbeiten zu viel oder brennen aus, weil sie zu oft umziehen oder die Stelle wechseln.

Solche Menschen müssen beständiger und stabiler werden. Sie sollten ihre Energie nutzen, um ihre höchsten Ziele zu erreichen, und nicht hektisch oder umtriebig werden. Wenn das gelingt, kann ihre innere Entwicklung ebenfalls sehr positiv verlaufen.

FESTE (UNBEWEGLICHE) TYPEN

Unbewegliche Typen verkörpern die stabile, beständige Phase ihres Elements, die Form oder die Substanz. Negative Folgen können Trägheit, Sturheit und Stagnation sein.

Feste Typen sind standhaft und entschlossen bei allem, was sie sind und tun. Sie wollen bewahren, sind mit sich zufrieden und haben keine Lust, ihre Meinung zu ändern. In ihren Überzeugungen werden sie nur selten schwankend. Sie bevorzugen das Konservative und Traditionelle und mögen den Wandel nicht. Oft sind sie unnachgiebig und besitzergreifend. Sie sammeln und erwerben viel im Leben und können sich schwer davon lösen. Darum fällt ihnen auch das Teilen schwer. Ihr Leben ist nach außen gerichtet, und sie wechseln den Beruf oder die Wohnung selten.

Wenn ihre Seele hoch entwickelt ist, kennen sie die Wahrheit und haben einen starken Glauben. Andernfalls können sie gefühllos, materialistisch oder störrisch sein. Manche sind jedoch sentimental und nachdenklich; aber sie vertiefen sich eher in ihre eigenen Vorstellungen, anstatt neue Ideen zu entwickeln.

Unbewegliche Typen müssen mehr Initiative erwerben und öfter etwas Neues probieren. Sie sollten empfindsamer, anpassungsfähiger und aufgeschlossener werden und sich vergewissern, dass sie tatsächlich an der Wahrheit festhalten und nicht einfach träge sind.

VERÄNDERLICHE (DUALE) TYPEN

Veränderliche Zeichen symbolisieren die vergängliche, instabile Phase ihres Elements. Wie der Name sagt, können sie beweglich sein oder still stehen. Sie sind also ambivalent, unberechenbar und schwankend. Ihre Regenten sind Jupiter und Merkur, die Planeten des Intellekts, die uns empfindsam machen (vor allem Jungfrau und Fische).

Diese Menschen sind flexibel und anpassungsfähig. Sie haben viele Begabungen, Interessen und Fähigkeiten und neigen zu Unentschlossenheit. Sie denken und berechnen gerne; sie machen sich Sorgen und sind oft zu introvertiert und mit sich selbst beschäftigt. Viele leiden an Nerven- oder Immunstörungen und Allergien.

Veränderliche Menschen sind gesprächig und gesellig, aber sie sagen heute dies und morgen das. Sie sind geschäftstüchtig, weil sie gut im Tauschen sind. Auch in der Unterhaltungsbranche können sie erfolgreich sein, denn sie sind gute Schauspieler. Hoch entwickelte Menschen sind sehr empfindsam und zu tiefem Verständnis fähig. Weniger entwickelte sind sprunghaft, unzuverlässig und neurotisch. Auch in der äußeren Welt ist ihr Leben zwiespältig und von Extremen geprägt.

Veränderliche Typen brauchen mehr Initiative, Mut und Tatkraft. Sie sollten weniger grübeln und mehr handeln. Beständigkeit und Frieden sind ebenfalls wichtig für sie. Und vor allem müssen sie lernen, ihre Empfindsamkeit bewusst zu nutzen, anstatt gegen sie anzukämpfen.

ZEICHEN UND ELEMENTE

Jedes Zeichen ist einem Element – Erde, Wasser, Feuer oder Luft – in einem seiner drei Modalitäten zugeordnet. Da die Zeichen den Bereich offenbaren, in dem die Planeten wirken, haben ihre Elemente drei Ebenen: die Schichten unseres Seins.

ERDZEICHEN

Planeten in Erdzeichen vermitteln ein Gefühl der Form, Ordnung und Nützlichkeit. Sie veranlassen uns, nach materiellem Ausdruck zu suchen und viel mit der Erde, dem Körper oder der Materie zu arbeiten. Solche Menschen sind zum Beispiel Gärtner, Ärzte, Bankiers oder Bauern, oder sie haben einen anderen Beruf, der etwas mit greifbaren Dingen zu tun hat.

Planeten in Erdzeichen symbolisieren Arbeit mit den Händen oder mit der praktischen, nüchternen Seite des Intellekts. Sie halten uns im Reich der Sinne fest und wollen, dass wir diese Sinne präzise nutzen und unseren Körper meistern. Manchmal haben sie eine gewisse Schwere an sich.

Auf der höheren Ebene helfen uns Planeten in Erdzeichen, unser inneres Potenzial in der materiellen Welt zu verwirklichen. Wir finden sie im Horoskop alter Seelen, die stark mit traditionellen Kulturen verbunden sind (z. B. mit der indischen oder mexikanischen) und sich dem Ende ihres Evolutionszyklus nähern. Wer zu Erd- oder Naturreligionen neigt wie die Taoisten und die Indianer, gehört oft zu diesem Typ. Auf der niedrigeren Ebene binden uns Erdzeichen an die Welt und an den Körper und werfen einen Schatten auf uns. Viele Seelen, die neu auf dieser Welt sind oder aus dem Tierreich kommen, werden von groben irdischen Einflüssen beherrscht.

Planeten in Erdzeichen und in guter Position schenken uns Pragmatismus, körperliche Reinheit und Arbeitsfähigkeit. Ungünstige Planeten hemmen uns und fesseln uns an das Grobstoffliche.

WASSERZEICHEN

Wasserzeichen leiten unsere planetare Energie ins Reich der Gefühle und geben uns Liebe, Zuneigung und Bindung. Sie können instinktiv oder intuitiv sein, je nachdem, wie wir damit umgehen, und meist veranlassen sie uns, emotionale Aufmerksamkeit und Anerkennung zu suchen. Sie sind ein Zeichen dafür, dass wir an unserer Psyche und an unseren Beziehungen arbeiten müssen. Manchmal schenken sie uns Kraft und Vitalität, und sie weisen darauf hin, dass wir vor allem in der Familie, unter Freunden, in der Gesellschaft oder sogar in spirituellen Beziehungen Erfüllung finden.

Menschen mit vielen Planeten in Wasserzeichen sind meist von vielen Leuten umgeben und haben in ihrem Haus immer Platz für Freunde, die zusammenkommen oder einfach nur herumhängen wollen. Es fällt ihnen schwer, Grenzen zwischen sich und anderen zu ziehen.

Auf einer höheren Ebene schenken uns Wasserzeichen Weisheit, Glauben, liebende Hingabe und Mitgefühl. Sie sind mit astralen Welten verbunden. Auf einer niedrigeren Ebene machen sie uns sentimental und gierig. Wir versinken in Gefühlsproblemen, mit denen wir nicht fertig werden oder von denen wir uns nicht lösen wollen. Wasser ist zwar kreativ, aber es kann auch Verfall auslösen. Günstige Planeten in Wasserzeichen sorgen für positive Gefühle, Liebe und Kreativität. Ungünstige Planeten verursachen tief verwurzeltes Gefühlschaos oder Stagnation.

FEUERZEICHEN

Feuerzeichen zeichnen sich durch einen starken Willen, Ehrgeiz, Entschlossenheit, scharfe Sinne und einen kritischen Geist aus. Menschen mit Feuerplaneten streben nach Macht. Sie stellen gerne ihren Mut zur Schau und haben einen Hang zur Dramatik. Ihr Selbst ist ihnen wichtiger als Kommunikation. Sie wollen zwar beliebt sein, aber sie wollen auch den Ton angeben und anderen überlegen sein. Sie enthüllen, dass der Wille in unserem Leben die wichtigste Rolle spielt. Darum müssen wir wahre Unabhängigkeit, Klarheit und Verständnis erlangen, anstatt andere auszustechen und zu beherrschen.

Auf einer höheren Ebene geben Planeten in Feuerzeichen uns Unabhängigkeit und Einsicht, ein gutes Urteilsvermögen und hohe Werte. Günstige Planeten in Feuerzeichen haben einen durchdringenden Verstand und blicken hinter die Kulissen. Feuerzeichen formen Führungspersönlichkeiten; sie helfen uns, Bündnisse zu schmieden und Wärme, Licht und Wohlwollen auszustrahlen. Auf der niedrigeren Ebene können sie uns destruktiv machen. Unser Wille gerät in Konflikt mit dem Willen anderer, oder wir werden eitel und stolz.

Benefizplaneten in Feuerzeichen schenken uns Erleuchtung und Freiheit. Sie zeigen, dass die Seele Fortschritte macht. Malefizplaneten können uns ausbrennen und Chaos auslösen.

LUFTZEICHEN

Luftzeichen symbolisieren Vielseitigkeit auf der mentalen Ebene. Menschen mit Luftplaneten sind oft Intellektuelle. Sie schätzen Kommunikation, Ideen und Ideale und streben nach Wissen. Praktische Ergebnisse interessieren sie weniger, da sie in der Welt ihrer Gedanken, Berechnungen, Pläne und Projektionen leben. Sie wollen aufsteigen, aber ihnen fehlt das Fundament. Darum vergeuden sie ihre Energie.

Auf der höheren Ebene stärken Planeten in Luftzeichen den Idealismus und die Sehnsucht, über diese Welt hinaus zu gehen. Sie machen uns philosophisch und humanistisch. Auf der niedrigeren Ebene verwirren sie uns, so dass wir den Tatsachen nicht ins Auge schauen wollen. Wir wollen die Welt nach unseren Wünschen ändern und werden dabei unrealistisch.

Benefizplaneten in Luftzeichen schenken uns Verständnis, Ausgewogenheit und Empfindsamkeit. Malefizplaneten zerstreuen unsere Energie und bringen uns Störungen, Ungewissheit oder gar seelische und nervöse Krankheiten.

Um die Elemente im Horoskop zu verstehen, müssen wir die Elemente untersuchen, die von den Planeten selbst symbolisiert werden, besonders das Element des stärksten Planeten im Horoskop. Jemand kann zum Beispiel viele Planeten in Erdzeichen haben; aber wenn es sich überwiegend um günstige Feuerplaneten handelt – vor allem einen hohen Mars im Steinbock –, hat der Betreffende viel Energie, Begeisterung und Motivation (Feuer), so dass er auf der materiellen oder praktischen Ebene (Erde) viel erreicht. Solche Menschen sind „Feuer auf der Erde". Ihrem Wesen nach sind sie feurig, aber sie manifestieren sich auf der Erde. Sogar ihr Körper ist feurig (Pitta), obwohl sie körperlich oder konkret-geistig aktiv sind.

BESCHREIBUNG DER ZEICHEN

Westliche Astrologen konzentrieren sich auf das Sonnenzeichen. In der vedischen Astrologie ist der Aszendent der wichtigste Faktor, der Mond kommt an zweiter und die Sonne an dritter Stelle. Das ist logisch, weil der Aszendent der planetare Einfluss ist, der sich am schnellsten ändert. Er wechselt alle zwei Stunden das Zeichen, während der Mond dafür zweieinhalb Tage und die Sonne einen Monat braucht. Darum spiegelt er die Persönlichkeit besser wider. Da er der Orientierungspunkt der Erde gegenüber dem Himmel ist, enthüllt er auch die Bedeutung unserer Inkarnation genauer.

Die folgenden Erläuterungen sind allgemeiner Art und richten sich hauptsächlich nach Persönlichkeitstypen. Ihre Eigenschaften werden vorwiegend anhand der Aszendenten beschrieben, aber sie gelten auch für Mond- oder Sonnenzeichen.

Widder ♈

Der Widder ist das positive Zeichen des Mars, das kardinale Feuerzeichen, der Anfang des Tierkreises und das Haupt des kosmischen

Menschen (der personifizierten Zeit). Als erstes Sternzeichen fördert der Widder die Unabhängigkeit und die Selbstdarstellung; er gibt uns Kraft und eine klare Richtung im Leben.

Widdertypen sind dynamisch und aggressiv; sie stellen sich dem Wettbewerb und ergreifen gern die Initiative. Oft leben sie in der Welt ihrer Gedanken und haben scharfe Sinne. Sie denken logisch und wissenschaftlich und sind gute Forscher und Erfinder. In allem, was sie tun, sind sie unabhängig, abenteuerlustig und geschickt. Ihre Gefühle sind zwar stark, aber sie haben sie im Griff.

Widdermenschen sind eigenwillig, impulsiv oder dickköpfig, manchmal sehr kritisch und voreingenommen. Dennoch sind sie gute Psychologen, wenn sie lernen, sich selbst zu ergründen. Weniger entwickelte Widdertypen sind aggressiv und manipulativ, setzen ihren Weg durch und drängen anderen ihre Ideen auf. Ihre marsianische Energie drückt sich mehr durch den Intellekt aus als durch den Körper. Sie streiten oft, werden aber selten gewalttätig.

Widdertypen können egozentrisch sein und nehmen nicht immer Rücksicht auf andere. Eine Beziehung macht sie ausgeglichener. Ihr Schlüssel zum spirituellen Wachstum ist ihr scharfer Intellekt und ihre Energie. Beides müssen sie anwenden, um die Wahrheit zu finden – nicht, um Erfolg zu haben.

Stier ♉

Der Stier ist das negative Zeichen der Venus, das feste Erdzeichen, das Gesicht und der Hals des kosmischen Menschen. Als zweites Zeichen fördert er Beziehungen, Partnerschaften und die Weitergabe von Gefühlen. Stiertypen streben nach Gleichgewicht und Harmonie. Sie sind stabil, ausdauernd und konservativ, haben ein Gefühl für Form und Schönheit und können Dichter oder Künstler werden. Oft sind sie auch attraktiv, vor allem in der Jugend, und sie schmücken sich gerne. Stiertypen sind besitzergreifend und eignen sich als Kaufleute oder Bankiers. Viele neigen zum Materialismus und zur Sinnlichkeit und lieben Bequemlichkeit und Luxus, aber ihr Geschmack ist leicht zu entwickeln. Sie können gut mit Menschen umgehen, auch mit Fremden.

Stiertypen sind meist stur und ändern ihren Standpunkt ungern. Es dauert lange, bis sie in Wut geraten, aber auch lange, bis sie verzeihen. Sie können auch grausam oder rücksichtslos zu Menschen sein, die nicht ihrem Kreis angehören. Ihr Gedächtnis ist gut, aber sie werden manchmal sentimental oder hängen an der Vergangenheit. Sie lieben ihren Körper und seine Sinne.

Stiermenschen schätzen ein stabiles und glückliches Familienleben. Sie können sehr romantisch und hingebungsvoll sein und glauben dann oft daran, alles sei Liebe. Sie lieben auch die Erde und arbeiten gern mit den Händen, um der Umwelt ihren Stempel aufzudrücken. Sie erwerben, erhalten und verfeinern Dinge. Spirituell sind sie ebenfalls voller liebender Hingabe, und sie schätzen Traditionen und Riten.

Zwillinge ♊

Die Zwillinge sind das positive Zeichen des Merkur, das bewegliche Luftzeichen, der Nacken und die Schultern des kosmischen Menschen, auch ein Paar (Mann und Frau). Als drittes Zeichen machen sie uns energisch, so dass wir Wandel und Austausch, Bewegung und Erfindungen lieben.

Zwillingstypen sind nervös, unruhig und aufgeregt. Sie sind körperlich und geistig anpassungsfähig, aber auch oft erschöpft, weil sie zu aktiv sind. Ihr Intellekt ist gut, ebenso das Sprachvermögen. Darum eigenen sie sich als Schriftsteller, Journalisten, Dichter, Sekretärinnen, Programmierer oder Wissenschaftler. Sie können gut mit Daten und Statistiken umgehen. Allerdings spekulieren sie gern und verfangen sich bisweilen in unrealistischen Fantasien oder Sorgen.

Zwillinge sind in ihren Beziehungen ebenso beweglich wie in ihrem Geist. Sie sind oft mehr als einmal verheiratet oder haben mehrere Partner. Manche sind sehr sinnlich, aber sie müssen vorsichtig sein, weil ihre vitale Energie nicht immer so groß ist, wie sie glauben. Sie lieben Sinnesreize und das Neue und werden leicht süchtig nach Medien oder nach dem Computer. Alles, was ihre Nerven anregt oder das Lebenstempo erhöht, gefällt ihnen; aber sie neigen auch zu Überempfindlichkeit und Neurosen. Ihre geistige Beweglichkeit kann sie betrügerisch oder unzuverlässig machen.

Zwillinge sind manchmal unentschlossen und führen nichts zu Ende. Sie sind die wandelbarsten aller Typen und immer auf Trab, solange sie noch Energie haben. Wenn sie nach innerem Wissen anstatt nach Sinnesreizen streben, können sie sehr spirituell werden, da ihre Energie die subtilste und volatilste aller Zeichen ist.

Krebs ♋

Der Krebs ist das Zeichen des Mondes (ein neutrales oder negatives Zeichen), das kardinale Wasserzeichen, die Brust des kosmischen Menschen. Als viertes Zeichen symbolisiert er unser Bedürfnis nach mentaler und emotionaler Stabilität und nach Glück.

Krebsmenschen sind in der Regel freundlich, sympathisch und fürsorglich, weil sie unter dem Zeichen der Mutter stehen. Sie schätzen Beziehungen und den Austausch von Gefühlen, vor allem auf einer sehr vertrauten Ebene. Viele Leute kommen und gehen in ihrem Haus, und sie bewirten ihre Gäste gerne.

Krebstypen wollen beliebt sein und haben ein Gespür für die Stimmung der Menge. Darum können sie gesellschaftlichen Einfluss und Anerkennung erwerben. Manche sind aber empfindsam, schüchtern und abhängig. Sie lieben ihr Heim und ihre Familie, sind aber bisweilen engstirnig. Auch ihre Gemeinde, ihr Land oder ihre Religion bedeuten ihnen viel.

Krebsmenschen sind engagiert, liebevoll und intuitiv; sie spüren sofort, was andere fühlen. Ihre Fantasie ist stark entwickelt, aber sie kann durch unbewusste Fixierungen eingeengt sein. Sie sind sanft, aber manchmal auch feige. Sie sind gerecht und genügsam, aber es fehlt ihnen an Willenskraft, Initiative und Mut. Sie sind aufnahmefähig und mitunter kontemplativ, wenn sie sich der Spiritualität zuwenden. Einerseits sind sie hingebungsvoll, andererseits projizieren sie ihre Überzeugungen hinaus in die Welt. Wenn sie sich mit dem Ganzen verbunden fühlen, gewinnen sie an Selbstvertrauen, Initiative und Energie, so dass sie wie der Mond andere überstrahlen. Sobald sie gelernt haben, sich der Wahrheit zu öffnen, können sie Großes leisten.

Löwe ♌

Der Löwe ist das positive Zeichen der Sonne, das feste Feuerzeichen, das Sonnengeflecht des kosmischen Menschen. Als fünftes Zeichen ist er ein Indiz dafür, dass wir nach Ordnung und Harmonie streben – wobei ein zentraler Wille und Charakterzug dominiert.

Bei den Löwen sind das Ich, der Charakter und der Wille stark. Sie wissen, wer sie sind, und wollen, dass andere es ebenfalls wissen. Sie sind stolz, kühn, ehrgeizig und aristokratisch. Ihre Reaktionen sind heftig und persönlich, ihre Selbstdarstellung ist aufdringlich, manchmal eitel. In Gesellschaft wollen sie glänzen, und oft versuchen sie, andere zu kommandieren. Ehre, Respekt und Ansehen haben bei ihnen einen hohen Stellenwert. Löwen sind oft starke, intelligente Seelen mit guten Grundsätzen. Manche haben vorzügliche Manieren und eine philosophische Einstellung zum Leben.

Löwen haben ein starkes, edles Herz, leiden aber bisweilen unter ihren zu intensiven Gefühlen oder ihrem zu großen Verlangen nach Anerkennung. Als Partner sind sie nicht immer erfolgreich, und oft schmieden sie Bündnisse mit anderen, um ihre Partner zu unterwerfen. Ihren Kindern geben sie nicht immer genug Freiheit. Gerne machen sie andere Menschen zu ihren Satelliten, auch wenn die Folge eine Rebellion ist. Wenn sie ihren Stolz beherrschen können, entwickeln sie große Charakterstärke, die ihnen durch alle Höhen und Tiefen des Lebens hilft und ihren Sinn für das Spirituelle fördert. Manche Löwen werden zu großen Seelen. Da sie hohe Ansprüche an sich selbst stellen, sind sie verzweifelt, wenn sie versagen oder nicht den Erfolg haben, den sie sich wünschen.

Jungfrau ♍

Die Jungfrau ist das negative Zeichen des Merkur, das veränderliche Erdzeichen, die Eingeweide des kosmischen Menschen. Als sechstes Zeichen (2 x 3) symbolisiert sie die Notwendigkeit, Energie richtig zu verteilen, vor allem zwischen Körper und Intellekt.

Wie die Zwillinge, die ebenfalls beweglich sind und vom Merkur regiert werden, haben Jungfrauen einen guten Intellekt und sind sprachgewandt und nervös-empfindsam. Sie eignen sich gut als Lehrer, Ärzte und Heiler, können mit Fakten umgehen und sind geschickt im Hatha Yoga. Als Erdzeichen strahlen sie die heilende Energie der Merkur aus. Da sie noch stärker körperorientiert sind als die Zwillinge, lieben sie Sport und zeichnen sich darin aus, besonders in der Jugend. Sie besitzen ein gutes Gedächtnis, das vor allem praktisches Wissen speichert, und sie sind oft sehr gewandt wenn es um triviale Dinge geht. Jungfrauen sind hilfsbereit und arbeiten gut, aber sie leiden mitunter an Stress und werden nicht immer für ihre Leistungen anerkannt.

Jungfrauen sind gute Handwerker, Zeichner oder Künstler, weil sie ein hervorragendes Gefühl für Formen, Linien und Details haben. Sie können auch Schauspieler werden, denn sie lernen leicht, ihren Gesichtsausdruck zu beherrschen und Gefühle auszudrücken. Allerdings fehlt es ihnen an Charisma.

Da Jungfrauen empfindsam und wechselhaft sind, werden sie oft neurotisch. Ihr Verdauungssystem ist nervös, ihr Organismus ist der anfälligste aller Zeichen. Darum leiden sie häufiger an schwer zu behandelnden chronischen Krankheiten als andere, vor allem an Störungen des Nervensystems. Die Koordination zwischen Körper und Geist ist bei ihnen meist schlecht. In der Jungend sind sie schüchtern, später neigen sie zu sexuellen Ausschweifungen, auch wenn sie ihren Trieb meist nicht offen und frei ausleben.

Jungfrauen lieben Ordnung und Sauberkeit und achten dabei auf jede Einzelheit. Da sie nie zufrieden sind, ist es nicht leicht, mit ihnen zusammen zu leben. Manchmal sind sie jedoch spirituell eingestellt und fühlen sich zu einer Philosophie hingezogen, die auf Reinheit und kritischem Urteil beruht, etwa zum Vedanta.

♎ Waage ♎

Die Waage ist das positive Zeichen der Venus, das kardiale Luftzeichen, der Unterleib des kosmischen Menschen. Als siebtes Zeichen schenkt sie uns Führungsqualitäten, Macht und geschickten Umgang mit Ideen.

Die Waage hat in der vedischen Astrologie eine etwas andere Bedeutung als im Westen. Sie das Zeichen der Reformer, Revolutionäre, Propheten, Idealisten und Fanatiker. Waagemenschen sehnen sich nach Harmonie, Gerechtigkeit und Ausgewogenheit, vor allem im Reich der Ideen. Sie wollen den Himmel auf Erden sehen. Diese Menschen sind empfindsam und humanistisch, und sie können die Massen aufwühlen und beeinflussen. Oft interessieren sie sich für Politik und werden Führungspersönlichkeiten oder Offiziere.

Waagetypen schätzen die Wahrheit und hängen an ihren Idealen; aber sie gehen bisweilen zu weit in ihrem Eifer und werden zu Propagandisten. Ihr Idealismus kann sich auch künstlerisch ausdrücken, und auf diese Weise wollen sie einen gesellschaftlichen Wandel bewirken. Sie freuen sich über Ruhm und Anerkennung, suchen ein Publikum für ihre Ideen und sind sehr sozial eingestellt.

Waagemenschen sind meist attraktiv und haben ein Charisma, das erotisch werden kann. Sie sind nicht sehr an Heim und Familie interessiert, aber als Kinder der Venus umgeben sie sich gerne mit schönen Dingen und mit schönen oder berühmten Freunden. Oft leben sie in den Wolken und sind stark mit der höheren astralen Ebene verbunden. Sie können lernen, die Wahrheit zu lieben und die Welt zu transzendieren.

Dank ihrer Geselligkeit haben sie oft Erfolg und wollen der Welt ihren Stempel aufdrücken. Im Beruf wollen sie Autorität haben und andere führen. Allerdings können sie sich auch in ihren Zielen und Plänen verlieren. Sie streben immer nach dem idealen Gleichgewicht, selbst wenn sie Disharmonie hervorrufen müssen, um es zu erreichen.

Skorpion ♏

Der Skorpion ist das negative Zeichen des Mars, das feste Wasserzeichen, das Geschlechtsorgan des kosmischen Menschen. Als achtes Zeichen (2 x 4) enthüllt er, dass wir auf einer tiefen Ebene Ausgewogenheit und Stabilität brauchen. Dies ist ein tiefgründiges und mysteriöses Zeichen. Als negative oder physische Seite des Mars sind Skorpione oft Soldaten, Polizisten oder Sportler. Sie nutzen ihre Kraft gerne auf der körperlichen Ebene und wenden auch Gewalt an. Meist haben sie gute Muskeln und treiben gerne Sport. Wenn sie intelligent sind, können sie fähige Forscher, Chemiker oder Chirurgen werden.

Höher entwickelte Skorpione wollen die Tiefen des Geistes ergründen und interessieren sich bisweilen für das Okkulte und den Yoga (Tantra). Ihre Kundalini ist oft leicht zu wecken – zum Guten oder zum Bösen. Sie arbeiten gerne mit negativen Kräften oder versuchen, sie zu besiegen, und manche betrachten das Leben als Kampf zwischen Licht und Dunkelheit. Von diese Idee können sie besessen werden. Viele Skorpione sind fasziniert von technischen Vorrichtungen, die Energie leiten.

Skorpione können sehr intelligent und aufmerksam sein; aber sie bleiben lieber im Hintergrund. Ihre Gefühle offenbaren sie nicht so schnell, da sie vorsichtig sind. Sie können gute Redner, Dichter, Künstler oder Schauspieler werden, da sie die Fähigkeit haben, starke Gefühle auszudrücken. Meist sind sie leidenschaftlich, manchmal sehr am Sex interessiert. Wenn sie wenig entwickelt sind, neigen sie zu Lastern und Perversionen und wenden physische oder psychische Gewalt an.

Skorpione sind zurückhaltend, introvertiert und bisweilen unruhig. Sie haben ein aktives Unterbewusstsein und müssen dafür sorgen, dass ihre Gefühle klar und frei von Neid und Gier bleiben; andernfalls entwickeln sie sich auf der emotionalen Ebene nicht weiter. Dank ihrer Empfindsamkeit haben manche Skorpione eine Vorliebe für die Philosophie und erlangen tiefe Einsichten, die anderen Zeichen nur selten zugänglich sind.

Schütze ♐

Der Schütze ist das positive Zeichen des Jupiters, das bewegliche Feuerzeichen, die Hüfte des kosmischen Menschen, ein Pferd, Kentaur oder Bogenschütze. Als neuntes Zeichen (3 x 3) ist er ein Symbol der Anmut, des Wohlwollens, der Vollendung und der Harmonie – die Manifestation des tätigen Willens.

Schützen profitieren von der positiven Seite Jupiters. Sie sind optimistisch und aufgeschlossen, was Moral, Religion und Philosophie anbelangt. Prinzipien, Gesetze und Gerechtigkeit sind ihnen wichtig. Meist sind diese Menschen freundlich und bemühen sich, nach ihren Grundsätzen zu leben. Sie sorgen dafür, dass man sie beachtet, und werden oft gesellschaftlich aktiv. Andererseits können sie auch zu konventionell, gesetzestreu und moralistisch sein oder sich in Dogmen verfangen.

Schützen können Anwälte, religiöse Führer oder erfolgreiche Geschäftsleute werden. Sie sind großzügig, halten aber an den Gepflogenheiten der Gesellschaft oder ihrer bevorzugten Gruppe fest. Ihr Intellekt ist kritisch, und sie haben feste Überzeugungen, neigen aber zu Rechthaberei. Einige Schützen suchen und finden überall Fehler und sehen ihre eigenen Grenzen nicht.

Schützen sind oft sportlich, aber nicht immer an Wettkämpfen interessiert. Sie sind gerne im Freien und in der Wildnis und lieben die Natur. Spiele und Partys machen ihnen Spaß, und es besteht die Gefahr, dass sie dabei hemmungslos werden. Ein ruhiges, häusliches Leben fällt ihnen schwer. Sie haben Glück im Leben, und vieles fällt ihnen leicht. Die Welt reagiert oft rasch und wohlwollend auf sie, und manchmal bekommen sie ein großes Erbe. Schützen sind in jedem Unternehmen ein Gewinn, weil sie Begeisterung mitbringen und leicht gute Freunde gewinnen. Trotz aller materiellen Erfolge streben sie aber meist auch höhere spirituelle oder religiöse Ziele an.

Steinbock ♑

Der Steinbock ist das negative Zeichen des Saturn, das kardinale Erdzeichen, das Knie des kosmischen Menschen, ein Krokodil. Als zehntes Zeichen symbolisiert er Macht, Ordnung und gute Organisation.

Steinböcke sind oft die Erfolgreichsten im Leben – oder die größten Versager. Dies ist das Zeichen des Pragmatismus. Auf der materiellen Ebene kann das eine weltliche Gesinnung, Starrsinn und Egoismus bedeuten. Weniger entwickelte Steinböcke sind Söhne der Erde, Bauern, die kaum über ihren Hof hinausblicken. Etwas weiter ist der nüchterne Geschäftsmann, der eisern spart, um später große Gewinne zu machen. Manchen Steinböcken gelingt es jedoch, nach ihrer spirituellen Überzeugung zu leben und zu arbeiten.

Steinböcke sind fleißig, ausdauernd und zäh, und sie können damit viel erreichen. Meist sind sie selbstständig und wissen alles zu schätzen, was sie sich erarbeiten. In der Jugend fangen sie langsam an und müssen oft viele Hindernisse überwinden; aber dadurch sammeln sie Energie für den langfristigen Erfolg. Sie sind ehrgeizig, aber oft engstirnig, was ihre Ziele und Meinungen betrifft. Steinböcke sind geschickte Kaufleute und gute Wissenschaftler oder Techniker mit mathematischem Talent. In der Regel sind sie konservativ und tragen viel Karma aus traditionellen und östlichen Kulturen mit sich herum.

Steinböcke müssen lernen, sich weniger ernst zu nehmen und weniger Wert auf Äußerlichkeiten zu legen. Sie verstehen oft ihre eigenen Gefühle nicht, weil sie wenig empfindsam oder zu intellektuell, zu konventionell oder zu sinnlich veranlagt sind.

Wassermann ♒

Der Wassermann ist das positive Zeichen des Saturn, das unbewegliche Luftzeichen, die Unterschenkel des kosmischen Menschen, ein Topf oder ein Wasserträger. Als elftes Zeichen symbolisiert er die Gruppe und die Bedürfnisse der Massen.

Wassermänner sehen sich von allen Typen am negativsten. Auf einer höheren Ebene haben sie mehr Glauben und sind imstande, das Ich dem Göttlichen zu weihen. Auf einer niedrigen Ebene glauben sie nur anderen und demütigen sich selbst. Darum neigen sie mehr als andere zu sexuellen Verirrungen. Sie tun, was man ihnen verboten hat, und freunden sich mit Leuten an, die sie meiden sollten. Dadurch blockieren, vergeuden, verwirren oder verdunkeln sie ihre Energie.

Auf einer höheren Ebene sind Wassermänner bereit, sich für die Allgemeinheit zu opfern, denn sie sind überzeugte Humanisten. Auf einer niedrigeren Ebene akzeptieren sie eine unterwürfige oder gar erniedrigende Rolle im Leben und wehren sich nicht gegen ungerechte Behandlung. Aber sie stellen sich auf die Seite der Unterdrückten und der Außenseiter der Gesellschaft. Oft haben sie Schuldgefühle und machen sich selbst Vorwürfe. Wenn sie an das Göttliche glauben, handeln sie selbstlos und können frömmlerisch werden. Wenn sie sich zweifelhaften Gruppen anschließen, machen sie möglicherweise Karriere in der Unterwelt.

Wassermänner sind manchmal exzentrisch und zerfahren; sie wissen nicht genau, wer sie wirklich sind. Es fehlt ihnen an Charisma, und als Politiker können sie die Massen nicht begeistern. Dank ihres Glaubens und ihrer liebenden Hingabe sind sie aber oft erfolgreich als religiöse Führer und Lehrer. Das Wasser, das sie mitbringen, ist das Wasser der Wahrheit, das sie intuitiv schöpfen.

Fische ♓

Die Fische sind das negative Zeichen des Jupiters, das bewegliche Wasserzeichen, die Füße des kosmischen Menschen. Als zwölftes Zeichen symbolisieren sie alle vorhandenen Möglichkeiten, aber nicht unbedingt deren richtige Anwendung.

Fische sind emotional, aufgeschlossen, intuitiv und fantasievoll. Sie sind begeistert, aber nicht immer klug. Sie sind freundlich und mitteilsam und können mit den verschiedensten Menschen umgehen. Allerdings werden sie leicht abhängig oder machen andere von sich abhängig.

Fische sind auch sentimental und werden selbst von unechten Gefühlen angerührt. Sie haben Mitgefühl, lassen sich aber zu leicht von Sympathie oder Mitleid beeinflussen. Wenn sie Enttäuschungen erleben, schwelgen sie oft in Selbstmitleid. Meist haften sie an der Vergangenheit und übernehmen die kulturellen und religiösen Werte, in die se hineingeboren werden. Aber sie lassen sich auch zu leicht von Missionaren beeinflussen und lieben es, ihren Glauben zur Schau zu stellen. Zeremonien, Rituale und Musik machen ihnen Freude, und sie können gute Musiker werden.

Den Fischen fehlen oft die Grenzen, und sie sind nicht klar und pragmatisch genug. Manchmal sind sie gestaltlos und kaum fassbar, weil sie es anderen recht machen wollen oder sich der momentanen Situation anpassen. Als bewegliches und emotionales Zeichen neigen sie zu seelischen Störungen und zu einem empfindlichen Verdauungs- und Nervensystem. Sie werden selten eine Führungspersönlichkeit, aber sie sind gute Anhänger und Förderer.

Manchen Fischen fehlt es an Selbstvertrauen, oder sie haben zu viele unpraktische Ideen, obwohl sie im Leben viel erreichen wollen. Einige werden zucker- oder alkoholsüchtig und brauchen besonders viel Anerkennung. Fische müssen ihre Fantasie zügeln und kritischer werden. Wenn ihnen das gelingt, spiegeln sie die kreative Freude der Seele wider.

ERHÖHUNG UND ERNIEDRIGUNG

Jeder Planet hat ein Zeichen, in dem er optimal wirkt. Dieses Zeichen wird Erhöhung oder Exaltation genannt. Abgesehen vom Merkur, der die Jungfrau regiert und von ihr erhöht wird, ist dieses Zeichen nicht identisch mit dem Zeichen, das ein Planet regiert. In der vedischen Astrologie gibt es einen bestimmten Grad, an dem die Erhöhung am stärksten ist. Diese Punkte sind bei jedem Planeten anders. Planeten am Punkt ihrer stärksten Erhöhung sind besonders wirksam.

Erhöhte Positionen der Planeten

Sonne	10° Widder
Mond	3° Stier
Mars	28°Steinbock
Merkur	15° Jungfrau
Jupiter	5° Krebs
Venus	27° Fische
Saturn	20° Waage
Rahu	20° Stier
Ketu	20° Skorpion

Manche vedischen Astrologen sagen, Rahu und Ketu seien sowohl in den Zwillingen als auch in der Jungfrau – den Zeichen des Merkur – erhöht.

Die Erhöhung ist ein wichtiger Faktor, wenn wir die Stärke eines Planeten und seiner Position im Zeichen bestimmen wollen. In manchen Systemen ist der stärkste Planet im Horoskop derjenige, der seinem Erhöhungspunkt am nächsten ist. Das Zeichen, das zu diesem Punkt in Opposition steht, wird Erniedrigung oder Fall genannt. Planeten im Fall sind schwach und verursachen Probleme.

Spezielle Einflüsse können die Schwäche eines Planeten jedoch aufheben. Wenn das geschieht, kann ein Planet sehr gute Ergebnisse bringen, sogar bessere als während seiner Erhöhung. Der erste dieser Faktoren liegt vor, wenn der schwache Planet, vom Aszendenten oder Mond aus gezählt, in einem Eckhaus steht. Ein zweiter ausgleichender Faktor ist gegeben, wenn der Herrscher des Zeichens, in dem ein erniedrigter Planet steht, erhöht ist. Steht zum Beispiel der Mond im Skorion im Fall, doch ist Mars, der Herrscher dieses Zeichens, im Steinbock erhöht, kann die Schwäche des Mondes behoben werden. In geringerem Ausmaß gilt das auch, wenn der Herrscher des erniedrigten Planeten stark ist oder in seinem eigenen Zeichen steht. Steht der Mond beispielsweise im Skorpion, aber Mars im Widder, hebt die Stärke des Mars im Widder die Schwäche des Mondes teilweise auf.

Ein weiterer günstiger Faktor liegt vor, wenn der erniedrigte Planet mit einem anderen Planeten erscheint, dessen Herrscher der schwache Planet ist. Angenommen, Mars ist im Krebs erniedrigt, aber die Sonne ist im Widder erhöht, den der Mars regiert. Dann verringert die starke Sonne die Schwäche des Mars. Ein weniger wichtiger Faktor ist ein rückläufiger (retrograder) erniedrigter Planet. In der Regel wird eine Erniedrigung nur durch mindestens zwei Faktoren spürbar reduziert, und selbst dann muss der Betroffene mit großen Schwierigkeiten rechnen, ehe er große Erfolge erzielen kann.

DIE MULATRIKONA

Mulatrikona bedeutet „Wurzeldreieck". Es handelt sich um spezielle Bereiche, in denen ein Planet sehr wirksam ist, fast so wirksam wie in seiner Erhöhung. Meist ist das ein Teil des positiven Zeichens, das der Planet regiert. Beim Mond ist die Mulatrikona jedoch ein Teil seines Erhöhungszeichens, weil er kein positives Zeichen (mit ungerader Zahl) besitzt. Beim Merkur ist sie ein Teil seines eigenen Zeichens Jungfrau, das auch sein Erhöhungszeichen ist; denn er hat kein besonderes Erhöhungszeichen.

PLANETARE BEZIEHUNGEN

Die Stärke eines Planeten in einem Zeichen hängt von seiner Beziehung zum Herrscher des Zeichens ab. Planeten sind stark in ihrer erhöhten Position, in einer Mulatrikon und in ihrem eigenen Zeichen. Für andere Zeichen gibt es ein Mess-System planetarer Beziehungen. Danach sind Planeten auch in den Zeichen ihrer Freunde und großen Freunde stark. Neutral sind sie in neutralen Zeichen. In den Zeichen ihrer Feinde oder großen Feinde und noch mehr in ihrem Fall sind sie schwach.

Eine planetare Beziehung kann zeitweilig oder dauerhaft sein. Dauerhafte Beziehungen hängen vom natürlichen Status des Planeten ab. Zeitweilige Beziehungen ähneln den Aspekten und sind eine andere Art von Positionsbeziehung in einem bestimmten Horoskop. Was die dauerhaften Beziehungen anbelangt, so können wir die Planeten in zwei Hauptgruppen einteilen: *Sonne, Mond, Mars und Jupiter sind die erste Gruppe von Freunden. Merkur, Venus und Saturn sind die zweite Gruppe von Freunden.* Die Planeten der einen Gruppe sind denen der anderen Gruppe feindlich gesinnt.

Die Liste der dauerhaften planetaren Beziehungen zeigt ein detailliertes Bild. Der Mond ist beispielweise ein freundlicher Planet und keines anderen Feind. Darum sind Planeten, die man für seine Feinde halten könnte, im Wesentlichen neutral. Sonne und Merkur stehen einander nahe. Deshalb ist Merkur neutral zur Sonne, und die Sonne ist ein Freund Merkurs, nicht sein Feind, wie es zunächst scheint. Es gibt weitere Ausnahmen; aber sie besagen in der Regel nur, dass ein Gruppenfreund oder ein Gruppenfeind neutral wird. Rahu und Ketu werden bisweilen ähnlich wie Saturn eingestuft; da sie jedoch keine primären Planeten sind, werden sie meist nicht berücksichtigt.

Dauerhafte planetare Beziehungen

Planet	**Freunde**	**neutral**	**Feinde**
Sonne	Mond, Mars, Jupiter	Merkur	Venus, Saturn
Mond	Sonne, Merkur	Venus, Mars, Jupiter, Saturn	keine
Mars	Sonne, Mond, Jupiter	Venus, Saturn	Merkur
Merkur	Sonne, Venus	Mars, Jupiter, Saturn	Mond
Jupiter	Sonne, Mond, Mars	Saturn	Merkur, Venus, Sonne, Mond
Venus	Merkur, Saturn	Mars, Jupiter	Sonne, Mond
Saturn	Merkur, Venus	Jupiter	Mars

Zeitweilige planetare Beziehungen

Die Regel lautet: Planeten im zweiten, dritten, vierten, zehnten, elften und zwölften Zeichen – gemessen ab dem Zeichen, in dem ein Planet in einem Horoskop steht (dieses Zeichen is as erste) – gelten als seine zeitweiligen (temporären) Freunde. Planeten im selben Zeichen oder im fünften, sechsten, siebten, achten und neunten Zeichen sind seine zeitweiligen Feinde.

Mit anderen Worten: Freundschaften entstehen in den Vierteln des Tierkreises, die dem Zeichen, in dem ein Planeten steht, vorhergehen oder folgen. Sie sind einander nahe, überlagern sich jedoch nicht. Zu Feindschaften kommt es, wenn ein Planet einem bestimmten anderen fern ist oder wenn er dasselbe Zeichen besetzt. Dann sind sie sich entweder zu nahe oder zu fern, so dass ihre Strahlen sich nicht harmonisch verbinden.

Komplexe planetare Beziehungen

Wir müssen die Faktoren „neutral“ und „zeitweilige Freundschaft“ kombinieren, um die Beziehung zwischen Planeten in einem Horoskop genau zu bestimmen:

Dauerhafter Freund	+	zeitweiliger Freund	=	bester Freund
Dauerhafter Freund	+	zeitweiliger Feind	=	neutral
Dauerhaft neutral	+	zeitweiliger Freund	=	Freund
Dauerhaft neutral	+	zeitweiliger Feind	=	Feind
Dauerhafter Feind	+	zeitweiliger Freund	=	neutral
Dauerhafter Feind	+	zeitweiliger Feind	=	schlimmster Feind

Die korrekte Einschätzung der planetaren Beziehungen ist wichtig, um den Wert einer Planetenposition oder die Wirkung der Aspekte zu bestimmen. Ein Aspekt zwischen Freunden ist günstig, ein Aspekt zwischen Feinden ist ungünstig. Mehr noch: Befreundete Planeten sind selbst dann günstig, wenn nicht in einer Aspektbeziehung stehen, und feindliche Planeten sind in diesem Fall ungünstig.

Beispiel planetarer Beziehungen: Paramahansa Yogananda

Fische **Jupiter** **Mars**	**Widder** **Rahu**	**Stier**	**Zwillinge**
Wassermann			**Krebs**
Steinbock			**Löwe** **Mond** **Aszendent**
Schütze **Sonne** **Merkur**	**Skorpion** **Venus**	**Waage** **Ketu**	**Jungfrau** **Saturn**

5. Januar 1893, 20.38 Uhr mittlere Ortszeit, 83° E 23' 26° N 47'

Aszendent 06°31' Löwe	Sonne 23°12' Schütze
Mond 03°14' Löwe	Mars 13°18' Fische
Merkur 00°55' Schütze	Jupiter 23°51' Fische
Venus 24°44' Skorpion	Saturn 20°13' Jungfrau
Rahu 12°40' Widder	Ketu 12°40' Waage
Uranus 17°41' Waage	Neptun 16°37' Stier R
Pluto 17°21' Stier	

Die Sonne steht im Schützen, einem Zeichen des Jupiters, der ein natürlicher Freund ist, und sie steht im zehnten Haus, also in einer günstigen Position. Freund plus Freund ist gleich großer Freund. Der Mond steht im Löwen, einem Zeichen der Sonne, die ein natürlicher Freund ist, und er steht im neunten Haus, einem ungünstigen Platz. Freund plus Feind ist gleich neutral. Mars steht in den Fischen, einem Zeichen des Jupiter, der ein natürlicher Freund ist, und er steht im selben Zeichen wie Jupiter. Natürlicher Freund plus zeitweiliger Feind ist gleich neutral.

Merkur steht im Schützen, einem Zeichen des Jupiter, der von Natur aus neutral ist, und er steht im zehnten Haus, einer günstigen Position. Neutral plus Freund ist gleich Freund. Jupiter steht in den Fischen, seinem eigenen Zeichen. Venus steht im Skorpion, einem Zeichen des Mars, der von Natur aus neutral ist, und sie steht im neunten Haus, einem zeitweiligen Feind. Natürlich neutral plus zeitweilig feindlich ist gleich Feind. Saturn steht in der Jungfrau, einem Zeichen des Merkur, der ein natürlicher Freund ist, und er steht im zehnten Haus, einem zeitweiligen Freund. Natürlicher Freund plus zeitweiliger Freund ist gleich großer Freund.

DIE 27 NAKSHATRAS

	Nakshatra	Anfangspunkt	Herrscher
1.	Ashwini	00°00' Widder	Ketu
2.	Bharani	13°20' Widder	Venus
3.	Krittika	26°40' Widder	Sonne
4.	Rohini	10°00' Stier	Mond

5.	Mrigashira	23°20' Stier	Mars
6.	Ardra	06°40' Zwillinge	Rahu
7.	Punarvasu	20°00' Zwillinge	Jupiter
8.	Pushya	03°20' Krebs	Saturn
9.	Ashleshal	06°40' Krebs	Merkur
10.	Magha	00°00' Löwe	Ketu
11.	Purva Phalguni	13°20' Löwe	Venus
12.	Uttara Phalguni	26°40' Löwe	Sonne
13.	Hasta	10°00' Jungfrau	Mond
14.	Chitra	23°20' Jungfrau	Mars
15.	Swati	06°40' Waage	Rahu
16.	Vishakha	20°00' Waage	Jupiter
17.	Anuradha	03°20' Skorpion	Saturn
18.	Jyestha	16°40' Skorpion	Merkur
19.	Mula	00°00' Schütze	Ketu
20.	Purvashadha	13°20' Schütze	Venus
21.	Uttarashadha	26°40' Schütze	Sonne
22.	Shravana	10°00' Steinbock	Mond
23.	Dhanishta	23°20' Steinbock	Mars
24.	Shatabhishak	06°40' Wassermann	Rahu
25.	Purvabhadra	20°00' Wassermann	Jupiter
26.	Uttarabhadra	03°20' Fische	Saturn
27.	Revati	06°40' Fische	Merkur

Dies ist der Zyklus der 27 lunaren Konstellationen oder *nakshatras*. Man benutzt sie meist, um die Eigenschaften des Mondes zu bestimmen, während die Zeichen eher etwas über die Sonne sagen. Sowohl die Zeichen als auch die Nakshatras deuten jedoch die Eigenschaften aller Planeten. Es ist günstig, wenn ein Planet in seinem eigenen Nakshatra steht.

Jedes Nakshatra deckt 13° und 20' des Tierkreises ab. Man teilt sie in drei Gruppen ein: Ashwini bis Ashlesha regieren das erste Drittel des Tierkreises, Magha bis Jyestha das zweite Drittel und Mula bis Revati das dritte. Manche arbeiten mit einem achtundzwanzigsten Nakshatra namens Abhijit, das zwischen Shravana und Dhanishta liegt.

Mit den Nakshatras werden die Persönlichkeitstypen bestimmt, wie mit den Sonnenzeichen der westlichen Astrologie. Man benutzt sie auch in der Partnerberatung, weil die Vereinbarkeit zwischen lunaren Nakshatras dabei ein Schlüsselfaktor ist. Ein ausgeklügeltes Punktesystem, das Kuta-System, gibt den genauen Grad der Vereinbarkeit an.

Die Nakshatras sind auch wichtig, um günstige Zeitpunkte zu bestimmen. Hier benutzen wir sie vor allem, um die planetaren Perioden zu berechnen. Für die anderen Faktoren, die ziemlich komplex sind, ist ein eigenes Buch erforderlich. Ich empfehle Ihnen *The Nakshatras: The Lunar Mansions of Vedic Astrology* von Dr. Dennis M. Harness.

7
Die Häuser

DOMÄNEN DER PLANETAREN EINFLÜSSE

Nach den Planeten und Zeichen sind die Häuser in allen astrologischen Systemen der wichtigste Faktor. Die Zeichen sind zwölf feste Teile des Tierkreises und in allen Horoskopen gleich. Die zwölf Häuser wechseln dagegen, weil der Punkt, an dem sie beginnen, in jedem Horoskop unterschiedlich ist. Die Häuser spiegeln die Position der Erde am Himmel während ihrer täglichen Drehung wider. Da die Erde rotiert, geht der ganze Tierkreis langsam im Osten auf und im Westen unter. Je nach der Geburtszeit kann jeder Punkt in den Zeichen die Häuser festlegen. Der Begriff „Haus“ wird benutzt, weil jeder dieser Abschnitte einen bestimmten Lebensbereich symbolisiert. Im Sanskrit heißen die Häuser *bhava*, was Art des Seins, Essenz oder Gefühl bedeuten kann. Das zeigt, dass die Position der Häuser auf die Wirkungen der Planeten abfärbt.

Die Häuser orientieren sich an den Kardinalpunkten. Der Tierkreispunkt, der am östlichen Horizont aufgeht, wird zum oder Bestimmungspunkt für das erste Haus und heißt Aszendent. Der oberste Punkt des Tierkreises wird zur Himmelsmitte und zur Spitze des zehnten Hauses. Die anderen Häuser werden daraus mathematisch abgeleitet.

Der Aszendent, im Sanskrit *lagna* genannt, ist der variabelste der wichtigen Faktoren. Die Sonne durchquert in einem Monat ein Zeichen, der Mond braucht dafür nur zweieinhalb Tage. Das Zeichen des Aszendenten wechselt jedoch alle zwei Stunden. Darum ist der Aszendent der wichtigste Faktor beim Weissagen und in der vedischen Astrologie. An zweiter Stelle folgt das Mondzeichen, an dritter Stelle das Sonnenzeichen. Das ist logisch, weil der Aszendent ein besonders spezifischer Faktor im Horoskop ist. Zwei Menschen, die am selben Tag, aber zu verschiedenen Zeiten geboren wurden, haben unterschiedliche Aszendenten, obwohl die Planeten sich wenig ändern. Der unterschiedliche Aszendent bedeutet auch einen großen Unterschied in der Deutung des Horoskops, da er ja festlegt, in welchen Häusern die Planeten stehen und welche Lebensbereiche sie beeinflussen.

Der Aszendent ist ein räumlicher Faktor, der die geographische Position widerspiegelt, vor allem die Breite. Zwei Menschen, die zur selben Zeit an verschiedenen Orten geboren wurden, haben unterschiedliche Aszendentgrade, und zwar umso mehr, je größer die Entfernung zwischen den Orten ist.

Der Aszendent zeigt die Orientierung der Erde im Horoskop und somit die äußeren Domänen des Lebens und unser Handeln in der materiellen Welt. Man könnte auch sagen, er symbolisiert die Erde als Planet im Horoskop und daher auch unsere Inkarnation und unsere Existenz in der großen Welt. Die zwölf Häuser sind die einzelnen Lebensbereiche und unser Potenzial darin.

Die Zeichen spiegeln eher unseren Charakter wider, die Häuser deren Ausdruck. Für die tieferen, kosmischen Aspekte des Geistes und der Seele sind die Sterne und Zeichen zuständig. Die Häuser und die Erde sagen uns also, wie wir das, was wir sind, nach außen projizieren. In der vedischen Astrologie beurteilen wir die Persönlichkeitstypen nicht nach dem Sonnenzeichen, sondern nach dem Aszendenten. Da dieser das gesamte Handlungsfeld eines Menschen bestimmt, ist er eine Linse, durch die wir alle Aspekte des Lebens deuten können.

HÄUSER UND ZEICHEN

Die Häuser in der vedischen Astrologie haben im Wesentlichen die gleiche Bedeutung wie im westlichen System; aber es gibt ein paar Varianten. Im Allgemeinen folgen sie der Analogie der Zeichen:

1. Das erste Haus symbolisiert wie das erste Zeichen (Widder) den Kopf, das Ich und das Selbstgefühl.
2. Das zweite Haus symbolisiert wie das zweite Zeichen (Stier) das Sammeln und Bewahren persönlicher und materieller Ressourcen.
3. Das dritte Haus symbolisiert wie das dritte Zeichen (Zwillinge) Neugier und Forschung.
4. Das vierte Haus symbolisiert wie das vierte Zeichen (Krebs) die Mutter, das Heim und das Glücklichsein.
5. Das fünfte Haus symbolisiert wie das fünfte Zeichen (Löwe) die Seele und die schöpferische Intelligenz.
6. Das sechste Haus symbolisiert wie das sechste Zeichen (Jungfrau) Gesundheit und Krankheit, Arbeit und Dienen.

7. Das siebte Haus symbolisiert wie das siebte Zeichen (Waage) Beziehungen und Partnerschaft.
8. Das achte Haus symbolisiert wie das achte Zeichen (Skorpion) Sex, Tod, das Okkulte und die dunkle oder verborgene Seite des Lebens.
9. Das neunte Haus symbolisiert wie das neunte Zeichen (Schütze) die religiöse, philosophische oder ethische Einstellung.
10. Das zehnte Haus symbolisiert wie das zehnte Zeichen (Steinbock) das öffentliche Ansehen und die Errungenschaften in der materiellen Welt.
11. Das elfte Haus symbolisiert wie das elfte Zeichen (Wassermann) unsere Ziele sowie Intelligenz und Freundschaft.
12. Das zwölfte Haus symbolisiert wie das zwölfte Zeichen (Fische) das Unbewusste und die verborgenen Gefühle.

Das vedische System weicht von dieser Analogie stärker ab als das westliche, vor allem weil es das dritte und elfte Haus anders deutet. Die Bedeutung der Häuser richtet sich nicht einfach nach den Zeichen, da sie eine andere Art Raum teilen.

VERSCHIEDENE SYSTEME ZUR BESTIMMUNG DER HÄUSER

Der Hauptunterschied zwischen der vedischen und der westlichen Astrologie ist die Interpretation der ersten Grade oder Spitzen der Häuser. In beiden Systemen ist dieser erste Grad der wichtigste und mächtigste im Haus, und die Planeten in diesem Punkt haben den stärksten Einfluss und eine besonders typische Bedeutung. Während westliche Astrologen diesen Punkt an den Anfang des Hauses legen, versetzt ihn die vedische Astrologie in dessen Mitte. Das erste Haus der vedischen Astrologie enthält die Hälfte des zwölften Hauses nach dem westlichen System und so weiter. Dadurch ändern sich natürlich zum Teil die Interpretationen. Im vedischen Horoskop wandern also die Planeten nicht nur in einem Zeichen, sondern auch in einem Haus zurück, und zwar bis zu einem halben Haus.

Manche astrologischen Studien im Westen belegen, dass Planeten ihre stärkste Wirkung entfalten, wenn man sie um 8 Grad vor den Aszendenten oder die Himmelsmitte zurückverlegt. Das spricht für die vedische Auffassung, die diese Punkte in das erste und zehnte Haus legt, nicht ins zwölfte und neunte, die niemand für mächtig hält.

Es gibt mehrere Systeme, um den Ort und die Größe der Häuser zu bestimmen. Sowohl die westliche als auch die vedische Astrologie haben das Problem, dass sie die Position der Häuserspitzen bestimmen müssen. Einig ist man sich darüber, dass der Aszendent die Spitze des ersten Hauses festlegt. Manche Astrologen verwenden die Himmelsmitte, den höchsten Punkt des Tierkreises, als Spitze des zehnten Hauses.

Da die Orientierung der Häuser von der Position auf dem Erdball abhängt, wird sie umso variabler, je weiter der Geburtsort vom Äquator entfernt ist. Es kommt selten vor, dass zwischen dem Aszendenten und der Himmelsmitte genau 90 Grad liegen, außer am Äquator oder während der Tagundnachtgleichen.

Mit anderen Worten: Die Orientierung der Erde in Bezug auf den Tierkreis teilt diesen nicht gleichmäßig, außer am Äquator. Je weiter wir uns vom Äquator fortbewegen, desto ungleicher werden die Abschnitte. Am Äquator steht die Sonne in der Himmelsmitte, doch je weiter wir weggehen, desto tiefer steht sie. Darum sehen wir an einem Zwölftel des Tages ein Zwölftel des Tierkreises nicht aufgehen, so wie die Tage ja auch in ihrer Länge variieren, wenn wir uns vom Äquator entfernen. In der Arktis, wo Tage und Nächte Monate dauern können, steigen einige Zeichen lange Zeit überhaupt nicht auf.

DIE HIMMELSMITTE UND DIE HÄUSER

Wenn wir von der Himmelsmitte ausgehen, ist es am einfachsten, den Abstand zwischen dem Aszendenten und der Himmelsmitte gleichmäßig aufzuteilen. Ist der Aszendent beispielsweise 20° Waage und die Himmelsmitte 2° Löwe – ein Abstand von 78° –, teilen wir durch drei und erhalten für jede Haus einen Abschnitt von 26°. Die Spitze des elften Hauses ist dann bei 28° Löwe, die des zwölften bei 24° Jungfrau. Dieses „Sripati-System“ wird in der vedischen Astrologie am häufigsten benutzt.

Allerdings können wir uns fragen: Wenn der Abstand zwischen den Kardinalpunkten des Häuser nicht gleich ist, warum sollen wir ihn dann gleichmäßig aufteilen? Aus diesem Grund wurden andere Häusersysteme entwickelt, zum Beispiel das in der westlichen Astrologie übliche Placidus-System. Wir können jedes System benutzen, das wir für genau halten, weil die Unterschiede nicht immer sehr groß sind. Da Indien nahe am Äquator liegt, wo die Unterschiede geringer sind, spielt das Problem keine so große Rolle wie im nördlicheren Europa.

SYSTEME MIT GLEICHEN HÄUSERN

Wegen der Ungleichheiten in den Systemen, die auf der Himmelsmitte basieren, hat man einfachere Verfahren entwickelt, welche die Himmelsmitte nicht als Spitze des zehnten Hauses betrachten. Sie sehen im Aszendenten die Spitze des ersten Hauses und alle anderen Häuser genau 30° davon entfernt. Wenn 5° Zwillinge der Aszendent ist, liegt der Aszendent des zweiten Hauses bei 5° Krebs, der des dritten Hauses bei 5° Jungfrau und so weiter. Dieses System wird Äquales Häusersystem genannt.

Dieses System ist leichter zu berechnen, und die Aspekte sind leichter zu deuten, weil sie von ihrer Position (in Grad) im Zeichen bestimmt werden, nicht vom Winkel, der von der Erde aus zu sehen ist. Ein Planet in der Spitze des zehnten Hauses steht beispielsweise immer im 90-Grad Aspekt, also in Quadratur, zum Aszendenten. In den anderen Systemen gibt es vielleicht keinen Aspekt dieser Art, und eine Planetenkonjunktion in der Himmelsmitte steht möglicherweise in keinem Aspekt zum Aszendenten. In solchen Systemen können wir Aspekte nicht mit dem Auge bestimmen, sondern müssen die genaue Position der Planeten (nach Graden) berücksichtigen.

Systeme mit gleichen Häusern werden in extremen nördlichen oder südlichen Breitengraden immer wichtiger. Dort können mehrere Häuser in einem Zeichen oder mehrere Zeichen in einem Haus vorkommen, und das macht die Horoskopdeutung in anderen Systemen sehr kompliziert. Der Nachteil der Systeme mit gleichen Häusern besteht darin, dass sie die Himmelsmitte – einen mächtigen Punkt im Horoskop – nicht ausreichend berücksichtigen. Darum empfiehlt es sich, die Himmelsmitte als speziellen Punkt hinzuzufügen. Er kann ins neunte, zehnte oder elfte Haus fallen.

HÄUSER- UND ZEICHENHOROSKOPE

Vedische Astrologen verwenden meist zwei verschiedene Systeme der Häuserbestimmung. Ein spezielles Horoskop, das *bhava chakra* oder „Haushoroskop" bestimmt speziell die Häuser, entweder als System mit gleichen Häusern oder als System mit der Himmelsmitte. Es ähnelt den im Westen üblichen Systemen.

Ein anderes, häufiger benutztes System ist das *rashi chakra* oder „Zeichenhoroskop", das nicht nur gleiche Häuser, sondern auch *gleiche Zeichen* hat. Wenn zum Beispiel irgendein Grad des Stieres das erste Haus ist, dann sind die Zwillinge das zweite, der Krebs das dritte und so weiter. Das gilt sogar, wenn es sich um den Grad 1 oder 29 eines Hauses handelt. Dies ist die einfachste Methode der Häuserbestimmung, wobei die Zeichen wichtiger sind als die Häuser.

Häuser werden meist allgemein nach dem Rashi Chakra und dann spezifisch nach dem Bhava Chakra bestimmt. Das Letztere ist also ein ganz anderes Horoskop. Es enthält nicht die Positionen der Zeichen, sondern die der Häuser, obwohl die genaue Zeichenposition der Spitzen auf dem Horoskop eingetragen werden, ebenso die Punkte, an denen die Häuser anfangen und enden.

SONNE, MOND UND HÄUSER

Die vedische Astrologie betrachtet den Mond als zweiten Aszendenten. Darum gilt die Position des Mondes bei der Geburt als erstes Haus. Meist wird dabei ein System gleicher Zeichen verwendet, wobei das Mondzeichen das erste Haus und das nächste Zeichen das zweite Haus ist und so weiter.

Bildet ein bestimmtes Haus sowohl vom Aszendenten als auch vom Mond aus betrachtet einen Aspekt, ist die Wirkung genauer zu deuten. Wenn das fünfte Haus, vom Mond und vom Aszendenten aus gesehen, einen Aspekt mit Saturn bildet, ist Kinderlosigkeit wahrscheinlicher, als wenn nur eines der beiden Häuser aspektiert ist. In der vedischen Astrologie suchen wir immer vom Mond und vom Aszendenten aus nach Häusern. Wenn es zum Beispiel um den Beruf geht, prüfen wir das zehnte Haus, vom Mond aus gesehen.

Man kann die Häuser auch von der Sonne aus abzählen. Manchmal wird ein Horoskop gezeichnet, das alle drei Aszendenten berücksichtigt (den regulären sowie Mond und Sonne) und die Positionen der Planeten und Häuser von allen dreien aus betrachtet. Dieses Horoskop heißt *sudarshana chakra.*

VERSCHIEDENE HÄUSER ALS ASZENDENTEN

Die vedische Astrologie benutzt auch andere Häuser als Aszendenten für unterschiedliche Zwecke. Wenn es um die Ehefrau oder Partnerin geht, können wir das siebte Haus als Aszendenten für die Frau ansehen und die anderen Häuser von diesem Punkt aus untersuchen. Das achte Haus nach diesem siebten (das zweite in der normalen Reihenfolge) symbolisiert dann die Länge des Lebens. Auf ähnliche Weise können wir das vierte Haus als Aszendenten für die Mutter betrachten, das neunte als Aszendenten für den Vater, das fünfte als Aszendenten für die Kinder und das dritte als Aszendent für die Geschwister.

Planeten in ungünstigen Häusern, von einem bestimmten Haus aus gezählt (z. B. im sechsten, achten oder zwölften), haben einen negativen Einfluss. Das Gegenteil gilt für Planeten in günstigen Häusern (etwa im fünften oder neunten) in Bezug auf einen bestimmten Planeten oder ein bestimmtes Haus. Ein Haus, das wir für einen bestimmten Zweck als Aszendenten betrachten, prüfen wir wie den Aszendenten im Geburtshoroskop. Die vedische Astrologie beachtet auch die Häuser, vor allem den Aszendenten, in den Segmenthoroskopen (siehe dort).

Häuser sind im vedischen System komplexer und wichtiger als im westlichen. Die Häuser werden als System beweglicher Koordinaten behandelt, die man unterschiedlich nutzen kann. Allerdings sind die Häuser am wichtigsten, die vom primären Aszendenten und vom Mond aus gezählt werden. Die anderen dienen nur der Feinabstimmung.

Häusersysteme, die nicht die Himmelsmitte berücksichtigen, betrachten letztlich den Aszendenten als Planeten, denn er markiert im Horoskop die Erde. Wenn wir das tun, sehen wir, wie die Häuser relativ zu jedem Planeten gedeutet werden können. Wir können das System der zwölf Häuser unabhängig von seinem Zusammenhang mit dem Aszendenten benutzen, und zwar als eine andere Methode, um planetare Einflüsse zu bestimmen. Dieser freiere Gebrauch der Häuser als Koordinatensystem ist typisch für die vedische Astrologie.

DAS BHAVA-HOROSKOP

Da die vedische Astrologie die Häuser im Rashi- oder Zeichenhoroskop vom Aszendenten oder vom Mond aus zählt, wird das spezifischere Bhava- oder Häuserhoroskop oft nicht verwendet. Trotzdem sind sehr genaue Deutungen möglich. Während viele vedische Astrologen nur das Zeichenhoroskop studieren, legen andere großen Wert auf das Bhava-Horoskop und untersuchen die Häuser auch dort. Ihrer Meinung nach ermöglicht das zusätzliche Horoskop größere Genauigkeit. Zuerst müssen wir aber lernen, die Häuser im Rashi-Horoskop zu deuten;

dann können wir auch das Bhava-Horoskop konsultieren, um weitere Details aufzuspüren.

Das Häuserhoroskop befasst sich mit den äußeren Angelegenheiten des Lebens, während die Zeichen eher das innere Wesen, die Seele, symbolisieren. Die präziseren Systeme der Häuserbestimmung vermitteln uns einen besseren Eindruck von unserem Handeln in der äußeren Welt, und die Zeichensysteme enthüllen das innere Wesen besser.

Sehen wir uns das an einem Beispiel an. Ein Planet steht im elften Haus des Bhava-Horoskops, aber im zwölften Haus des Rashi-Horoskops. Das bedeutet einerseits, dass dieser Mensch großen materiellen Erfolg hat (elftes Haus), andererseits, dass er einsam oder zurückhaltend ist (zwölftes Haus). Wenn wir das verstehen, können wir beide Methoden kombinieren und dadurch tiefere Einsichten gewinnen.

So wie die Zeichen nach Eigenschaften und Elementen geordnet werden, gibt es auch Zusammenhänge in Bezug auf die Häuser.

EIGENSCHAFTEN DER HÄUSER

Eckhäuser

Am wichtigsten sind die Eckhäuser oder *kendras*. Das sind die Häuser 1, 4, 7 und 10, die den Winkel mit dem Aszendenten angeben. Planeten in Eckhäusern sind stark und aktiv. Wir können die Eckhäuser mit bewegenden Zeichen vergleichen. Sie sind scharf, energisch und entschlossen und geben uns einen starken Willen und Erfolg im Leben.

Das zehnte Haus ist das stärkste, dann folgen das siebte, vierte und erste. Planeten im zehnten Haus dominieren das Horoskop und überlagern sogar den Aszendenten. Sie wirken sich also stark auf das Leben und den Charakter aus.

Malefizplaneten in Eckhäusern richten großen Schaden an. Benefizplaneten in Eckhäusern bringen Glück und schützen. Eckhäuser gelten als Lakshmi-Häuser (Lakshmi ist die Göttin des Glücks), weil sie dem Körper (erstes Haus), dem Heim (viertes Haus), der Ehe (siebtes Haus) und dem Beruf (zehntes Haus) Glück bringen. Sie sind die Pfeiler des Horoskops, und wenn sie stark sind, profitiert das gesamte Horoskop davon.

Steigende Häuser

Die Häuser 2, 5, 8 und 11 heißen *panaparas*. Sie folgen jeweils einem Eckhaus. Hier haben die Planeten eine mittlere Kraft. Panaparas haben eine ähnliche Bedeutung wie feste Zeichen: Sie zeigen, dass wir Ressourcen angesammelt haben und bewahren, was wir besitzen. Am stärksten ist das fünfte Haus, dann folgen das elfte, zweite und achte.

Panaparas haben etwas mit Einnahmen zu tun. Das fünfte Haus bringt Spekulationsgewinne, das elfte Einkommen, das zweite Lohn durch Arbeit und das achte eine Erbschaft. Außerdem geben diese Häuser Auskunft über den Intellekt und die Selbstdarstellung. Das fünfte Haus regiert die Intelligenz, das zweite die Sprache. Das achte gibt Einsicht, und das elfte zeigt, wie wir unsere Ideen der großen Welt nahe bringen.

Fallende Häuser

Die Häuser 3, 6, 9 und 12 sind fallende Häuser oder Cadentes, im Sanskrit *apoklimas*. Hier sind die Planeten schwach, ungewiss oder verborgen in ihrer Wirkung. Sie machen uns empfindsam und anpassungsfähig, manchmal auch sehr intelligent; aber sie neigen auch zu Instabilität und Unsicherheit sowie zu mentalen und nervösen Störungen. Sie können günstig für die spirituelle Entwicklung sein. Am stärksten ist das neunte Haus, dann folgen das dritte, das sechste und das zwölfte. Das sechste und das zwölfte Haus sind schwierige Häuser, was Gesundheit und Glücklichsein anbelangt. Das neunte und das zwölfte Haus sind eher spirituelle Häuser. Das dritte und das sechste lösen Streit aus.

Damit ein Horoskop Erfolg im Leben versprechen kann, sollte es einige Planeten in Eckhäusern haben. Die Horoskope berühmter oder mächtiger Menschen weisen meist mehrere starke Planeten in Eckhäusern auf. Darum basiert das in Nordindien benutzte Horoskop auf den Eckhäusern als wichtigstem Faktor. Ein Horoskop ohne gute Planeten in Eckhäusern gilt als machtlos. Ein Horoskop mit Malefizplaneten in Eckhäusern gleicht einem Schiff mit Löchern. Benefizplaneten wie Jupiter in einem Eckhaus können zahlreiche Störungen ausgleichen.

Trigonhäuser

Die Häuser 1, 5 und 9 heißen Trigonhäuser oder *trikonas*. Sie bilden relativ zum Aszendenten ein Dreieck. Planeten in einem Trigonhaus sind wie die Planeten in Eckhäusern eine Quelle der Kraft, obgleich letztere ein wenig stärker sind. Jupiter in einem Trigonhaus ist günstig, weil sein Trigonaspekt darin zum Ausdruck kommt. Bewohnt Jupiter ein Trigonhaus, aspektiert er auch die anderen. Auch der Mond in einem Trigonhaus ist günstig. Das Gleiche gilt für Benefizplaneten; aber Malefizplaneten heben die günstige Wirkung dieser Häuser auf und verursachen viele Schwierigkeiten.

In dieser Hinsicht ist das neunte Haus sehr günstig, obwohl es ein fallendes Haus ist. Das fünfte profitiert ebenfalls von diesem Faktor und wird zum besten Panapara. Planeten sind hier zwar nicht so stark wie Planeten in Eckhäusern, was äußere Handlungen angeht, aber für die Spiritualität und den Charakter sind sie wichtiger. Auch die Herrscher dieser Häuser sind im Horoskop sehr günstig. Trigonhäuser heißen auch Vishnu-Häuser nach dem Gott des Dharmas. Das neunte Haus fördert das kollektive Dharma, das fünfte das kreative Dharma und das erste das persönliche Dharma.

Planeten sind günstig, wenn sie über dem Horizont stehen, nahe der Himmelsmitte in den Häusern 9, 10 und 11. Diese Häuser sagen uns, wie wir mit unseren Wertvorstellungen (neuntes Haus), Taten (zehntes Haus) und Zielen (elftes Haus) die Welt beeinflussen. Ihnen gegenüberstehend symbolisieren die Häuser 3, 4 und 5 das Ich, und zwar das dritte Haus die Lebenskraft, das vierte die Gefühle und das fünfte die Intelligenz. Planeten, die im Horoskop hoch stehen, sind den tiefer stehenden in der Regel überlegen.

Upachaya und Apachaya

Die Häuser 3, 6, 10 und 11 heißen *upachaya*, zunehmende Häuser. Planeten in diesen Häusern werden im Laufe der Zeit stärker und sind daher umso günstiger, je älter wir werden. Natürliche Malefizplaneten wie Mars und Saturn sind in diesen Häusern günstig und geben uns die Kraft, Hindernisse zu überwinden. Die Herrscher dieser Häuser (außer dem zehnten) sind jedoch meist ungünstig und können uns schaden, weil sie zu impulsiv sind.

Das zehnte und das elfte Haus sind am vorteilhaftesten, wenngleich das zehnte vor allem ein Eckhaus ist. Das elfte ist ein guter Ort für jeden Planeten, weil Malefizplaneten darin günstig sind und Benefizplaneten ohnehin nicht schaden.

Die Häuser 1, 2, 4, 7 und 8 werden *apachaya* genannt, abnehmende Häuser. Planeten in diesen Häusern verlieren mit der Zeit ihre Kraft, und Malefizplaneten sind darin nicht günstig. Am schlimmsten ist das achte Haus; es dürfte das ungünstigste im Horoskop sein. Auch diese Kategorie von Häusern finden wir nur in der vedischen Astrologie.

Dushthanas oder schwierige Häuser

Die Häuser 6, 8 und 12 sind schwierig oder ungünstig *(dushthana)*, weil es sich um Orte des Übergangs handelt, die zu beiden Seiten des abfallenden siebten Hauses (Häuser 6 und 8) und gleich oberhalb des Aszendenten oder ersten Hauses (Haus 12) angesiedelt sind. Planeten in diesen Häusern, vor allem Benefizplaneten, werden geschwächt und können Probleme hervorrufen. Das gilt besonders dann, wenn sie unter ungünstigen Aspekten stehen. Der Mond leidet in diesen Häusern am meisten und schädigt die Gesundheit im Kindesalter.

Malefizplaneten im sechsten Haus können Macht verleihen, weil dieses Haus upachaya ist. Unter ungünstigen Bedingungen machen sie uns jedoch krank. Mars im achten Haus kann Schaden oder den Tod verursachen. Saturn im achten Haus verlängert eher das Leben, fördert jedoch nicht den Wohlstand. Benefizplaneten im zwölften Haus begünstigen eine spirituelle Natur und eine gute Wiedergeburt. Venus ist insofern eine Ausnahme, als sie im zwölften Haus Trost und Wohlstand vermitteln kann. Ketu ist im zwölften Haus günstig; er schenkt spirituelle Einsicht und hilft, negative übersinnliche Einflüsse abzuwehren. Rahu ist im sechsten Haus ähnlich günstig. Er befreit uns von Freunden und bringt Erfolg durch Fremde. Allerdings fördert er auch nervöse Störungen.

HÄUSER UND DIE VIER LEBENSZIELE

Zwischen den Häusern und den vier Lebenszielen besteht ein Zusammenhang. Die Häuser 1, 5 und 9 symbolisieren unsere Grundstruktur und unsere Berufung (Dharma). Das erste enthüllt den Charakter, das fünfte die schöpferische Entfaltung und das neunte die höheren Ziele.

Die Häuser 2, 6 und 10 hängen mit Arbeit, Wohlstand und Besitz (Artha) zusammen. Das zweite Haus gibt Auskunft über die wichtigen Besitztümer, das sechste über die Arbeit und die Probleme, die sie hervorruft, und das zehnte über den möglichen Erfolg.

Die Häuser 3, 7 und 11 symbolisieren unsere Wünsche (Kama). Das dritte Haus zeigt unsere Lebenskraft, das siebte verrät, wie wir diese Energie genießen wollen, und das elfte steht für die Ziele, die wir mit unserer Lebenskraft erreichen wollen.

Die Häuser 4, 8 und 12 sind Sinnbilder der Befreiung (Moksha) und unseres Strebens nach Transzendenz. Das vierte Haus steht für unsere Sehnsucht nach Frieden und Glück, das achte für den Kampf, den wir vorher bestehen müssen, und das zwölfte für die Opfer, die wir dafür bringen müssen.

HÄUSER UND ELEMENTE

Wie den Zeichen sind auch den Häusern Elemente zugeordnet; aber das ist ein zweitrangiger Faktor. Immerhin ist ein Feuer-Planet in einem Feuer-Haus etwas stärker. Bei Menschen, die ertrinken, stehen viele Planeten im zwölften Haus.

Die Häuser 1, 5 und 9 symbolisieren *Feuer* (wie Widder, Löwe und Schütze).

Die Häuser 2, 6 und 10 symbolisieren *Erde* (wie Stier, Jungfrau und Steinbock).

Die Häuser 3, 7 und 11 symbolisieren *Luft* (wie Zwillinge, Waage und Wassermann).

Die Häuser 4, 8 und 12 symbolisieren *Wasser* (wie Krebs, Skorpion und Fische).

- Feuer-Häuser sind Dharma-Häuser und geben uns ein kriegerisches Temperament *(kshatriya).*
- Erd-Häuser sind Artha-Häuser (Häuser des Wohlstands) und geben uns das Temperament eines Kaufmanns *(vaishya).*
- Luft-Häuser sind Kama-Häuser (Häuser des Verlangens) und geben uns das Temperament eines Dieners *(shudra).*
- Wasser-Häuser sind Moksha-Häuser (Häuser der Befreiung) und geben uns ein spirituelles Temperament *(brahmin).*

BESCHREIBUNG DER HÄUSER

Das erste Haus

Das erste Haus symbolisiert das Selbst und unsere grundlegende Selbstdarstellung in der materiellen Welt. Im Sanskrit heißt es *tanur bhava*, Haus des Körpers. Es prägt die physische Konstitution am deutlichsten, enthüllt aber auch die Einstellung zum Leben. Als Anfang der Häuser ist es auch das Haus der Geburt und des Ursprungs. Wenn eine sehr ungünstige Konstellation vorliegt, ist es ein Indiz für eine schwierige Geburt oder sogar für den Tod im Kindesalter. Da es für die ererbte körperliche Vitalität steht, ist es der Hauptfaktor bei physischen Krankheiten.

Die Sonne zeigt, wer wir sind, also den Grundcharakter oder die Individualität. Der Mond zeigt, wie wir mit anderen Menschen umgehen. Der Aszendent oder das erste Haus zeigt, wie wir uns auf der Bühne der Öffentlichkeit darstellen. Deshalb bestimmt es unsere gesamte äußere Erscheinung, die Persönlichkeit und den Körper. Störungen lösen daher sowohl seelische als auch körperliche Beschwerden aus.

Wer im Leben viel erreichen will, braucht ein starkes erstes Haus mit einem starken Planetenherrscher. Dieses Haus unterstützt unser Handeln, vor allem den Beruf, die Berufung und das Dharma, weil es uns das Identitätsgefühl vermittelt. Wie das zehnte Haus ist es wichtig für Ehre, Integrität, Ruhm und Anerkennung.

Alles, was mit dem ersten Haus verbunden ist, wird für unser Leben wichtig. Mit dem neunten Haus schenkt es uns Moral und Spiritualität, mit dem sechsten oder achten Haus löst es Krankheiten aus, mit dem zweiten oder elften Haus schenkt es Wohlstand und so weiter, je nachdem, mit welchen Häusern es verbunden ist. Die Einflüsse der Planeten erreichen uns durch das erste Haus und werden zu einem Teil unseres Lebens. Der Aszendent ist der allgemeine Signifikator im Horoskop, der wichtigste Faktor. Seine Stärke oder Schwäche überlagert alles andere.

Das zweite Haus

Das zweite Haus ist das Haus des Lebensunterhalts. Es symbolisiert unsere Fähigkeit, Geld zu verdienen und für uns selbst zu sorgen. Es sagt nichts über den Beruf als solchen, sondern über den finanziellen Erfolg.

Da es dem Gesicht zugeordnet ist, zeigt es unsere äußere Erscheinung, den Appetit und den Geschmack, nicht nur beim Essen, sondern auch im Umgang mit Ideen und mit der Kunst. Als Haus der Sprache steht es für den Intellekt und die Kommunikation, auch die künstlerische. Es ist auch ein Symbol der Bildung und, da es dem ersten Haus folgt, der Kindheit zwischen Säuglingsalter und Pubertät. Störungen können eine unglückliche Kindheit oder eine Trennung von den Eltern bedeuten.

Das zweite Haus zeigt, wie wir im Leben auftreten, wie wir kommunizieren und uns geschäftlich bewähren. Je nach seiner Stärke gibt es uns Wohlstand, Ansehen, Sprachgewalt und Schreibgewandtheit – oder Verschwendungssucht und grobe Sprache.

Das dritte Haus

Das dritte Haus ist *bhratri bhava*, das Haus der Brüder. Es symbolisiert aber auch Freunde und zeigt, wie wir uns in einer Gruppe benehmen. Von diesem Haus erfahren wir, mit welchen Menschen wir zusammen sein wollen, um bestimmte Ziele zu erreichen.

Dies ist ein kriegerisches Haus, ein Haus der Tapferkeit, das durch die Arme (als Waffen) symbolisiert wird. Es steht für die Lebensenergie, für die Impulse und Absichten, den Willen und den Ehrgeiz, die uns antreiben. Es enthüllt Leidenschaft oder Eifer, Mut und Kühnheit, aber auch Unbesonnenheit.

Das dritte Haus ist das Symbol der Motivation und der Hauptinteressen: der Vorlieben, Hobbys und sportlichen Neigungen. Günstige Planeten im dritten Haus bringen tiefe Denker und Wissenschaftler hervor. Sie können aber auch artistische Fähigkeiten oder künstlerische Begabungen verleihen.

In der westlichen Astrologie hängt das dritte Haus mit dem Intellekt und dem logischen Denken zusammen, die nach vedischer Auffassung eher ein Teil des Aspekts „Neugier“ im dritten Haus sind.

Das vierte Haus

Dies ist *matri bhava*, das Haus der Mutter und enthüllt deren Einfluss auf unser Leben. Außerdem steht es für unser Heim und seine innere und äußere Umwelt. Es symbolisiert also unser fundamentales emotionales Wesen, das Herz und die Gefühle sowie Erziehung und Bildung. Außerdem steht es für die Massen und somit für unsere Beliebtheit.

Das vierte Haus ist auch das Symbol für Land und Besitz (auch Fahrzeuge) sowie für die Fähigkeit, beides zu erwerben. Es zeigt, wie glücklich wir in unserem Heim und mit unseren Gefühlen sind, und enthüllt, ob wir uns entspannen können. Dies ist das „psychologische" Haus, und wenn es ungünstig beeinflusst wird, löst es seelische Störungen aus, die schwer zu beheben sind, weil dieses Haus wohl das empfindlichste von allen ist.

Darüber hinaus symbolisiert das vierte Haus den Glauben, die Religiosität der Familie sowie die Fähigkeit zur liebenden Hingabe und Kontemplation. Es markiert den Nadir, den tiefsten Punkt des Horoskops und daher alles, was innerlich, verborgen oder persönlich ist. Benefizplaneten im vierten Haus fördern die Meditation und den Seelenfrieden.

Das fünfte Haus

Das fünfte Haus ist *putra bhava,* das Haus der Kinder. Es ist das Symbol der Fortpflanzungsfähigkeit und des Umgangs mit Kindern. Wenn ungünstige Konstellationen vorliegen, bleiben uns Kinder versagt, oder wir werden nicht glücklich mit ihnen. Was Kinder betrifft, so ist allerdings das fünfte Haus, vom Mond aus gezählt, für Frauen oft wichtiger als das fünfte Haus nach dem Aszendenten.

Das fünfte Haus steht auch für die Kreativität. Auf einer höheren Ebene spricht es für schöpferische Intelligenz und originelles Denken sowie für die Fähigkeit, guten Rat zu geben. Insofern ist es wichtig für Anwälte und Politiker. Es ist das wichtigste Haus, wenn wir die Intelligenz (Buddhi) beurteilen wollen. Bei ungünstigen Konstellationen, sind falsche Urteile und durch Gefühle verzerrtes Denken die Folge.

Dies ist auch das Haus von *Ishta Devata,* der Form Gottes, die wir verehren. Es enthüllt unsere Hingabe an Gott und zeigt, welche Wahrheit unser Leitstern ist. Wie das neunte ist es ein Haus der Gnade und des guten Karmas, das Symbol der Verdienste, die wir in dieses Leben mitbringen. Es ist auch das Haus der Mantras und enthüllt, ob wir Worte und Gedanken mit spiritueller Kraft erfüllen können. Dies ist auch das Haus der Liebe, sowohl der niedrigen als auch der höheren. Es steht für Romanzen und die Geliebten (aber nicht unbedingt für den Ehepartner). Es ist das Haus von Spaß, Vergnügen und Erholung und zeigt, was wir gerne tun. Es ist auch das Haus von Gesundheit und Vitalität.

Das fünfte ist ein weiteres Haus des Wohlstands. Es sagt uns, ob wir imstande sind, Geld durch Spekulation (z. B. mit Aktien) sowie durch kreatives Schaffen zu verdienen.

Das sechste Haus

Das sechste Haus ist *shatru bhava*, das Haus der Feinde, der Krankheit, des Widerstands, der Schwierigkeiten und der Hindernisse im Leben. Planeten in diesem Haus lösen körperliche Störungen entsprechend ihrem Wesen aus, vor allem Beschwerden des Verdauungssystems. Wie beim Aszendenten sind Einflüsse auf das sechste Haus wichtige Indikatoren der körperlichen Verfassung. Das sechste Haus symbolisiert vor allem das Immunsystem.

Dies ist auch das Haus der Verletzungen, Wunden und Unfälle sowie der Macht und der Impulse. Es enthüllt die negativen Folgen des Machtmissbrauchs für uns und durch uns, und es zeigt, wie stark wir und unsere Feinde sind und welche Gefahren bei Gewaltanwendung drohen.

Malefizplaneten wie Sonne, Saturn oder Mars sind in diesem Haus stark und geben uns einerseits die Kraft, Feinde zu besiegen, andererseits aber Krankheiten und ein schweres Leben (außer wenn keine unheilvollen Konstellationen vorliegen). Außerdem warnt das sechste Haus vor Diebstahl, Zwangsversteigerung und Armut und mahnt uns zur Vorsicht.

Das sechste Haus hängt mit der Arbeit und mit dem Dienen zusammen, mit Karma Yoga, Disziplin und Entbehrung. Planeten in guter Position fördern hier die spirituelle Entwicklung. Benefizplaneten machen uns sanft und freundlich: Wir helfen anderen, ohne uns selbst zu erniedrigen. Aber Planeten in diesem Haus deuten auch auf Überarbeitung hin und können Unterwürfigkeit auslösen. Das sechste Haus symbolisiert außerdem die Fähigkeit, hart zu arbeiten, und unseren Umgang mit fernen Verwandten und Fremden.

Das siebte Haus

Das siebte Haus ist *kalatra bhava*, das Haus des Partners oder der Partnerin. Es ist das wichtigste Haus, wenn wir eine Ehe oder Beziehung einschätzen wollen. Da es dem Aszendenten (dem Selbst) gegenübersteht, symbolisiert es als Deszendent unser „Gegenstück" oder unsere „Ergänzung": den anderen Menschen.

Das siebte Haus steht für Liebe und Leidenschaft. Hier haben die Planeten eine deutlich sexuelle Natur. Dennoch symbolisiert es eher langfristige, enge Beziehungen als Romanzen (für letztere ist das fünfte Haus zuständig). Das siebte Haus ist auch die Domäne der Partnerschaft im Allgemeinen, selbst auf einer unpersönlichen Ebene.

Als Spiegelbild unserer Beziehungen gibt das siebte Haus Auskunft über unsere soziale Natur und unseren Einfluss auf andere. Es weist auf politische Macht oder auf Macht über andere hin, vor allem wenn Malefizplaneten wie Saturn oder Mars sich darin aufhalten. Diese Planeten können auch sexuelle Beziehungen stören.

Planeten im siebten Haus, selbst Benefizplaneten, fördern persönliche Beziehungen meist nicht. Merkur neigt hier dazu, schnelle oder oberflächliche Kontakte zu bewirken. Mars erzeugt Konflikte, gibt aber persönliche Macht. Saturn verursacht Trennung, Entfremdung und Selbstsucht, stärkt aber ebenfalls die Macht. Die Sonne strebt nach Vorherrschaft. Venus macht uns anziehend, kann aber exzessives Verlangen auslösen. Jupiter kann uns schwatzhaft machen.

Das achte Haus

Das achte Haus ist *mrityu bhava*, das berüchtigte Haus des Todes. Es verkündet Zerstörung und Entehrung sowie negative oder kriminelle Charakterzüge. Dieses Haus symbolisiert chronische Krankheiten und Verletzungen mit tödlichen Folgen. Es zeigt die Menschen in unserem Leben, die wir wahrscheinlich verlieren. Planeten in diesem Haus lassen uns in den Bereichen leiden, die sie symbolisieren. Andererseits steht das achte Haus auch für Wohlstand, den wir durch Erbschaft erlangen.

Das achte Haus ist sehr tief und mysteriös. Es kann uns tiefgründige Einsichten vermitteln, so dass wir das Leben und den Tod verstehen. Ihm verdanken wir eine scharfe, aber nicht immer wohlwollende Intelligenz, manchmal Genie. Es steht für Forschung und Erfindungen einschließlich Mathematik und Philosophie. Tantra Yoga und okkultes Wissen werden von diesem Haus vertieft. Außerdem symbolisiert das achte Haus weite Reisen oder seltsame physische oder psychische Abenteuer, und es ist das Haus der guten oder schlechten Transformation.

Das achte Haus enthüllt unsere Verbindung mit der dunklen Seite des Lebens. Drogen, Prostitution und die Macht, andere zu manipulieren, werden hier aufgedeckt. Dieses Haus macht uns sexuell leidenschaftlich und attraktiv, aber ihm fehlt oft der Sinn des siebten Hauses für Partnerschaft.

Außerdem zeigt das achte Haus, wie alt wir werden können und welchen Tod wir sterben werden, aber auch die Faktoren, die uns am Leben erhalten. Die negativen und positiven Aspekte dieses Hauses sind sehr wichtig, wenn wir den höchsten Sinn unseres Lebens ergründen wollen.

Das neunte Haus

Das neunte Haus ist *dharma bhava* und enthüllt unsere höchsten Werte, Prinzipien und Ideale. Es ist das Haus des Vaters und zeigt dessen Schicksal. Hier sehen wir, welche Autoritäten uns führen und inspirieren.

Dies ist auch das Haus der Religion, der Philosophie und des Gesetzes. Es zeigt, welche Rolle Ethik und Spiritualität für uns spielen und wie weit wir es im Yoga bringen können. Dieses Haus enthüllt die tiefere philosophische Seite des Geistes und die Fähigkeit, abstrakt zu denken. Außerdem symbolisiert es die höhere Bildung. Da es die Wertvorstellungen verkörpert, gibt es auch Hinweise auf den Beruf, vor allem wenn wir Lehrer oder Geistliche sind.

Das neunte Haus ist das wichtigste Haus der Gnade, des Glücks und der plötzlichen Gewinne. Wer im Lotto gewinnt, profitiert meist vom günstigen Einfluss dieses Hauses. Gute Planeten in diesem Haus können negative Aspekte des Horoskops weitgehend ausgleichen.

Außerdem schenkt uns das neunte Haus Ehre, Ansehen und Macht, so dass wir den Lauf der Ereignisse beeinflussen können.

Das zehnte Haus

Das zehnte Haus ist *karma bhava.* Karma ist die Tat. Dies ist das wichtigste Haus, wenn wir unseren Einfluss auf die Welt erfahren wollen, denn es hängt mit der Karriere oder Berufung zusammen. Das zehnte Haus bestimmt zwar nicht den Beruf – dafür sind das erste Haus und weitere Faktoren zuständig –, aber es zeigt, welchen Erfolg wir im Beruf haben und welchen Status wir im Leben erlangen.

Dies ist auch das Haus der Fähigkeiten, der Leistung, der Ehre, der Anerkennung und des Ansehens. Es zeigt, welche Position wir im Leben erreichen können und mit welcher Macht sie verbunden ist. Es ist ein wichtiges Haus, was politische, gesellschaftliche oder weltliche Macht betrifft. Das zehnte Haus symbolisiert den Stempel, den wir der Welt aufdrücken und der gutes oder schlechtes Karma erzeugen kann. Es steht auch für Pilgerreisen und religiöse Wohltätigkeit.

Da das zehnte Haus der höchste Punkt im Horoskop ist, sind die Planeten hier stark und bringen uns im Leben nach oben. Diesem Haus verdanken wir die Gunst der Behörden; es macht uns sichtbar und verschafft uns Respekt. Darum kann es auch eine weltliche oder politische Gesinnung vermitteln. Einerlei, was wir tun – man wird uns beachten. Es besteht jedoch die Gefahr, dass wir zu sehr nach Erfolg streben.

Das elfte Haus

Das elfte Haus ist *labha bhava,* das Haus des Einkommens. Es steht für alles, was wir in Fülle besitzen oder was unseren Besitz mehrt. Außerdem symbolisiert es Ziele, den Willen und den Ehrgeiz. Es zeigt, ob wir impulsiv oder egoistisch sind und ob wir unsere Ideale und Wünsche verwirklichen können. Zudem ist es das Symbol der älteren Geschwister und enthüllt deren Schicksal.

Das elfte Haus ist ein Haus der Fülle, in dem alle Planeten meist stark und günstig sind. Venus kann hier auf mehrere Partner hindeuten, Jupiter auf Reichtum, Merkur auf Erfolge in der Kommunikation und die Sonne auf die Erfüllung unserer wichtigsten Lebensziele.

Dieses Haus bringt materielle Gewinne, aber es kann uns auch überheblich machen, denn es ist zugleich das Haus der Exzesse. Auf einer höheren Ebene schenkt es uns spirituellen Gewinn, Intelligenz und Redegewandtheit. Insofern ähnelt es dem fünften Haus, das ihm gegenüberliegt. Während das fünfte Haus die Intelligenz symbolisiert, enthüllt das elfte die Fähigkeit, diese Intelligenz in die Welt zu projizieren. Und während das fünfte Haus mit Schreiben zu tun hat, geht es im elften um das Veröffentlichen.

Das zwölfte Haus

Das zwölfte Haus ist *vyaya bhava,* das Haus der Ausgaben, der Verluste, des Niedergangs, der Verschwendung und des Verfalls.

Wir neigen dazu, die Eigenschaften der Planeten in diesem Haus zu verspielen oder zu verlieren. Die Sonne symbolisiert hier den Verlust des Selbstvertrauens oder einen schlechten Ruf. Der Mond zehrt an der emotionalen Energie und macht launisch. Saturn schwächt die Nerven und löst Sorgen oder Angst aus. Jupiter ruft übersteigerte Großzügigkeit hervor. Alle Planeten machen uns in diesem Haus schwach oder müde, weil ihre Energie unterdrückt wird.

Das zwölfte Haus ist das Haus der Sorge, Enttäuschung und Resignation. Es symbolisiert Enge, Not und manchmal Gefangenschaft. Dies ist ein geheimes Haus, das enthüllt, was hinter den Kulissen vorgeht, zum Beispiel im Krankenhaus oder Kloster. Aber es ist auch ein Haus der Leidenschaft, des Luxus, der Ausschweifung und der geheimen Freuden des Lebens.

Dieses Haus steht für die Vergangenheit (so wie das neunte für die Zukunft) und das Karma, das wir abtragen müssen. Es ist ein Indiz für Schuldgefühle, Reue und Kummer. Außerdem ist es ein Symbol des Unbewussten, in dem der Intellekt und das Ich sich auflösen. Es kann auch Fantasie, geistige Störungen und Trance symbolisieren. Als astrales Haus zeigt es, wie eng wir mit den subtilen Ebenen – auch mit unserem Zustand nach dem Tod – verbunden sind.

Das zwölfte Haus beendet den Zyklus des Lebens. Als Verneinung des Lebens bringt es aber auch Freiheit, die Überwindung des Ichs, Entsagung und liebende Hingabe. Darum ist es das Haus des Yoga und der Meditation. Als Haus der Isolation und Trennung symbolisiert es den einsamen Menschen, der in Not ist oder durch inneren Frieden die Erleuchtung erlangt hat.

Dies ist das Haus der fremden Länder, vor allem der fernen oder überseeischen. Wer mit dem Ausland zusammenarbeitet oder dort erfolgreich ist – z. B. Politiker und Diplomaten –, hat meist Planeten im zwölften Haus.

DIE WICHTIGSTEN BEDEUTUNGEN DER HÄUSER

1. Selbst, Körper, Wohlstand, Wohlbefinden
2. Lebensunterhalt, Sprache, Jugend
3. Macht, Brüder, Freunde, Motivation, Interessen
4. Glücklichsein, Heim, Besitz, Mutter
5. Kreativität, Intelligenz, Romanzen, Kinder
6. Krankheit, Feindschaft, Ausländer
7. Partnerschaft, Ehe
8. Tod, Zerstörung, langes Leben, Forschung
9. Dharma, Gnade, Glück, Vater
10. Fähigkeiten, Leistung, Erfolg
11. Gewinne, hohe Ziele, Impulse
12. Verluste, Sorgen, Begrenzung, Befreiung

PLANETARE SIGNIFIKATOREN DER HÄUSER

Die vedische und die westliche Astrologie beurteilen ein Haus nach den Einflüssen, die darauf einwirken, und nach seinem Herrscher. Das vedische System fügt einen weiteren Planeten als Signifikator (bedeutsamen Faktor) hinzu. Diese Planeten sind in allen Horoskopen dieselben. Ihre Position wird bei der Deutung des Hauses berücksichtigt.

Häuser und ihre planetaren Signifikatoren

Erstes Haus	Sonne – Selbst
Zweites Haus	Jupiter – Fähigkeit, Geld zu verdienen
	Merkur – Kindheit, Sprache, Erziehung
Drittes Haus	Mars – Energie und Potenz
Viertes Haus	Mond – Gemüt, Gefühle, Mutter
Fünftes Haus	Jupiter – Kinder, Kreativität, Intelligenz
Sechstes Haus	Mars – Feindschaft, Verletzung, Diebstahl
	Saturn – Krankheit
Siebtes Haus	Venus – die Ehefrau
	Jupiter – der Ehemann
Achtes Haus	Saturn – Tod, langes Leben
Neuntes Haus	Jupiter – Dharma; Sonne – Vater
Zehntes Haus	Merkur und Jupiter – Beruf
	Sonne – Ruhm und Ansehen
Elftes Haus	Jupiter – Gewinne
Zwölftes Haus	Saturn – Verluste
	Ketu – Befreiung

Manche Planeten sind Signifikatoren mehrerer Häuser: Jupiter beeinflusst die Häuser 2, 5, 7, 9 und 11, Saturn die Häuser 6, 8 und 12. Das hilft uns, die Wirkung eines Planeten genauer zu deuten. Um die Kinder im Horoskop zu beurteilen, untersuchen wir Jupiter und das fünfte Haus. Das Dharma (Religion oder Spiritualität) finden wir bei Jupiter und im zweiten Haus, das Einkommen bei Jupiter und im elften Haus, den Lebensunterhalt bei Jupiter und im zweiten Haus, Krankheiten bei Saturn und im sechsten Haus, die Länge des Lebens bei Saturn und im achten Haus, Sorgen und Befreiung bei Saturn und im zwölften Haus.

Rahu und Ketu, die Mondknoten, sind mit ihren Planeten gemeinsame Signifikatoren: Rahu mit Saturn und Ketu mit Mars. Rahu ist aber auch ein spezieller Signifikator für Ausländer im sechsten Haus, und Ketu ist ein spezieller Signifikator der Befreiung im zwölften Haus.

Alle Planeten sind auf ihre Weise Signifikatoren, lassen sich aber nicht auf ein bestimmtes Haus festlegen. Venus ist ein Signifikator der Kunst; aber Dichtung gehört ins zweite und Kunsthandwerk ins dritte Haus, während das fünfte die allgemeine Kreativität symbolisiert.

Es ist oft ungünstig, wenn der Signifikator eines Hauses gleichzeitig in diesem Haus steht. Jupiter im fünften Haus ist beispielsweise kein gutes Zeichen für Kinder.

8
Die Herrscher der Häuser

Die Astrologie stellt uns die archetypischen Kräfte vor, die im Leben wirken, die großen Kräfte des kosmischen Geistes. Einerseits dehnen diese Kräfte sich bis ins kosmische Unbewusste aus, bis in das wimmelnde, unbewusste Meer der Unwissenheit, in dem starke Elementarkräfte miteinander kämpfen. Hier, in der dunklen See am Anfang der Welt, halten die trägen, niederen Lebensformen hartnäckig an ihrer Urangst, ihrem Verlangen und ihrer Aggression fest. Andererseits erstrecken sich diese Kräfte bis ins kosmische Bewusstsein, bis zum unendlichen Ozean oberhalb der Welt, dessen schöpferisches Wasser für uns die Erlösung und die Transformation bereit hält. Mythologisch betrachtet ist der untere Ozean die Heimat der Dämonen oder Titanen (Asuras), während der obere Ozean die Wohnung der Götter (Devas) ist. Diese zwei Bereiche bekämpfen sich unaufhörlich: Die Götter streiten mit ihrer aufsteigenden oder evolutionären Kraft, die Dämonen mit ihrer absteigenden, rückschrittlichen Kraft.

Der Kampf dieser beiden Kräfte drückt sich auch in den Elementen aus: Die Götter wollen das Chaos der Elemente zu einer Vision des Kosmos umformen, und die Dämonen versuchen, die Elemente wieder ins Chaos zurücksinken zu lassen. Aber diese sich bekriegenden Kräfte sind auch miteinander verwandt und ergänzen sich in mancherlei Hinsicht.

Die Planeten strahlen sowohl Kräfte der Evolution und des Aufstiegs als auch Kräfte des Rückschritts und Abstiegs aus. Doch diese beiden Kräfte sind eins, denn das Nicht-Göttliche ist das Spiegelbild des Göttlichen. In ihrem höheren, harmonischen Wesen sind die Planeten Gottheiten, die uns hinauf zum Licht tragen. In ihrem niedrigen, disharmonischen Wesen sind sie Dämonen, die uns in die Dunkelheit und Verzweiflung locken. Entscheidend ist, wie wir ihre Energie nutzen. Wenn wir sie bewusst für die Selbsterkenntnis nutzen, steigen wir nach oben. Wenn wir sie unbewusst aufnehmen, ohne die kosmischen Kräfte im Leben zu beachten, sinken wir nach unten und verfallen dem negativen Zauberbann der Illusion.

Als große Götter und große Dämonen sind die Planeten mächtige Herrscher, die wir respektieren müssen. Sie können erschaffen und zerstören, emporheben und erniedrigen. Da jeder Planet der natürliche Herr bestimmter Kräfte ist – je nach seiner Natur und seinem Zeichen –, ist er auch ein *temporärer* Herrscher, und zwar nach den Grundsätzen der Regentschaft über die Häuser. Nach diesen Prinzipien kann die Macht der Planeten sich günstig oder ungünstig auswirken.

Ein einzigartiges und äußerst wichtiges Prinzip der vedischen Astrologie ist das Prinzip der Häuserregentschaft: Das Wesen eines Planeten verändert sich, je nachdem, welches Haus er relativ zum Aszendenten regiert. Ein guter Planet für einen bestimmten Aszendenten kann ein ungünstiger für einen anderen sein. Die vedische Astrologie schreibt den Planeten keinen unveränderlichen Charakter zu, sondern modifiziert ihre Natur entsprechend dem Aszendenten. Dieser Grundsatz ist besonders wichtig, wenn wir verstehen wollen, wie Planeten ihre Wirkung in der Zeit entfalten.

Planeten besitzen bestimmte Eigenschaften, die mit ihrem Haus zusammenhängen. Der Herrscher des fünften Hauses regiert über Kinder. Wenn Saturn, an sich ein steriler Planet, dieser Regent ist, wird er zu einer schöpferischen Kraft und verliert seine natürliche Unfruchtbarkeit weitgehend. Ist Mars, ein nicht-spiritueller Planet, der Herrscher des neunten Hauses, nimmt er spirituelle Energie auf. Der Charakter der Planeten als Herrscher eines Hauses ist also ebenso wichtig wie sein natürlicher Charakter. Wenn wir Ereignisse in planetaren Perioden vorhersagen wollen, kann sein Charakter als Regent sogar wichtiger sein. Die vedische Astrologie verbindet das natürliche mit dem temporären Wesen eines Planeten und gelangt so zu einer ganzheitlichen Deutung.

Viele Yogas oder planetare Kombinationen werden nur im Zusammenhang mit der Häuserregentschaft erwähnt. Wenn sich beispielsweise die Regenten des zweiten und elften Hauses verbünden, ist Wohlstand sehr wahrscheinlich, weil beide Planeten ein Haus des Einkommens regieren. Es ist dann zweitrangig, ob einer der Planeten Jupiter ist, ein natürlicher Signifikator des Wohlstandes, oder Saturn, ein natürlicher Signifikator der Armut. Jupiter verbessert das Yoga durch sein natürliches Wesen, Saturn sorgt dafür, dass sich das Yoga langsamer, unter Schwierigkeiten oder durch eine saturnische Domäne wie den Besitz verwirklicht. Der entscheidende Faktor ist jedoch die Häuserregentschaft.

Die Bedeutung der Planeten ist also für jeden Aszendenten unterschiedlich. Jeder Aszendent hat seine eigenen Gesetze, und die Planeten richten sich danach. Darum ist der Aszendent so wichtig: Er bestimmt nicht nur das Wesen eines Menschen, sondern auch die allgemeine Deutung aller Planeten. Saturn hat für einen Waage-Aszendenten (dort ist er ein sehr günstiger Häuserregent) eine ganz andere Bedeutung als für einen Löwen-Aszendenten (dort ist er ein Malefizplanet).

In der vedischen Astrologie müssen wir demnach nicht nur die Bedeutung jedes Aszendenten kennen, sondern auch seine Wirkung auf alle Planeten. Der Aszendent färbt auf die Bedeutung sämtlicher Planeten ab, und diese hängt ebenso sehr vom Aszendenten ab wie von der eigenen Natur. Jeder Aszendent ist ein anderes astrologisches Symbol und folgt seinen eigenen astrologischen Regeln.

DIE GESETZE DER HÄUSERREGENTSCHAFT

Planeten werden in temporäre Benefiz- und Malefizplaneten eingeteilt, je nach dem Haus, das sie relativ zum Aszendenten regieren. Jene, die günstige Häuser regieren, werden vorübergehend zu Benefizplaneten, und jene, die ungünstige Häuser regieren, werden zeitweilig zu Malefizplaneten. So kann ein natürlicher Benefizplanet wie Jupiter in einem Horoskop zum Malefizplaneten werden, wenn er kein günstiges Haus regiert.

Die Regenten der Häuser 1, 5 und 9 gelten immer als günstig. Die Regenten der Eckhäuser 4, 7 und 10 gelten selbst dann als günstig, wenn es sich um natürliche Malefizplaneten wie Mars und Saturn handelt. Sie gelten jedoch als ungünstig, wenn sie natürliche Benefizplaneten sind, etwa Jupiter, Merkur oder Venus. Mit anderen Worten: Die Herrschaft über ein Eckhaus kehrt den natürlichen Charakter eines Planeten um. Die Regentschaft über ein Trigonhaus macht dagegen jeden Planeten zum Benefizplaneten.

Die Regenten der ungünstigen Häuser 3, 6 und 11 sind ebenfalls ungünstig, weil sie über Häuser des Egoismus, der Macht, der Gewalt und der Krankheit herrschen. Die Herren der ungünstigen Häuser 2, 8 und 12 sind zwar Malefizplaneten, haben aber eine neutrale Wirkung. Der Einfluss dieser Häuser hängt davon ab, welche anderen Häuser ihr Planet regiert. Die Herrschaft über das achte Haus ist ungünstiger als die über das zwölfte oder zweite Haus. Es ist zwar gefährlicher, wenn ein Planet in den schwierigen Häusern 6, 8 oder 12 steht, aber die Regenten der Häuser 3, 6 und 11 sind noch ungünstiger.

Planeten regieren zwei Häuser, abgesehen von Sonne und Mond, die jeweils nur über ein Haus herrschen. Darum müssen wir den temporären Charakter eines Planeten nach seinen beiden Häusern beurteilen.

Oft herrschen Planeten sowohl über ein günstiges als auch über ein ungünstiges Haus, so dass sie eine „gemischte" Wirkung haben. Diese Wirkung ist günstig für das positive und ungünstig für das negative Haus. So spiegeln die Planeten die Zwiespältigkeit des Aszendenten und des Lebens wider.

Bei einem Jungfrau-Aszendenten regiert Saturn das fünfte und sechste Haus. Als Regent des fünften Hauses ist er günstig für Kinder, Kreativität, Intelligenz und Spekulationsgewinne. Als Herrscher des sechsten Hauses ist er ungünstig für die Gesundheit und ruft Feindschaft hervor. Darin drückt sich die Natur des Jungfrau-Aszendenten aus: Er ist einerseits diszipliniert, neigt aber andererseits zu Krankheiten, weil er zu empfindsam ist.

Wenn ein Planet zwei Häuser regiert, ein günstiges und ein ungünstiges, legt das stärkere oder wichtigere Haus fest, ob die Gesamtwirkung des Planeten eher günstig oder eher ungünstig ist. Die Regentschaft über bestimmte Häuser überlagert die über andere.

Der Regent des Aszendenten ist immer günstig, selbst wenn das andere Haus, das er regiert, das sechste oder achte ist. Dennoch färbt diese ungünstige Herrschaft auf ihn ab.

Der Regent des zwölften Hauses bestimmt die Wirkung des anderen Hauses, das er regiert. Venus als Herrscher des fünften und zwölften Hauses für den Aszendenten der Zwillinge ist sehr günstig und bestimmt weitgehend den Einfluss des fünften Hauses. Die negative Wirkung der Regentschaft über das zwölfte Haus ist am deutlichsten, wenn das andere Haus, das der Planet regiert, ungünstig ist. Saturn als Regent des elften und zwölften Hauses für den Fische-Aszendenten ist sehr ungünstig, weil das elfte ein schwieriges Haus ist.

Wir müssen auch das Mulatrikona-Zeichen des Planeten berücksichtigen. Planeten haben vor allem die Wirkung des Hauses, das von ihrem Mulatrikona-Zeichen regiert wird. Saturn herrscht über das achte und neunte Haus – also über das schlimmste und beste Haus – für den Zwillinge-Aszendenten. Da Saturns Mulatrikona-Zeichen (Wassermann) jedoch das neunte Haus regiert, ist seine Wirkung insgesamt eher positiv. Für den Jungfrau-Aszendenten ist Saturn weniger günstig, da sein Mulatrikona-Zeichen das ungünstige sechste Haus regiert.

Ein weiterer wichtiger Faktor ist die natürliche Freundschaft oder Feindschaft eines Planeten mit dem Regenten des Aszendenten. Obwohl Saturn ungünstige Häuser für Merkur-Aszendenten (Zwillinge und Jungfrau) regiert, neigt er als natürlicher Freund Merkurs eher zu einer günstigen Wirkung. Ist ein Hausregent ein zeitweiliger und ein natürlicher Freund des Planeten, ist die ungünstige Wirkung noch schwächer.

Bedeutsam ist auch, welches Zeichen stärker ist, was Aspekte oder Besetzung angeht. Steht Saturn im Steinbock bei einem Jungfrau-Aszendenten, ist sein Einfluss als Regent des fünften Hauses wichtiger als der des sechsten.

SONNE UND MOND

Sonne und Mond regieren jeweils nur ein Zeichen. Damit befassen sich zwei verschiedene Systeme. Das erste behandelt beide als einen einzigen Planeten. Sie regieren dieselben Häuser wie Saturn, relativ zu gegenüberliegenden Aszendenten. Darum sind sie nach den Grundsätzen der Häuserregentschaft günstig für Widder-, Krebs-, Löwe-, Skorpion-, Schütze- und Fische-Aszendenten und für die anderen ungünstig.

Das zweite System betrachtet sie als verschiedene Planeten. Die Sonne gilt als ungünstig, der Mond ans günstig. Als Malefizplanet ist die Sonne jedoch günstig, wenn sie Eck- oder Trigonhäuser regiert. Der Mond ist nur günstig, wenn er über Trigonhäuser herrscht. Das Problem ist hier, dass der ansonsten günstige Mond, der Freund aller Planeten, als Herrscher eines Hauses öfter ungünstig ist als günstig. Vielleicht wollen wir den Mond nicht als ungünstigen Regenten eines Eckhauses ansehen; er bleibt jedoch ungünstig als Regent des sechsten, achten oder zwölften Hauses, vor allem wenn dieses Haus unter negativem Einfluss steht oder Malefizplaneten beherbergt.

Der Mond gilt allerdings selbst als Aszendent und ist deshalb in allen Horoskopen günstig. Wenn wir Häuser vom Mond aus zählen, wird der Regent des Mondzeichens aus diesem Blickwinkel günstig, so wie der Regent des Aszendenten in der normalen Reihenfolge.

SPEZIFISCHE EIGENSCHAFTEN DER HÄUSERREGENTEN

Planeten als Häuserregenten haben in dem Haus, über das sie herrschen, eine spezifische Bedeutung. Der Regent des elften Hauses ist zum Beispiel ungünstig, was die Gesundheit anbelangt, und neigt zu Impulsivität; dennoch bleibt er der Herr der Gewinne und ist demnach günstig für materiellen Besitz. Außerdem fördert er die Intelligenz und die Fähigkeit, im Team zu arbeiten (das ist eine Qualität des elften Hauses).

Wenn Merkur das zweite und elfte Haus bei einem einen Löwe-Aszendenten regiert, herrscht er über zwei Häuser, die Gewinn und Einkommen begünstigen, und ist somit ein doppelter Signifikator des Wohlstandes. Allerdings ist er eher ungünstig, wenn es um Gesundheit und Urteilsvermögen geht.

Ein Planet ist günstig in Bezug auf die Domäne des Hauses, das er regiert, selbst wenn er für den Aszendenten oder das Horoskop als Ganzes ungünstig ist. Häuser symbolisieren eben nur einen bestimmten Lebensbereich, der auch von negativer Art sein kann. Der Regent des zwölften Hauses ist daher „günstig", was Verluste betrifft, denn das ist die Domäne seines Hauses. Für den Aszendenten als Ganzes ist er ungünstig. Der Regent des sechsten Hauses ist „günstig", wenn wir krank werden oder unseren Feinden mehr Macht einräumen wollen; denn darüber herrscht er ja. Der Regent des achten Hauses kann den Tod oder einen negativen Charakter bringen. Und so weiter.

Die Regentschaft über die Häuser ist eine der wichtigsten Methoden, um die Macht und Wirkung eines Planeten zu bestimmen. Sie ist ebenso wichtig wie die Grundbedeutung der Planeten und Zeichen und hilft uns, letztere genauer zu verstehen. Wir müssen den natürlichen und den temporären Charakter eines Planeten miteinander verbinden. Dabei gilt folgende Grundregel:

Natürliche Benefizplaneten bewirkten in gewissem Umfang Gutes, selbst wenn sie zeitweilig ungünstig sind, und natürliche Malefizplaneten bewirken in gewissem Umfang Schlechtes, selbst wenn sie zeitweilig günstig sind. Wenn der natürliche und der temporäre Charakter sich decken, ist die Wirkung klarer, und daher leichter vorherzusagen.

RAJA YOGA

Wenn ein Planet sowohl ein Eckhaus als auch ein Trigonhaus regiert (außer: den Aszendenten), erwirbt er eine besondere Qualität: Er wird zum *Raja Yoga Karaka*, einem Signifikator großer Macht. Er kann uns Ansehen und Macht verschaffen. Die Verbindung eines Eckhauses mit einem Trigonhaus ist die Vereinigung von Vishnu und Lakshmi, des Gottes mit der Göttin. Das bringt reichen karmischen Lohn. Trigonhäuser (1, 5 und 9) sind Häuser des Dharmas und der Spiritualität; sie symbolisieren Vishnu. Eckhäuser sind Häuser des Heimes (4), der Beziehungen (7) und des Status (10) und symbolisieren Lakshmi, das Glück. In der Astrologie ist mit dem Begriff „Yoga" eine spezielle

Kombination von planetaren Einflüssen gemeint, die ein oder mehrere Planeten ausüben. Darauf gehe ich im nächsten Kapitel genauer ein.

Im wörtlichen Sinne hat Raja Yoga die Macht, uns zum König zu machen oder uns politische oder gesellschaftliche Macht zu verschaffen – denn *raja* bedeutet „König". Das schließt jede Position der Macht und des Einflusses ein, zum Beispiel Richter, Bürgermeister oder Behördenchef. Die meisten führenden Politiker haben solche Kombinationen. Raja Yoga bringt uns Erfolg im Leben – auch Wissen oder Spiritualität –, je nach der allgemeinen Orientierung des Horoskops. Allerdings sind solche Kombinationen nicht selten und müssen von mehreren Faktoren bestätigt werden, um wirklich stark zu sein.

Für die meisten Aszendenten kann nur ein bestimmter Planet Raja Yoga erzeugen. Solch ein Planet ist ein doppelt mächtiger, temporärer Benefizplanet. Saturn für den Zwillinge- und den Waage-Aszendenten, Venus für Steinbock und Wassermann sowie Mars für Krebs und Löwe haben diese Macht.

Für Widder und Skorpion erzeugen Sonne und Mond Raja Yoga. Andere Kombinationen von Trigon- und Eckhaus-Regenten können ebenfalls Raja Yoga erzeugen, vor allem die Herrscher des neunten und zehnten Hauses. Wie stark dieses Yoga ist, hängt von unterstützenden Faktoren im Horoskop ab.

DIE MACHT DER ASZENDENTEN

Nach dem Prinzip der Häuserregentschaft sind manche Aszendenten besser als andere. Waage gilt bisweilen als bester Aszendent, weil Saturn, der das vierte und fünfte Haus regiert, ein Raja-Yoga-Planet wird, also ein sehr günstiger Planet, während Jupiter, der Regent des dritten und sechsten Hauses, zum größten Malefizplaneten wird. Normalerweise ist Jupiter der größte Benefizplanet und kann nur wenig schaden. Manche Astrologen sind der Meinung, dass Jupiter für den Waage-Aszendenten günstig ist. Die Waage ist zudem ein Kardinalzeichen, das Kraft gibt. Es ist zwar richtig, dass die Waage ein guter Aszendent ist, wenn wir die Welt beeinflussen wollen; aber ansonsten ist sie nicht unbedingt günstig.

Andererseits gilt der Wassermann manchmal als schlimmster Aszendent, weil sein Regent Saturn ein schwieriger Planet ist, der auch das zwölfte Haus regiert, das Haus der Verluste. Wassermanntypen werden selten berühmt oder charismatisch und enden oft als Verlierer (Walter Mondale ist ein typisches Beispiel in der Politik). Aber viele halten den

Wassermann auch für das beste Zeichen, was spirituelles Wachstum betrifft, weil das zwölfte Haus auch Befreiung symbolisiert (hier wäre Ramakrishna ein Beispiel).

Wenn wir Häuser und Zeichen kombinieren, sehen wir, dass einige Aszendenten schwierig sind. Zum Beispiel hat die Jungfrau als sechstes Zeichen die negativen Eigenschaften des sechsten Hauses, darunter eine Neigung zu Krankheiten. Der Skorpion als achtes Zeichen besitzt die Merkmale des achten Hauses: Tod, Laster oder negative Charakterzüge. Die Fische leiden als zwölftes Zeichen an Gefühlsverwirrung.

Kardinalzeichen, etwa Waage und Krebs, sind in der Regel gute Aszendenten, vor allem in der äußeren Welt. Veränderliche Zeichen sind nicht immer starke Aszendenten – das gilt besonders für die Jungfrau und die Fische –, aber sie fördern die geistige und spirituelle Empfindsamkeit. Trigonzeichen wie Löwe und Schütze sind meist günstige Aszendenten.

Ein Horoskop mit einem Aszendenten, der seiner Natur nach schwach ist, und mit Planeten in starker Position ist dennoch besser als ein von Natur aus starker Aszendent mit einem Horoskop, das von schwachen Planeten geprägt ist. Stärkere Aszendenten symbolisieren ein großen Potenzial und hohe Erwartungen im Leben, und wenn wir diesen nicht genügen, fühlen wir uns als Versager.

PLANETEN UND ASZENDENTEN

Die Gesetze der Häuserregentschaft ermöglichen es uns, die Bedeutung eines Planeten dem Aszendenten anzupassen. Jedes Haus symbolisiert einen bestimmten Lebensbereich, während der Regent eines Hauses den Herrscher dieses Bereiches darstellt.

Steht der Herrscher des Selbstes (erster Regent) zum Beispiel im Haus der Zerstörung (achtes Haus) und der Herrscher der Zerstörung (achter Regent) im Haus des Selbstes (erster Regent), wird dieser Mensch wahrscheinlich ein kurzes, schwieriges Leben haben. Durch die Regentschaft über bestimmte Häuser wird jeder Planet zu einem temporären Indikator bestimmter Lebensbereiche, deren wichtigste ich nachfolgend aufzähle.

INDIKATOREN DER MACHT (RAJA YOGA KARAKAS)

Darüber haben wir bereits gesprochen. Ein einzelner Planet herrscht über zwei Häuser der Macht (ein Eck- und ein Trigonhaus) und erwirbt dadurch diese Kraft.

INDIKATOREN DES WOHLSTANDS

Wenn ein Planet über Häuser des Wohlstands herrscht, nimmt er deren Charakter an. Das gilt vor allem, wenn ein Planet über das zweite und elfte Haus (die Häuser des Lebensunterhalts und des Gewinns) regiert. Merkur für den Löwe-Aszendenten und Jupiter für den Wassermann nehmen diesen Charakter an.

Planeten, die das zweite und fünfte oder das zweite und neunte Haus regieren, erlangen diese Macht in geringerem Umfang. Beispiele sind Merkur für den Stier-Aszendenten, Jupiter für Skorpion, Venus für die Jungfrau und Mars für die Fische.

INDIKATOREN DES WISSENS (JNANA KARAKAS)

Jnana ist das spirituelle Wissen. Jnana Yoga Karakas bringen tiefgründiges Wissen aller Art. Planeten, die sowohl das neunte als auch das zwölfte Haus regieren (die Häuser der Religion und der Befreiung), nehmen diesen Charakter an. Das sind Jupiter für den Widder-Aszendenten und Mars für die Waage.

Bei Planeten, die das zweite und neunte Haus regieren, etwa Venus für den Jungfrau-Aszendenten und Mars für die Fische, wird dieser Charakter ihr sekundärer. Sie schenken uns göttliche Gnade im Leben.

Planeten, die sowohl das fünfte als auch das achte Haus regieren (Intelligenz und Forschung), verleihen uns außergewöhnliche Geisteskraft, wenn sie stark sind. Solche Planeten sind Merkur für den Wassermann-Aszendenten und Jupiter für den Löwen. Auch hier hat jede Kombination von Häuserregenten eine ähnliche Bedeutung.

INDIKATOREN VON KRANKHEITEN UND SCHWIERIGKEITEN

Das sechste Haus symbolisiert Krankheit, ebenso das elfte, weil es vom sechsten aus das sechste ist. Planeten, die das sechste und elfte Haus regieren, sind daher starke Krankheitsindikatoren. Es handelt sich um Mars für den Zwillinge-Aszendenten und Venus für den Schützen. Mars ist schlimmer, weil er von Natur aus schwierig ist.

Das achte Haus ist das Symbol des Todes und der chronischen Krankheiten. Das achte Haus nach dem achten ist das dritte. Planeten, die beide Häuser regieren, sind somit starke Indikatoren für Krankheit und Tod. Hier geht es um Mars für den Jungfrau-Aszendenten und Venus für die

Fische. Diese Planeten sind jedoch auch Indikatoren der Langlebigkeit, weil beide Häuser auch für ein langes Leben stehen.

Planeten, die das sechste oder achte Haus und andere ungünstige Häuser (3, 6, 11, 12) regieren, werden zu Indikatoren der Krankheit. Das sind Merkur für den Widder-Aszendenten, Jupiter für den Stier, Saturn für den Krebs und den Löwen, Jupiter für die Waage, Merkur für den Skorpion, Saturn für den Schützen, Jupiter und Sonne für den Steinbock, Mars und Mond für den Wassermann sowie Saturn für die Fische.

INDIKATOREN DES EGOISMUS

Die Häuser 3, 6 und 11 symbolisieren Egoismus, Gewaltanwendung, Manipulation, Aggressivität und Hintergedanken. Wenn ein Planet diese Häuser regiert, macht er den Menschen sehr impulsiv, selbstsüchtig und gewaltbereit

Solche Signifikatoren sind unter anderem Merkur für den Widder-Aszendenten, Mars für die Zwillinge, Jupiter für die Waage und Venus für den Schützen.

Wenn wir das zehnte Haus hinzunehmen, haben wir noch Saturn für den Widder. Saturn für den Löwen kann die gleiche Wirkung haben, wenn der Planet das sechste und siebte Haus regiert (weil das siebte das zehnte nach dem zehnten ist). Auch Mars für den Wassermann-Aszendenten und Venus für den Löwen sind sehr impulsiv und machthungrig, da sie das dritte und zehnte Haus regieren.

INDIKATOREN FÜR DAS LEBEN UND FÜR LANGLEBIGKEIT

Das erste, dritte und achte Haus deuten auf ein langes Leben hin. Planeten, die zwei dieser Häuser regieren, sind besonders wirksam. Mars für den Widder-Aszendenten und Venus für die Waage regieren das erste und achte Haus und haben hier besonders viel Macht. Bei Mars für die Jungfrau und Venus für die Fische ist diese Wirkung etwas schwächer.

INDIKATOREN DER LEIDENSCHAFT

Das fünfte Haus (Romanzen), das siebte Haus (Ehe) und das zwölfte Haus (verborgene Lust) sind Häuser der Leidenschaft. Ein Planet, der zwei dieser Häuser regiert, kann uns sehr leidenschaftlich und sexuell machen. Solche Planeten sind Mars für den Stier- und den Schütze-Aszendenten sowie Venus für die Zwillinge und den Skorpion. Venus und Mars sind ja ohnehin natürliche Planeten der Leidenschaft.

Weitere Aufschlüsse geben die Bedeutungen der zwei Häuser, die ein Planet regiert. Mars für den Steinbock und Venus für den Krebs regieren das vierte und das elfte Haus. Darum können sie ein Indiz für Gewinne (elftes Haus) durch Besitz (viertes Haus) sein, aber auch für Gewalt (elftes Haus) auf mentaler Ebene (viertes Haus). Wir müssen einen Planeten nach den Häusern beurteilen, die er regiert. Sonne und Mond sind leichter zu deuten, weil sie nur ein Haus beherrschen, so dass ihre Einflüsse sich nicht mischen. Allerdings müssen wir den Mond immer auch als Aszendenten beurteilen.

Die folgende Tabelle ordnet Häuserregentschaften und Aszendenten einander zu. Es handelt sich aber nur um eine allgemeine Bewertung. Planeten sind nicht einfach gut oder schlecht, und wir müssen verschiedene Faktoren berücksichtigen. Wenden Sie dieses System also nicht zu starr an.

Tabelle der Häuserregentschaften und des temporären Charakters der Planeten

Zeichen	Sonne	Mond	Mars	Merkur	Jupiter	Venus	Saturn
Widder	5G	4G	1,8G	3,6U	9,12G	2,7U	10,11U
Stier	4N	3U	7,12U	2,5G	8,11U	1,6G	9,10*
Zwillinge	3U	2N	6,11U	1,4G	7,10U	5,12G	8,9N
Krebs	2N	1G	5,10*	3,12U	6,9G	4,11U	7,8U
Löwe	1G	12N	4,9*	2,11U	5,8G	3,10U	6,7U
Jungfrau	12N	11U	3,8U	1,10G	4,7U	2,9G	5,6N
Waage	11U	10N	2,7U	9,12G	3,6U	1,8G	4,5*
Skorpion	10G	9G	1,6G	8,11U	2,5G	7,12U	3,4U
Schütze	9G	8N	5,12G	7,10U	1,4G	6,11U	2,3U
Steinbock	8U	7N	4,11U	6,9G	3,12U	5,10*	1,2G
Wassermann	7U	6U	3,10U	5,8G	2,11U	4,9*	1,12G
Fische	6N	5G	2,9G	4,7U	1,10G	3,8U	11,12U

G = günstig, U = ungünstig, N = neutral,
* = sehr günstig (Raja Yoga Karaka)

KORRELATIONEN ZWISCHEN HÄUSERN

Das Prinzip der Korrelationen zwischen Häusern gibt es nur in der vedischen Astrologie. Im Sanskrit heißt es *bhavat bhavam,* „von Haus zu Haus“. Ein Haus, das von einem bestimmten Haus die gleiche Zahl von Stellen entfernt ist wie letzteres vom Aszendenten, übt eine ähnliche Wirkung aus.

Das zehnte Haus symbolisiert zum Beispiel Macht und Ansehen. Das zehnte Haus nach dem zehnten (wobei das zehnte als erstes gezählt wird) ist das siebte. Somit ist das siebte Haus ebenfalls ein Haus der Macht und des Ansehens.

Das neunte Haus ist ein Symbol der Gnade und des Glücks. Daher hat das neunte Haus nach dem neunten, nämlich das fünfte, den gleichen Charakter.

Das achte Haus ist ein Haus des Todes, der Zerstörung und des langen Lebens. Das Gleiche gilt folglich für das achte nach dem achten, also für das dritte. Was die Langlebigkeit anbelangt, prüfen wir somit nicht nur das achte Haus, sondern auch das dritte. Sind beide ungünstig, ist ein kurzes Leben viel wahrscheinlicher, als wenn nur eines ungünstig ist.

Das sechste Haus steht für Krankheit, Verletzungen und Feindschaft. Das sechste nach dem sechsten, also das elfte, nimmt den gleichen Charakter an. Wenn ein Planet also beide Häuser regiert, ist er ein doppelter Signifikator der Gewalt.

Das fünfte Haus ist das Haus der Kinder, der Kreativität und der Intelligenz. Das fünfte Haus nach dem fünften, somit das neunte, gibt uns daher ebenfalls Auskunft über die Kinder.

Das vierte Haus ist mit Gefühlen, dem Heim und dem Glücklichsein verbunden. Darum müssen wir das vierte Haus nach dem vierten, also das siebte, ebenfalls betrachten.

Es gibt noch andere Anwendungen dieses Prinzips. Das zwölfte Haus symbolisiert beispielsweise Verneinung und das Ende des Lebens. Deshalb gilt das zwölfte Haus nach jedem Haus als Verneinung des Letzteren.

Das neunte Haus symbolisiert Glück, Gnade und Ehre. Das zwölfte Haus nach ihm, also das achte, ist somit seine Verneinung: Es steht für Unglück, Ungnade und Unehre.

Das siebte Haus ist das Sinnbild unserer Beziehungen. Das zwölfte Haus nach dem siebten ist das sechste, das Feindschaft, Konflikte oder Widerstand gegen eine Beziehung ankündigt.

Das dritte und das achte Haus verheißen ein langes Leben. Die Häuser, die zwölf Plätze von ihnen entfernt sind, also das zweite und siebte, sind daher Todeshäuser *(marakas).*

Nach diesem Grundsatz finden wir auch die Verneinung negativer Häuser. Das sechste Haus steht für Krankheit. Das zwölfte Haus nach dem sechsten ist das fünfte, das Krankheiten verneint, also ein Indiz für Gesundheit ist.

Das Prinzip der Häuserkorrelationen ist auch auf Häuser als Aszendenten anwendbar. Das vierte Haus ist zum Beispiel das Haus der Mutter. Die Länge ihres Lebens zeigt daher das Haus, das acht Plätze vom vierten entfernt ist, also das elfte.

PLANETARE JAIMINI-SIGNIFIKATOREN

Ein weiteres System ist nach dem großen antiken Astrologen Jaimini benannt. Danach werden Planeten zu Signifikatoren *(Jaimini karakas)* verschiedener Lebensbereiche. Entscheidend dabei ist, welchen Grad eines Zeichens sie im Horoskop belegen. Um das festzustellen, nehmen wir die Position der sieben Hauptplaneten im Horoskop und ordnen sie nach ihren Graden und Minuten an, ohne die Zeichen zu beachten.

Der Planet mit der höchsten Gradzahl in irgendeinem Zeichen ist der *atmakaraka,* der Signifikator des Selbstes. Er kann wie der Regent des Aszendenten der mächtigste Planet im Horoskop werden. Er ist oft der wichtigste Planet, wenn wir nach der spirituellen Natur eines Menschen fragen, vor allem in Bezug auf seine Position im Navamsha-Horoskop. Wir können seine Position als Aszendenten im Navamsha-Horoskop oder in einem anderen Segmenthoroskop nehmen und die Indikationen des Horoskops entsprechend lesen.

Der nach Graden zweitwichtigste Planet in einem bestimmten Zeichen ist der *amatya karaka,* der Signifikator des Vertrauten, der Minister des Königs, also der Mensch, der uns am nächsten steht, aber auch der Intellekt.

Der drittplatzierte Planet ist der *bhratri karaka,* der Signifikator der Brüder. Er symbolisiert den Willen, die Energie und die Motivation. Seine Bedeutung entspricht der des dritten Hauses, dem Haus der Brüder.

Der viertplatzierte Planet ist der *matri karaka,* der Signifikator der Mutter. Er ist das Symbol der Gefühle, deren Hauptindikator die Mutter ist. Seine Bedeutung entspricht der des vierten Hauses, des Hauses der Mutter.

Der fünftplatzierte Planet ist der *putra karaka*, der Signifikator der Kinder. Er symbolisiert die Kreativität und hat die gleiche Bedeutung wie das fünfte Haus, das Haus der Kinder.

Der sechstplatzierte Planet ist der *jnati karaka*, der Signifikator der Verwandten. Er steht für die Wechselbeziehungen mit der Gesellschaft. Seine Bedeutung entspricht der des sechsten Hauses, das entfernte Verwandte, Feinde und Krankheiten symbolisiert.

Der siebtplatzierte Planet ist der *dara karaka*, der Signifikator des Ehepartners. Er zeigt, ob wir fähig sind, Beziehungen und Partnerschaften einzugehen und zu lieben. Dieser Planet hat die gleiche Bedeutung wie das siebte Haus, das Haus der Ehe.

Es ist ratsam, diese Signifikatoren in ihren Domänen zu prüfen, vor allem ihre Positionen in Segmenthoroskopen, besonders im Navamsha, aber auch in den entsprechenden Segmenten (z. B. der Signifikator der Brüder und die *drekkana).*

9
Planetare Aspekte und Yogas

Alle astrologischen Systeme im Osten wie im Westen stützen ihre Voraussagen auf die Aspekte zwischen den Planeten im Horoskop. Nach der Theorie der Aspekte projizieren die Planeten ihre Wirkung von ihrer Position im Tierkreis aus auf bestimmte andere Punkte. Diese werden vom Bogenwinkel des Tierkreis relativ zur Position des Planeten bestimmt. Der vedische Ausdruck für Aspekt ist *drishti*. Das bedeutet „Sicht", weil der Aspekt die Planeten als bewusste Kräfte zeigt, die sich gegenseitig anpassen.

Stellen Sie sich den Tierkreis als Kreis und die Orte der Planeten als Punkte auf dem Kreisumfang vor. Ziehen Sie nun eine Linie von den Punkten zur Kreismitte. Wenn Sie jetzt die Positionen von zwei Planeten vergleichen, entsteht ein bestimmter Winkel, den wir in Graden messen können. Manche dieser Grade, etwa 90°, 120° und 180°, erzeugen in verschiedenen astrologischen Systemen unterschiedliche Aspekte.

Die westliche Astrologie untersucht die genau Zahl der Grade zwischen den Planeten, wenn sie Aspekte berechnet. Hauptaspekte sind zum Beispiel das Quadrat und das Trigon mit 90° und 120°. Diese Aspekte gelten als wirksam, wenn die Planeten innerhalb eines bestimmten Orbis (Wirkkreises) von einigen Grad Durchmesser um einen genauen Aspektpunkt liegt. Die einzelnen Aspekte haben unterschiedliche Wirkungen. Manche sind eher ungünstig oder schwierig (z. B. das Quadrat), andere eher günstig oder leicht (etwa das Trigon), einerlei, welche Planeten beteiligt sind.

Die vedische Astrologie hat einen anderen Standpunkt, der schwer verständlich ist, wenn wir an das westliche System gewöhnt sind. Zunächst beurteilt sie die Aspekte nicht nach dem exakten Winkel zwischen den Planeten, sondern in Bezug auf das Zeichen. Der wichtigste Aspekt ist die Opposition (180°). Dabei „aspektiert" ein Planet das gegenüberliegende Zeichen (nicht nur den Grad). Die Aspekte werden nicht zwischen den Planeten berechnet, sondern zwischen Planeten und anderen Zeichen, und zwar mithilfe des Zeichens, in dem die Planeten stehen.

Jupiter im Widder aspektiert beispielsweise das Zeichen Waage durch seine Opposition, aber auch das Haus, das die Waage regiert, sowie alle

Planeten in diesem Zeichen. Steht Jupiter bei 5° Widder und Saturn bei 25° Waage, zählt der Aspekt trotzdem (obwohl er in der westlichen Astrologie zu breit wäre, weil er um 20° von der exakten Opposition abweicht).

Vedische Astrologen halten Aspekte für umso stärker, je näher sie dem genauen Abstand sind. Solche Aspekte werden manchmal unabhängig von den Zeichen gezählt. Wenn Jupiter bei 1° Widder und Saturn bei 29° Jungfrau steht, befinden diese Planeten sind nicht in gegenüberliegenden Zeichen; aber der Winkel ihres Aspekts beträgt 178°, und das kommt einer exakten Opposition nahe. Manche vedischen Astrologen werten das als Aspekt, vor allem wenn sie ein Bhava-Horoskop untersuchen.

Wir können uns jedes Zeichen als separaten Raum und die Planeten als Lampen vorstellen. Einerlei, welche Lampe im Raum hängt, sie macht ihn hell. Die ersten und letzten Grade der Zeichen sind die Türen. An diesen Berührungspunkten können die Planeten beide Zeichen beeinflussen; aber wenn sie diese kleinen Türen verlassen haben, ist ihr Einfluss auf benachbarte Zeichen gering.

Aspekte in Bezug auf Zeichen sind leichter auszumachen, und wir brauchen nicht die genauen Grade der Planeten zu kennen. Darum fehlt in vedischen Horoskopen die Liste der Aspekte, die in westlichen notwendig ist. Und weil die Aspekte nach Zeichen bestimmt werden, benutzt die vedische Astrologie auch weniger Aspekte als die westliche.

Die vedische Astrologie schreibt den Aspekten keinen bestimmten Charakter zu. Aspekte werden nur nach ihrer Stärke unterschieden. Alle Aspekte symbolisieren eine Beziehung zwischen Planeten. Das Wesen dieser Beziehung hängt von der Natur der Planeten ab, nicht von der Art des Aspekts. Im vedischen System sind Quadrate oder Oppositionen nicht unbedingt schlecht oder schwierig, und Trigone müssen nicht gut sein. Es kommt auf die beteiligten Planeten an. Eine Opposition einer ungünstig stehenden Sonne im Fall und in der Waage kann sehr schwierig sein; aber wenn die Sonne gut steht, etwa erhöht im Widder, ist der Aspekt möglicherweise günstig. Ein Quadrat zwischen Mars im Widder (seinem eigenen Zeichen) und Jupiter im Krebs (seiner Erhöhung) kann günstig sein, weil beide Planeten gut stehen.

Alle Informationen über das Wesen der Planeten sind nützlich, wenn wir die Wirkung von Aspekten bestimmen. Ein Aspekt mit einem großen Malefizplaneten wie Saturn ist eher ungünstig, und ein Aspekt mit einem großen Benefizplaneten wie Jupiter ist eher günstig. Die natürlichen Eigenschaften eines Planeten und seine Regentschaften, also seine Herrschaft über bestimmte Lebensbereiche, helfen uns weiter.

Die vedische Astrologie schreibt einige Aspekte nur bestimmten Planeten zu. Zwar ist allen Planeten ein allgemeines Muster von Aspekteinflüssen gemeinsam; aber manche Planeten besitzen spezielle Aspekte, die andere nur als Nebenaspekte haben.

Das Trigon (ein Aspekt von 120°) gilt als spezieller voller Aspekt des Jupiter. Für andere Planeten ist er nur ein Nebenaspekt. Quadrate (90°) sind nur für Mars (vorwärts im Tierkreis) und für Saturn (rückwärts) volle Aspekte. Das könnte die Grundlage der westlichen Auffassung sein, woach Trigone gut und Quadrate schwierig sind: Trigone sind ja dem günstigen Jupiter und Quadrate den ungünstigen Mars und Saturn zugeordnet. Die vedische Astrologie untersucht den Einfluss von Planeten in Aspekten nur vorwärts im Tierkreis, während die westliche Astrologie meint, ein Aspekt gehe von beiden Planeten aus. Wenn Saturn bei 3° Zwillinge und Mars bei 3° Fische steht, hätte demnach Saturn einen Aspekt von 270° (zehntes Haus) mit Mars und Mars einen Aspekt von 90° (viertes Haus) mit Saturn.

In der westlichen Astrologie gelten Aspekte als Beziehungen zwischen Planeten. Im vedischen System aspektieren Planeten auch Häuser, selbst wenn dort keine Planeten stehen – sie aspektieren nämlich das Zeichen an seiner Spitze. Wie sie dabei das Haus beeinflussen, hängt von ihrer Natur ab.

Die Hauptregel bei der Horoskopdeutung lautet: Wir deuten einen Gesichtspunkt nach dem Haus, in dessen Domäne er fällt, sowie nach dem Regenten des Hauses und dessen Signifikator, und wir beurteilen Häuser nicht nur nach dem Aszendenten, sondern auch nach dem Mond. Außerdem werden die Aspekte all dieser Faktoren berücksichtigt.

Wenn es beispielsweise um Spiritualität oder Religion geht, prüfen wir die Einflüsse auf das neunte Haus, auf seinen Regenten Jupiter und auf das neunte Haus vom Mond aus. Wir berücksichtigen also nicht nur die Aspekte zwischen Planeten, sondern das gesamte Netzwerk von Aspektwirkungen auf alle Faktoren im Horoskop, die mit einem bestimmten Lebensbereich zusammenhängen. Es kann sein, dass die aspektierten Häuser wichtiger sind als die Aspekte zwischen den Planeten.

Die westliche Astrologie hält die Aspekte der vedischen Astrologie für zu allgemein. Einige wenige Hauptaspekte, nach Zeichen berechnet, sind eben kümmerlich im Vergleich zu den vielen Aspekten nach

Graden. Ein westlicher Astrologe fragt sich vielleicht, wie die vedische Astrologie überhaupt zutreffende Beurteilungen abgeben kann. Wir dürfen aber nicht übersehen, dass die vedische Astrologie auch die Aspekte in ihren Segmenthoroskopen untersucht. So erhält sie viele subtile Aspekte und kann die Beziehungen zwischen Planeten nach Graden genau bestimmen. Außerdem beurteilt sie planetare Beziehungen nach einem umfangreichen System, in dem die Aspekte nur ein Teil von vielen sind. Dazu gehören zum Beispiel Planetenfreundschaften und Yogas.

Planetare Hauptaspekte

Sonne, Mond, Merkur, Venus	7.
Mars	4. 7. 8.
Jupiter	5. 7. 9.
Saturn	3. 7. 10.

Die wichtigste Regel lautet: Alle Planeten aspektieren das siebte Zeichen nach dem Zeichen, in dem sie stehen. Das ist ähnlich wie bei der Opposition (dem Aspekt von 180°) in der westlichen Astrologie.

Mars, Jupiter und Saturn, die fernen Planeten, besitzen spezielle Aspekte. Mars aspektiert nicht nur das siebte Zeichen, sondern auch das vierte und achte. Der vierte Aspekt ähnelt dem Quadrat (90°) der westlichen Astrologie. Der achte Aspekt ähnelt dem Quinkunx (150°) der westlichen Astrologie, aber diese zählt das Quinkunx nur rückwärts im Tierkreis, so dass sein wahrer Winkel 210° beträgt.

Jupiter hat spezielle Aspekte im fünften und neunten nachfolgenden Zeichen. Das sind die Trigone der westlichen Astrologie, sowohl vorwärts als auch rückwärts im Tierkreis gezählt. Saturn hat spezielle Aspekte im dritten und zehnten nachfolgenden Zeichen. Sein Aspekt auf dem dritten ähnelt dem Sextil (60°) der westlichen Astrologie, gilt aber nur für Planeten vor ihm. Sein zehnter Aspekt ist das Quadrat, jedoch nur rückwärts gezählt, so dass der echte Winkel 270° beträgt.

Rahu und Ketu erhalten meist keine speziellen Aspekte. Einige vedische Astrologen geben ihnen jedoch Aspekte wie Jupiter, also auf das fünfte und neunte Haus. Die Achse Rahu-Ketu ist jedoch immer wichtig. Jeder Planet, der mit einem Mondknoten zusammenfällt, steht zum anderen in Opposition.

SAMBANDHA ODER DIE VOLLSTÄNDIGE VERBINDUNG ZWISCHEN PLANETEN

In der Regel beurteilt die vedische Astrologie nur volle Aspekte. Wenn Planeten in einem vollen Aspekt stehen, spricht man von einer *sambandha*, einer vollständigen Verbindung. Diese Verbindung kann auch auf andere Weise zustande kommen. Wenn Planeten Zeichen tauschen, zum Beispiel wenn Jupiter im Widder steht, der vom Mars regiert wird, während Mars in den Fischen steht, deren Regent Jupiter ist, liegt ebenfalls eine vollständige Verbindung vor, die in der westlichen Astrologie Rezeption genannt wird – eine der mächtigsten, die es gibt.

KONJUNKTIONEN

Planeten, die einander sehr nahe sind, stehen in Konjunktion. In der vedischen Astrologie ist die Konjunktion kein Aspekt, weil Aspekte einen gewissen Abstand voraussetzen. Wie ein voller Aspekt ist die Konjunktion jedoch eine Art Beziehung zwischen Planeten und somit eine Sambandha. Und wie die Aspekte werden Konjunktionen hauptsächlich nach den Zeichen beurteilt; aber je näher die Planeten einander sind, desto stärker wird die Wirkung der Konjunktion.

HAUPT- UND NEBENASPEKTE

Alle Planeten aspektieren das siebte Zeichen vollständig. Auf das vierte und achte Zeichen üben sie ihren Einfluss nur zu drei Vierteln, auf das fünfte und neunte Zeichen nur zur Hälfte und auf das dritte und zehnte Zeichen nur zu einem Viertel aus.

Beim Mars gelten seine speziellen Aspekte, die an sich nur zu drei Vierteln zählen würden, als voll. Beim Jupiter gelten seine speziellen und normalerweise halben Aspekte als voll. Beim Saturn gelten seine speziellen, ansonsten nur zur Hälfte zählenden Aspekte als voll. Die übrigen zusätzlichen Aspekte dieser Planeten unterscheiden sich nicht von denen anderer Planeten.

Nebenaspekte werden in der Regel nicht gedeutet. Sie sind vor allem ein Faktor bei der Einschätzung der planetaren Stärke als Teil des Shadbala-Systems.

VERBRENNUNG

Planeten in enger Konjunktion zur Sonne „verbrennen". Sie werden geschwächt und verlieren manchmal ihre Macht. Für den Lebensbereich, den sie regieren, sind sie dann sehr ungünstig. Wenn zum Beispiel der Regent des Aszendenten verbrannt ist, schadet dies der Gesundheit. Ist der siebte Regent verbrannt, gefährdet er Partnerschaften.

Bei Mars, Jupiter und Saturn sprechen wir von Verbrennung, wenn der Orbis der Konjunktion 8°30' beträgt. Beim Mond, einem größeren Planeten, ist der Winkel 15°, bei Venus 4° und bei Merkur 2°. Manche vedischen Astrologen erweitern den Winkel, andere sind der Meinung, dass Planeten mit den Strahlen der Sonne verschmelzen und nicht mehr darunter leiden, wenn sie in enger Konjunktion (weniger als ein Grad) mit der Sonne stehen. Befindet sich ein Planet in einem günstigen Zeichen oder Haus, wird die Wirkung der Verbrennung gemildert.

Alle Planeten sind in einiger Entfernung von der Sonne günstiger. Das gilt vor allem für den Mond, den Merkur und die Venus, die zu- und abnehmen. So wie der Vollmond am stärksten ist, während der abnehmende Mond schwächer wird, sind auch Merkur und Venus am stärksten, wenn sie von der Sonne am weitesten entfernt sind, und ihre Kraft lässt nach, sobald sie sich der Sonne nähern. In gewissem Umfang gilt das auch für die anderen Planeten.

In der Nähe der Sonne werden die Strahlen eines Planeten von den mächtigen Sonnenstrahlen überlagert. Darum gilt die Konjunktion mit der Sonne als negativ für die Energie eines Planeten.

KRIEGE ZWISCHEN PLANETEN

Wenn zwei Planeten in Konjunktion stehen und ein Grad oder weniger voneinander entfernt sind, *führen sie Krieg.* Die Energie ihrer Strahlen prallt dann aufeinander, und der Planet mit dem niedrigeren Längengrad wird Sieger. Steht Mars beispielsweise bei 23°35' im Schützen und Venus bei 23°17', bleibt Venus die Siegerin. Benefizplaneten, die einen Krieg mit einem Malefizplaneten verloren haben, können sehr schwach werden. Haben sie den Krieg gewonnen, werden sie sehr stark. Für Sonne und Mond gelten diese Regeln nicht.

TRENNENDE PLANETEN

Sonne, Saturn, Rahu, Ketu und der Regent des zwölften Hauses nach dem Aszendenten sind *trennende* oder *separative* Planeten. Manche vedischen Astrologen fügen noch Mars hinzu, dessen Wirkung überwiegend negativ ist, oder sogar alle Malefizplaneten. Solche Planeten trennen uns von den Lebensbereichen, die sie beeinflussen.

Wenn diese trennenden Planeten die Faktoren aspektieren, die den Ehepartner symbolisieren (das siebte Haus und seinen Regenten oder den Signifikator des Partners, also Venus oder Jupiter), ist eine Trennung wahrscheinlich. Dauerhafte Beziehungen sind dann schwierig.

Wenn trennende Planeten das zehnte Haus und seinen Regenten aspektieren, droht Arbeitslosigkeit. Wenn sie das zweite Haus und seinen Regenten sowie Merkur aspektieren, leben sich Eltern und Kinder auseinander. Wenn sie das vierte Haus, seinen Regenten sowie den Mond und Merkur aspektieren, besteht die Gefahr, den Verstand zu verlieren. Wenn sie das fünfte Haus, seinen Regenten und Jupiter aspektieren, steht eine Trennung von den Kindern oder eine Operation der Fortpflanzungsorgane (besonders bei Frauen) bevor, sofern nicht Unfruchtbarkeit gegeben ist. Auf diese Weise können wir von den Eigenschaften jedes Hauses getrennt werden. Das ist noch wahrscheinlicher, wenn das gleiche Haus, vom Mondzeichen aus gezählt, ähnlich aspektiert ist.

Die Sonne macht unabhängig oder verbrennt. Saturn bewirkt Verluste, Entfremdung oder Distanz. Rahu zerstreut und zieht an, was fremd oder fern ist. Ketu zieht zusammen und macht negativ. Der Herrscher des zwölften Hauses bringt Verluste und Rückzug.

RETROGRADE BEWEGUNG

Da die Planeten eine andere Umlaufbahn haben als die Erde, scheinen sie sich manchmal im Tierkreis retrograd (rückläufig) zu bewegen. In der westlichen Astrologie verursachen retrograde Planeten meist Schwierigkeiten, Verzögerungen oder Hindernisse. Ein rückläufiger Merkur soll beispielsweise Kommunikationsprobleme hervorrufen.

Die Rückläufigkeit ist ein wenig umstritten. Retrograde Benefizplaneten verlieren einen Teil ihrer Kraft und werden unberechenbar. Der rückläufige Regent eines Aszendenten soll zum Beispiel die Gesundheit schwächen. Retrograde Malefizplaneten bleiben ungünstig und werden oft noch stärker. Manche sagen, bei rückläufigen Planeten werde die Energie „umgekehrt", andere meinen, retrograde Planeten verlören ihre Kraft, wenn sie erhöht seien und würden stärker, wenn sie erniedrigt seien.

Die Rückläufigkeit lenkt die Energie eines Planeten nach innen. Ein retrograder Merkur macht den Intellekt introvertiert und steigert vielleicht das Interesse an Geschichte oder Okkultismus. Wenn er verletzt ist, kann das Nervosität, Sprechstörungen oder Kommunikationsprobleme auslösen.

Retrograde Planeten symbolisieren Einflüsse aus der Vergangenheit. Vielleicht müssen wir eine karmische Schuld abtragen, ein altes Versprechen einhalten oder etwas bereinigen. Wir gehen dann nicht mit dem Einfluss des Planeten nach vorne, sondern müssen rückwärts oder nach innen gehen, um den Einfluss zu dämpfen.

PLANETARE YOGAS

Planetare Yogas sind in der vedischen Astrologie wichtiger als Aspekte. Es handelt sich um Planetenkombinationen, die viele Faktoren einschließen, etwa Häuser, Zeichen und Aspekte. Das Wort Yoga bedeutet „Kombination". Ein Yoga kann einfach oder komplex sein. Komplexe Yogas enthalten viele Faktoren und sind schwer zu erkennen und zu berechnen.

Die meisten Yogas werden in Bezug auf die Häuser definiert. Dabei berücksichtigt man gute und schlechte Häuser sowie die Regenten, vom Aszendenten an gezählt. Astrologische Bücher enthalten lange Listen, die Astrologen auswendig lernen. Doch selbst wenn Yogas im Horoskop vorkommen, werden sie erst durch unterstützende Faktoren wirksam. Es ist daher wichtiger, die Idee hinter den Yogas zu verstehen, als sie auswendig zu lernen.

Jede Deutung eines Horoskops besteht darin, alle Indikatoren zu korrelieren. Dadurch werden Yogas aufgebaut. Je mehr Faktoren eine Interpretation stützen, desto wahrscheinlicher wird sie. Dieses „yogische Denken", die Fähigkeit, Verbindungen herzustellen, müssen wir verstehen. Manche sehr starken Horoskope enthalten keine offenkundigen klassischen Yogas, wohl aber andere Kombinationen, die ihnen große Kraft geben. Die einfacheren Yogas sind nicht immer so einflussreich wie die komplexen, welche die Energie vieler Planeten integrieren.

EINGESCHLOSSENE PLANETEN

Wenn der Mond in der Waage, Saturn im Skorpion und Mars in der Jungfrau steht, ist der Mond von Malefizplaneten eingeschlossen, die ihn schwächen. Im Sanskrit heißt diese Situation *papakartari yoga*. Hier handelt es sich zwar nicht um einen Aspekt, aber die Wirkung ist einem Hauptaspekt vergleichbar. Der Mond wird also von diesen beiden Planeten stark beeinflusst und geschwächt. Planeten, die von Malefizplaneten eingeschlossen sind, können sich allerdings weitgehend befreien, wenn sie den Aspekt eines Benefizplaneten empfangen.

Ist der Mond von Jupiter und Venus eingeschlossen, schützen und stärken ihn diese Benefizplaneten. Das heißt im Sanskrit *shubhakartari yoga*. Solche Formationen müssen wir berücksichtigen, wenn wir planetare Einflüsse untersuchen, denn sie können planetare Yogas erzeugen.

Wenn alle Planeten zwischen Rahu und Ketu stehen, liegt ein *kalasarpa yoga* vor, die „Schlange der Zeit". Sie verursacht Unberechenbarkeit, unerwartete Schwierigkeiten und übersinnliche Fähigkeiten. Allerdings ist sie für sich allein nicht sehr stark und kann von anderen Faktoren überlagert werden.

RAJA YOGAS

Wir haben bereits besprochen, dass bestimmte Planeten für verschiedene Aszendenten Raja Yogas erzeugen können. Das Gleiche gilt, wenn mehrere Planeten sich zusammentun. Planetenkombinationen, die Eck- und Trigonhäuser regieren, erzeugen ebenfalls Raja Yoga, unabhängig von ihrer Natur. Die Kraft des Yogas nimmt jedoch ab, wenn die Planeten andere, schwierigere Häuser regieren oder anderweitig beeinträchtigt sind. Das Yoga ist meist am stärksten, wenn die Planeten Zeichen austauschen, zum Beispiel wenn der Regent des neunten Zeichens im zehnten und der Regent des zehnten im neunten steht. Rahu kann ebenfalls Raja Yoga erzeugen. Steht Rahu in einem Eckhaus und dessen Regent in einem Trigonhaus, liegt ein Raja Yoga vor. Manche nehmen das auch an, wenn Rahu in einem Trigonhaus und dessen Regent in einem Eckhaus steht.

UMGEKEHRTE RAJA YOGAS

Yogas werden nicht nur durch positive Indikatoren gebildet, sondern auch durch eine Kombination negativer Einflüsse, die einander neutralisieren. Die Häuser 6, 8 und 12 sind schwierige Häuser. Wenn ihre Regenten sich verbinden oder die Häuser tauschen, nehmen die Probleme zu. Eine Ausnahme sind die *viprita raja yogas*, die umgekehrten

Yogas. Wenn alle drei Regenten, vom Aszendenten und vom Mond aus gezählt, sich in einem dieser schwierigen Häuser versammeln, ist das ein sehr günstiges Zeichen, weil die drei schwierigen Regenten und sämtliche Probleme sich neutralisieren.

DHANA YOGAS – KOMBINATIONEN DES WOHLSTANDS

Dhana yogas hängen vom Regenten des zweiten Hauses ab, dessen Hauptbedeutung Wohlstand ist. Berücksichtigen müssen wir auch das elfte Haus als Haus des Einkommens, das fünfte als Haus der Spekulationsgewinne und das neunte als Glückshaus. Manchmal spielt auch das vierte Haus mit, das Besitz und Fahrzeuge symbolisiert. Wie die Raja Yogas entsteht auch dieses Yoga, wenn Häuserregenten sich verbinden, zum Beispiel der Regent des zweiten Hauses im elften und der Regent des elften im zweiten Haus.

DARIDRYA YOGAS – KOMBINATIONEN DER ARMUT

Diese Yogas entstehen, wenn Häuser des Wohlstands sich mit Häusern des Verlustes verbinden, etwa das zweite und elfte mit dem zwölften. Wenn der Regent des zweiten Hauses (Einkommen) im zwölften Haus (Verlust) steht und der Regent des zwölften im zweiten, haben wir ein Yoga der Armut. Malefizplaneten in Häusern des Wohlstands können dieses Yoga ebenfalls erzeugen, zum Beispiel der Regent des sechsten im fünften Haus oder der Regent des achten im neunten.

ARISTHA YOGAS – SCHWIERIGE KOMBINATIONEN

Aristha yogas sind schwierige Kombinationen, die viele Unannehmlichkeiten hervorrufen, vor allem Krankheiten. Sie entstehen hauptsächlich durch Häusertausch zwischen dem Regenten des Aszendenten (Indikator des Körpers) und den Regenten der schwierigen Häuser 6, 8 und 12. Kombinationen des sechsten, achten und zwölften Regenten untereinander sind ebenfalls eine mögliche Ursache. Der Mond in diesen Häusern hat die gleiche Wirkung und kann Krankheiten bei kleinen Kindern auslösen (diese Wirkung wird aufgehoben, wenn der Mond während einer Geburt bei Tag zunimmt oder während einer Geburt bei Nacht abnimmt).

SANNYASA YOGAS – KOMBINATIONEN DER ENTSAGUNG UND DER SPIRITUALITÄT

Einige Planetenkombinationen, auch ein paar ungünstige, steigern die Spiritualität im Horoskop. Ein einfaches *sannyasa yoga*, das Entsagung und Spiritualität symbolisiert, entsteht zum Beispiel, wenn vier oder mehr Planeten, einschließlich des zehnten Regenten, sich in einem Zeichen versammeln.

Der Mond in einem Zeichen des Saturn, das vom Mars aspektiert wird, oder der Mond in einem Zeichen des Mars, das vom Saturn aspektiert wird, ist ebenfalls ein Yoga dieser Art. Ungünstige Einflüsse auf den Mond fördern die Entsagung. Jeder Aspekt zwischen dem Mond und dem Mars oder Saturn trägt dazu bei. Die gleiche Kombination kann aber auch unglücklich machen, wenn keine weiteren spirituellen Faktoren sie stützen. Ungünstige Einflüsse auf das zweite, vierte oder zwölfte Haus, die Häuser des Genusses, kann die Spiritualität ebenfalls stärken.

YOGAS MIT DEM MOND

An vielen planetaren Yogas ist der Mond beteiligt. Er ist ein empfindsamer, geselliger und mütterlicher Planet. Ein einsamer Mond ist meist ungünstig, selbst wenn er ansonsten günstig steht. Der Mond im Krebs oder im Stier kann zum Beispiel ungünstig sein, wenn ihn keine Benefizplaneten beeinflussen.

Der Mond profitiert von Konjunktionen mit Benefizplaneten in benachbarten Zeichen. Besonders günstig ist es, wenn Jupiter nach dem Mond in einem Eckhaus steht (das nennt man *gaja kesari yoga).* Wird der Mond von Malefizplaneten, vor allem Saturn und Rahu, aspektiert oder eingeschlossen, leiden unser Verstand und unsere Gefühle mit ihm. Viele Probleme dieser Art entstehen auch, wenn der Aszendent ähnlich beeinflusst wird – ein weiteres Beispiel für ein Papakartari Yoga, das wir schon kennen gelernt haben. Ist der Mond von Benefizplaneten umgeben, verbessern sich alle seine Indikatoren.

MAHAPURUSHA YOGAS

Zu den häufigsten und nützlichsten Yogas gehören die *mahapurusha yogas,* Planetenkombinationen, die große Menschen hervorbringen. Sie liegen vor, wenn Planeten in ihrem eigenen Zeichen stehen oder erhöht sind und, vom Mond oder vom Aszendenten aus gesehen, gleichzeitig in einem Eckhaus stehen. Das gilt aber nur für die fünf Hauptplaneten, nicht für Sonne und Mond, die aber von diesen Positionen ebenfalls profitieren. Solche Kombinationen verstärken die Eigenschaften eines Planeten und übertragen seinen Charakter auf das Horoskop und den Menschen.

MARS – DAS RUCHAKA YOGA

Das Mahapurusha Yoga für Mars heißt *ruchaka yoga,* die strahlende Kombination. Sie schenkt uns starke marsianische Eigenschaften wie Mut, Entschlossenheit, Unabhängigkeit und Erfolg. Dieses Yoga finden wir oft im Horoskop von Marstypen, also bei Offizieren, Politikern, Anwälten, Wissenschaftlern und Managern. Manchmal wird es allerdings von den tamasischen Eigenschaften des Mars – Herrschsucht und Gewaltbereitschaft – begleitet, so dass es in spiritueller Hinsicht nicht immer günstig ist.

MERKUR – DAS BHADRA YOGA

Das Mahapurusha Yoga für Merkur heißt *bhadra yoga,* die günstige Kombination. Es schenkt uns starke merkurische Eigenschaften wie Sprachgewandtheit, Intelligenz, Humor, Humanismus und eine ausgewogene Psyche. Man sieht es häufig im Horoskop von Intellektuellen, Lehrern, Schriftstellern und Geschäftsleuten. Leider kann es auch die rajasische, nervöse Seite Merkurs verstärken und uns gierig machen.

JUPITER – DAS HAMSA YOGA

Das Mahapurusha Yoga für Jupiter heißt *hamsa yoga,* die Schwanenkombination. Der Schwan ist der Vogel des spirituellen Wissens. Dieses Yoga schenkt uns starke Jupiterqualitäten: eine Neigung zur Ethik, Philosophie oder Religion, Optimismus, Kreativität, Gesundheit, Glauben und Wohlstand. Wir sehen es oft im Horoskop von religiösen Menschen, Lehrern sowie liberalen Politikern und Managern, manchmal auch bei Unterhaltungskünstlern. Es gibt uns Freude und Mitgefühl, bisweilen auch Spiritualität, kann aber auch Egoismus und Oberflächlichkeit begünstigen.

VENUS – DAS MALAVYA YOGA

Das Mahapurusha Yoga für die Venus heißt *malava yoga.* Es schenkt uns Trost und Wohlstand, Geschick im Umgang mit Fahrzeugen und materiellen Ressourcen, Schönheit, Charme, Anmut, künstlerisches Talent und liebende Hingabe. Man findet es häufig im Horoskop von Künstlern, schönen Frauen, reichen oder einflussreichen Leuten und sogar manchen Politikern. Je nach Position kann es uns die höheren, aber auch die niedrigeren Eigenschaften der Venus vermitteln.

SATURN – DAS SHASHA YOGA

Das Mahapurusha Yoga für Saturn heißt *shasha yoga.* Es gibt uns Macht über andere Menschen, Autorität und die Fähigkeit, hart und erfolgreich zu arbeiten. Dieses Yoga kommt oft im Horoskop von Politikern und Unternehmern vor. Da Saturn ein grausamer Planet ist – es sei denn, Jupiter und der Mond sind stark –, kann sein Yoga uns selbstsüchtig, rücksichtslos oder destruktiv machen (Saturn in einem Eckhaus ist meist verdächtig). In günstiger Position verschafft es uns Losgelöstheit, spirituelle Einsicht und die Fähigkeit, still zu sein.

Mahapurusha Yogas fallen besonders im Horoskop berühmter Menschen auf. Aber sie sind nicht selten, und viele Horoskope haben wenigstens eines. Um wirksam zu sein, brauchen sie eine gute Position. Solche Yogas sind stärker, wenn der Planet im zehnten Haus oder im besten Eckhaus steht oder wenn das Yoga sowohl vom Aszendenten als auch vom Mond gebildet wird. Außerdem ist es hilfreich, wenn der Planet der letzte Dispositor im Horoskop ist oder über viele andere Planeten herrscht. Zusätzliche Kraft erwirbt das Yoga, wenn der Planet sich mit freundlichen oder ähnlichen Planeten verbindet, zum Beispiel Mars mit der Sonne oder Jupiter mit dem Mond. Es ist besser, wenn der Planet im Yoga gute Häuser regiert, vom Aszendenten aus gezählt.

Diese Kombinationen geben uns zwar Kraft und Macht in der äußeren Welt, aber nicht immer spirituelles Wissen, und sie können uns stolz machen. Starke Malefizplaneten in Mahapurusha Yogas, etwa Mars und Saturn, können Tyrannen hervorbringen (siehe das Yoga für Mars im Horoskop Hitlers). Andererseits können uns geschwächte Planeten zwar

Probleme einbrocken, aber auch bescheiden machen. Viele spirituelle Menschen haben einen schwachen Jupiter im Steinbock.

KUJA DOSHA

In bestimmten Häusern ruft Mars Schwierigkeiten in der Ehe und in Beziehungen hervor. Das nennt man *kuja dosha,* Makel des Mars. Diese Häuser sind das erste, vierte, siebte, achte und zwölfte. Ausnahmen gibt es beim ersten Haus, wenn das Zeichen der Widder ist, beim vierten, wenn es Skorpion ist, beim siebten, wenn es Steinbock oder Fische ist, beim achten, wenn es Krebs ist und beim zwölften, wenn es Schütze ist. Diese Positionen kann man auch vom Mond aus zählen.

Diese Position des Mars deutet Konflikte in Beziehungen oder Probleme im Leben des Ehegatten an. Wer dieses Merkmal im Horoskop hat, sollte nur jemanden mit einem ähnlichen Merkmal heiraten. Mars im siebten Haus ist insofern am ungünstigsten (obwohl damit oft gesellschaftlicher Erfolg verbunden ist), und Mars im ersten oder achten Haus ist oft ebenfalls problematisch.

Mars im ersten Haus kann uns aggressiv oder streitsüchtig machen. Im siebten Haus kann er Konflikte in Beziehungen und Herrschsucht hervorrufen. Mars im achten Haus kann auf einen starken Geschlechtstrieb oder auf den frühen Tod des Partners hinweisen. Im vierten Haus weist er auf Aggressivität und häusliche Unzufriedenheit hin. Mars im zwölften Haus enthüllt verborgene Leidenschaft oder die Vergeudung der Lebenskraft.

Solche Positionen darf man jedoch nicht vorschnell deuten, weil sie in vielen Horoskopen auftauchen. Sie müssen von anderen negativen Einflüssen auf das siebte Haus, seinen Regenten und den Ehe-Signifikator verstärkt werden. Sie spiegeln eine eher passive Rolle einer Frau in der Gesellschaft wider und sind in unserer modernen Welt weniger zutreffend, weil die Frauen heute arbeiten müssen und daher einen starken Mars brauchen, der bei den meisten dieser Positionen vorhanden ist. Insofern kann ein Kuja Dosha einfach die Unabhängigkeit einer Frau bestätigen.

Wenn die Faktoren, die Beziehungen symbolisieren, von anderen Malefizplaneten gestört werden (Sonne, Saturn,Rahu oder Ketu) können Beziehungsprobleme auch ohne Kuja Dosha vorkommen. Diese Positionen können sogar noch schlimmer sein, etwa wenn die Sonne im siebten Haus steht, was eine Ehe oft unmöglich oder unglücklich macht.

SHADBALA – DIE BERECHNUNG PLANETARER KRÄFTE

Shadbala ist ein ausgeklügeltes Berechnungssystem, das uns hilft, die Stärken und Schwächen von Planeten zu bestimmen. Es ist wohl das raffinierteste und genauste astrologische System dieser Art und wahrscheinlich auch das zuverlässigste. Obwohl es für eine genau astrologische Deutung nicht unbedingt notwendig ist, liefert es uns wertvolle Informationen. Da die Berechnungen sehr komplex sind und großes Geschick und viel Zeit erfordern, kann ich das System hier nur umreißen.

Ein Planet mit viel Shadbala hat im Horoskop große Kraft, und zwar je nach seiner Natur eine günstige oder eine ungünstige. Ein Planet mit wenig Shadbala bewirkt wenig, kann aber Krankheiten oder Schwierigkeiten hervorrufen. Zusammen mit dem Shadbala müssen wir die Zeichen, Häuser, Aspekte und Yogas berücksichtigen. Shadbala ist eine Ergänzung, aber kein Ersatz für die eingehende Prüfung eines Horoskops. Es sagt uns, ob ein Planet genügend Kraft hat, um seine Rolle im Horoskop zu erfüllen. Das Horoskop sagt uns, um welche Rolle es sich handelt und ob sie gewöhnlich oder außergewöhnlich ist. Ein Planet mit viel Shadbala ist trotzdem ungünstig, wenn er zum Beispiel unter dem schlechten Einfluss eines Aspekts oder einer Kombination steht. Er kann den Charakter sogar etwas einseitig machen. Ich habe schon Horoskope gesehen, in denen die Sonne sehr viel Shadbala besaß, aber die betreffenden Menschen sehr egoistisch waren.

SHADBALA-FAKTOREN

Shadbala kennt sechs Faktoren der Stärke:

1. Positionsstärke – *sthana bala*
2. Richtungsstärke – *dig bala*
3. Zeitliche Stärke – *kala bala*
4. Bewegungsstärke – *chesta bala*
5. Natürliche Stärke – *naisargika bala*
6. Aspektstärke – *drik bala*

1. Die Positionsstärke

Sie setzt sich ihrerseits aus fünf Faktoren zusammen:

1. Erhöhungsstärke (*uccha bala*): Wie weit ist der Planet von seiner Erhöhung entfernt?

2. Segmentstärke (*saptavargaja bala*): die Stärke in den sieben Segmenthoroskopen.
3. Stärke nach geraden oder ungeraden Zeichen (*ojayugmarasyamsa bala*).
4. Eckstärke (*kendra bala*): die Stärke nach der Hausposition.
5. Dekanatstärke (*drekkana bala*): die Stärke nach der Position des Dekanats.

2. Die Richtungsstärke

Dies ist eines der wichtigsten Elemente der planetaren Stärke oder Schwäche. Es hilft uns, die Macht der Planeten in den Häusern zu verstehen. Dieselben Planeten werden in den gegenüberliegenden Häusern oder in der anderen Richtung schwächer.

Richtungsstärke

Osten	erstes Haus	Merkur, Jupiter
Süden	zehntes Haus	Sonne, Mars
Norden	viertes Haus	Mond, Venus
Westen	siebtes Haus	Saturn

3. Die zeitliche Stärke

Dies ist eine Kombination aus neun Faktoren, die auf der Geburtszeit in Stunden, Tagen, Monaten und Jahren sowie auf der Stärke der Planeten zu diesen Zeiten oder als Regenten basiert.

1. Tag-Nacht-Stärke – *nathonnatha bala*
2. Monatsstärke – *paksha bala*
3. Vier-Stunden-Stärke – *tribanga bala*
4. Stärke des Jahresregenten – *abdadhipati bala*
5. Stärke des Monatsregenten – *masadhipati bala*
6. Stärke des Tagesregenten – *varadhipati bala*
7. Stärke des Stundenregenten – *hora bala*
8. Deklinationsstärke – *ayana bala*
9. Stärke nach Planetenkriegen – *yuddha bala*

4. Die Bewegungsstärke

Dies ist der komplizierteste Shadbala-Faktor. Er hat etwas mit der Bewegung der Planeten um die Sonne zu tun, einschließlich der Rückläufigkeit.

5. Die natürliche Stärke

Diese ist für alle Horoskope gleich. Die Sonne ist der stärkste Planet, dann folgen Mond, Venus, Jupiter, Merkur, Mars und Saturn in Übereinstimmung mit ihrer scheinbaren Helligkeit.

6. Die Aspektstärke

Diese richtet sich nach dem Bogen des Aspekts im Verhältnis zu den erweiterten Regeln der Aspektbestimmung. Sie soll die Berechnung der Aspekte im Horoskop nicht ersetzen.

Merkur

Er ist grün gekleidet und hat einen grünen Leib mit vier Armen. Er ist die Inkarnation Vishnus, des Yogis, und reitet auf einem Löwen mit Elefantenrüssel. In den Händen hält er ein Schwert und ein Buch. Er ist der Sohn des Mondes und trägt einen Smaragd auf dem Haupt. Seine Hand ist zum Segen erhoben. Möge der göttliche Merkur uns immer gnädig sein.

10
Segmenthoroskope

DIE FEINABSTIMMUNG DES GEBURTSHOROSKOPS

In der vedischen Astrologie werden mindestens zwei Horoskope berechnet: das grundlegende Geburtshoroskop *(rashi chakra)* und das neunte Segmenthoroskop *(navamsha)*. Oft untersucht man sechs bis sechzehn solche Horoskope. Segmenthoroskope liefern uns spezifische Details, wenn wir die Einflüsse der Planeten bestimmen. Das vedische System beurteilt die Positionen nur nach Zeichen, aber einige Computerprogramme berechnen sie auch nach Graden. Da die Berechnung dieser Horoskope zeitraubend ist, sollte man dafür einen Computer verwenden. Nachfolgend beschreibe ich die allgemeinen Regeln.

Das zweite Segmenthoroskop oder Hora

Die *hora* ist das grundlegendste Segmenthoroskop. Die erste Hälfte der ungeraden Zeichen, etwa der Widder, wird von der Sonne regiert, die zweite Hälfte vom Mod. Die erste Hälfte der geraden Zeichen, z. B. der Stier, wird vom Mond regiert, die zweite Hälfte von der Sonne.

Steht Mars beispielsweise bei 20°15' Jungfrau, also in der zweiten Hälfte eines geraden Zeichens, befindet er sich in der Hora der Sonne. Dieses Horoskop nennt also nur den solaren oder lunaren Status eines Planeten und ordnet sie keinem Zeichen zu wie die anderen Segmenthoroskope.

Das dritte Segmenthoroskop oder Drekkana

Das Dekanat, im Sanskrit *drekkana*, ist ein wichtiges Segmenthoroskop. Das erste Drittel (00° bis 10°) eines Zeichens wird von ihm selbst regiert. Ds mittlere Drittel (10° bis 20°) wird vom folgenden Zeichen desselben Elements regiert. Das letzte Drittel (20° bis 30°) wird vom letzten Zeichen desselben Elements regiert.

Das erste Drittel des Schützen liegt zum Beispiel im Dekanat des Schützen, das zweite Drittel im Dekanat des Widders und das dritte Drittel im Dekanat des Löwen. Wenn Saturn in einem Geburtshoroskop bei 15°20' im Schützen steht, befindet er sich im Dekanat des Widders.

Das vierte Segmenthoroskop oder Chaturtamsha

Jedes Zeichen wird in vier gleiche Teile geteilt. Das erste Viertel, 00° bis 07°30', ist das Gleiche wie das Zeichen selbst. Das zweite Viertel, 07°30' bis 15°, steht unter dem nächsten Zeichen mit der gleichen Eigenschaft (kardinal, fest oder veränderlich). Das dritte Viertel, 15° bis 22°30', steht unter dem folgenden Zeichen mit der gleichen Eigenschaft. Das vierte Viertel, 22°30' bis 30°, steht unter dem letzten Zeichen mit der gleichen Eigenschaft.

Zum Beispiel liegt das erste Viertel des Widders im Widder, das zweite Viertel im Krebs, das dritte Viertel in der Waage und das letzte im Steinbok. Wenn Venus auf 20°15' Widder steht, befindet sie sich im dritten Viertel des Charturtamshas, dem der Waage, dem dritten kardinalen Zeichen (beginnend mit Widder gezählt).

Das siebte Segmenthoroskop oder Saptamsha

Jedes Zeichen wird in sieben gleiche Teile zu je 04°17'09" eingeteilt. Das erste Siebtel der ungeraden Zeichen wird vom Zeichen selbst regier, der Rest folgt den Zeichen gemäß ihrer Reihenfolge im Tierkreis. Das erste Siebtel der geraden Zeichen entspricht dem siebten Zeichen nach ihm, und der Rest richtet sich wieder nach der natürlichen Reihenfolge.

Das erste Siebtel des Widders, eines ungeraden Zeichens, ist demnach Widder. Das zweite Siebtel ist Stier, das dritte Zwillinge und so weiter bis zur Waage. Das erste Siebtel des Stiers, eines geraden Zeichens, ist Skorpion, das siebte nachfolgende Zeichen. Das zweite Siebtel ist Schütze, das dritte Steinbock und so weiter bis zum Stier. Wir bewegen uns also lediglich in der normalen Reihenfolge durch den Tierkreis. Die *Saptamsha*-Segmente sind:

1. 00♈00′00″ – 04♈17′09″	2. 04♈17′09″ – 08♈34′17″
3. 08♈34′17″ – 12♈51′26″	4. 12♈51′26″ – 17♈08′34″
5. 17♈08′34″ – 21♈25′43″	6. 21♈25′43″ – 25♈42′52″
7. 25♈42′52″ – 30♈00′00″	

Wenn der Mond bei 25°10' im Stier steht, befindet er sich im sechsten Segment, also im Widder-Saptamsha (das sechste nach dem Skorpion).

Das neunte Segmenthoroskop oder Navamsha

Jedes Zeichen wird in neun gleiche Teile zu je 03°20' eingeteilt. Das erste Neuntel eines Zeichens wird vom Kardinalzeichen desselben Elements regiert. Dann folgen die restlichen Zeichen in der üblichen Reihenfolge.

Das erste Neuntel der Zwillinge (veränderlich, Luft) ist die Waage (kardinal, Luft), das zweite Neuntel ist Skorpion, das dritte ist Schütze und so weiter bis zu den Zwillingen am Ende als letztes Neuntel.

1. 00♈00′ – 03♈20′	2. 03♈20 – 06♈40′	3. 06♈40′ – 00♈00′
4. 10♈00′ – 13♈20′	5. 13♈20 – 16♈40′	6. 16♈40′ – 20♈00′
7. 20♈00′ – 23♈20′	8. 23♈20 – 26♈40′	9. 26♈40′ – 30♈00′

Wenn Jupiter bei 22°40' im Skorpion steht, befindet er sich im siebten Navamsha. Da der Skorpion ein festes Wasserzeichen ist, ist sein erstes Neuntel Kebs (kardinal, Wasser). Sein siebtes Neuntel ist Steinbock.

Das zehnte Segmenthoroskop oder Dashamsha

Jedes Zeichen wird in zehn gleiche Teile zu je 3° eingeteilt. Das erste Zehntel der ungeraden Zeichen regiert sich selbst. Das erste Zehntel der geraden Zeichen wird vom neunten nachfolgenden Zeichen regiert. Auch hier zählen wir nur die Zeichen in ihrer normalen Reihenfolge ab. Das erste Zehntel des Widders regiert demnach der Widder selbst.

Das erste Zehntel oder *dashamsha* der Zwillinge sind die Zwillinge. Das erste Zehntel des Krebses sind die Fische. Das erste Zehntel des Löwen ist der Löwe, das erste Zehntel der Jungfrau ist der Stier. Das erste Zehntel der Waage ist die Waage, das erste Zehntel des Skorpions ist der Krebs. Das erste Zehntel des Schützen ist der Schütze, das erste Zehntel des Steinbocks ist die Jungfrau. Das erste Zehntel des Wassermanns ist der Wassermann, das erste Zehntel der Fische ist der Skorpion.

1. 00°00' – 03°00'	2. 03°00' – 06°00'	3. 06°00' – 09°00'
4. 09°00' – 12°00'	5. 12°00' – 15°00'	6. 15°00' – 18°00'
7. 18°00' – 21°00'	8. 21°00' – 24°00'	9. 24°00' – 27°00'
10. 27°00' – 30°00'		

Wenn die Sonne zum Beispiel bei 08°30' in den Zwillingen steht, befindet sie sich im dritten Dashamsha, das der Löwe regiert.

Das zwölfte Segmenthoroskop oder Dwadashamsha

Jedes Zeichen wird in gleiche Segmente zu je 02°30' eingeteilt. Das erste Zwölftel jedes Zeichen wird vom Zeichen selbst regiert, der Rest wird in der normalen Reihenfolge abgezählt.

1. 00°00' – 02°30'	2. 02°30' – 05°00'	3. 05°00' – 07°30'
4. 07°30' – 10°00'	5. 10°00' – 12°30'	6. 12°30' – 15°00'
7. 15°00' – 17°30'	8. 17°30' – 20°00'	9. 20°00' – 22°30'
10. 22°30' – 25°00'	11. 25°00' – 27°30'	12. 27°30' – 30°00'

Wenn Merkur bei 09°35' in der Jungfrau steht, befindet er sich im vierten *dwadashamsha*, das der Schütze regiert.

Das sechzehnte Segmenthoroskop oder Shodashamsha

Jedes Zeichen wird in sechzehn gleiche Segmente zu je 01°52'30" eingeteilt. Das erste Sechzehntel aller Kardinalzeichen beginnt mit Widder, das aller festen Zeichen mit dem Löwen, das aller veränderlichen Zeichen mit dem Schützen. Der Rest wird wie üblich abgezählt.

Das zwanzigste Segmenthoroskop oder Vimshamsha

Jedes Zeichen wird in zwanzig gleiche Segmente zu je 01°30' eingeteilt. Das erste Zwanzigstel aller Kardinalzeichen beginnt mit dem Widder, das aller festen Zeichen mit dem Schützen und das aller beweglichen Zeichen mit dem Löwen. Der Rest wird wie üblich abgezählt.

Das vierundzwanzigste Segmenthoroskop oder Siddhamsha

Jedes Zeichen wird in vierundzwanzig gleiche Segmente zu je 01°15' eingeteilt. Alle ungeraden Zeichen beginnen mit dem Löwen, alle geraden Zeichen mit dem Krebs. Der Rest wird wie üblich abgezählt.

Das siebenundzwanzigste Segmenthoroskop oder Bhamsha

Jedes Zeichen wird in siebenundzwanzig gleiche Segmente zu je 01°06'40" eingeteilt. Alle Feuerzeichen beginnen mit dem Widder, alle Erdzeichen mit dem Krebs, alle Luftzeichen mit der Waage und alle Wasserzeichen mit dem Steinbock. Der Rest wird wie üblich abgezählt.

Das dreißigste Segmenthoroskop oder Trimshamsha

Dieses Horoskop hat eine Besonderheit: Es gibt keine *trimshamsha* im Krebs und im Löwen.

Gerade Zeichen	**Ungerade Zeichen**
00♈00' – 05♈00' Widder	00♈00' – 05♈00' Stier
05♈00' – 10♈00' Wassermann	05♈00' – 12♈00' Jungfrau
10♈00' – 18♈00' Schütze	12♈00' – 20♈00' Fische
18♈00' – 25♈00' Zwillinge	20♈00' – 25♈00' Steinbock
25♈00' – 30♈00' Waage	25♈00' – 30♈00' Skorpion

Das vierzigste Segmenthoroskop oder Khavedamsha

Jedes Zeichen wird in vierzig gleiche Segmente zu je 45' eingeteilt. Alle ungeraden Zeichen beginnen mit Widder, alle geraden mit Waage. Der Rest wird wie üblich abgezählt.

Das fünfundvierzigste Segmenthoroskop oder Aksha Vedamsha

Jedes Zeichen wird in 45 Segmente zu je 40' eingeteilt. Alle Kardinalzeichen beginnen mit dem Widder, alle festen Zeichen mit dem Löwen, alle veränderlichen Zeichen mit dem Schützen. Der Rest wird wie üblich abgezählt.

Das sechzigste Segmenthoroskop oder Shastyamsha

Jedes Zeichen wird in 60 Segmente zu je 30' eingeteilt. Jedes Zeichen beginnt mit sich selbst. Der Rest wird wie üblich abgezählt.

Diese sechzehn Segmenthoroskope (einschließlich des Geburtshoroskops oder Rashi Chakra) werden *shodashavarga* genannt, die Gruppe der Sechzehn. *Shadvarda*, die Gruppe der Sechs, besteht aus dem Geburtshoroskop und dem zweiten, dritten, neunten, zwölften und dreizehnten Segmenthoroskop. Wenn man das siebte hinzufügt, wird daraus *saptavarga*, die Gruppe der Sieben. Fügt man auch das zehnte, sechzehnte und sechzigste hinzu, entsteht *dashavarga*, die Gruppe der Zehn.

Die am häufigsten benutzten Segmenthoroskope sind das erste, zweite, dritte, vierte, siebte, zehnte, zwölfte und dreizehnte (Rashi, Hora, Drekkana, Chaturtamsha, Saptamsha, Dashamsha, Dwadashamsha und Trimshamsha). Die Segmenthoroskope haben ihre eigenen Gottheiten, die bei esoterischen Deutungen herangezogen werden.

DER UMGANG MIT DEN SEGMENTHOROSKOPEN

Segmenthoroskope werden benutzt, um die Deutung des Geburtshoroskops zu verfeinern, vor allem um die Stärke der Planeten zu bestimmen. Planeten werden stärker, wenn sie im Zeichen ihrer Erhöhung, in ihrem eigenen Zeichen oder im Zeichen ihrer Freunde stehen; sie werden schwächer, wenn sie im Zeichen ihrer Feinde oder ihres Falls stehen.

Wir können die Zeichen untersuchen, in denen jeder Planet in jedem Segmenthoroskope steht. Sie werden nach den gleichen Regeln der Planetenfreundschaft und -feindschaft beurteilt wie im Geburtshoroskop. Außerdem hat jedes Segmenthoroskop spezielle Anwendungsbereiche und konzentriert sich auf einen bestimmten Lebensbereich.

Die Position des Aszendenten in diesen Horoskopen ist der wichtigste Faktor. Aber darauf können wir in den subtilen Segmenten (vor allem wenn sie jenseits des zwölften Segmenthoroskops liegen) nur dann vertrauen, wenn die exakte Geburtszeit bekannt ist. Schon ein Fehler von fünf Minuten verändert den Aszendenten in allen Segmenthoroskopen jenseits des zwölften. Darum richten wir uns in diesen subtilen Horoskopen oft mehr nach der Position des Mondes und des Atmakaraka. Wir machen daraus den Aszendenten und lesen die Häuser entsprechend ihrer Position.

Da die fernen Planeten sich langsam bewegen, können wir auch ihre subtilen Segmente genau berechnen. Sie sind häufig aufschlussreicher als die Position ihres Zeichens im Geburtshoroskop. Die Position des Jupiter und des Saturn in den subtilen Segmenten ist wichtig, wenn wir nach dem Glück im Allgemeinen fragen.

Das Rashi-Horoskop

Dies ist das Grundhoroskop, auf das alle Segmenthoroskope sich beziehen. Was im Geburtshoroskop zu sehen ist, wird von den Segmenthoroskopen verstärkt oder abgeschwächt, aber nicht überlagert. Segmenthoroskope dienen der Feinabstimmung des Geburtshoroskops; sie können es nicht radikal ändern. Das Geburtshoroskop bestimmt immer den Bereich ihrer Wirkung und sollte stets im Auge behalten werden. Segmenthoroskope gleichen eine Reihe von konzentrischen Kreisen, und das Geburtshoroskop ist der äußerste Kreis. Die subtilen Horoskope sind also im großen enthalten.

Hora

Da seine Segmente von der Sonne oder vom Mond regiert werden, enthüllt das Hora-Horoskop, wie die Natur der Planeten beschaffen ist: solar oder lunar, yang oder yin, aktiv oder passiv, männlich oder weiblich, individuell oder sozial, intellektuell oder emotional.

Männliche Planeten wie Sonne, Mars und Jupiter sind in der Hora der Sonne stärker. Die weiblichen Planeten - Mond, Venus und Saturn – sind in der Hora des Mondes stärker. Der veränderliche Merkur passt zu beiden Horas; welche er vorzieht, hängt davon ab, unter welchem Einfluss er steht.

Die solaren Planeten ermutigen uns, auf unsere innere Kraft zu vertrauen und initiativ zu werden. Die lunaren Planeten bewirken, dass wir uns eher auf soziale Einflüsse und auf die Familie verlassen und mehr in der Vergangenheit leben. Wer zu wenige Planeten in den solaren Segmenten hat, wird für seine Arbeit nicht anerkannt. Wenn zu wenige Planeten in den lunaren Segmenten stehen, sind Unverständnis und unverdiente Anerkennung die Folge.

Dem Hora-Horoskop wird oft ein Einfluss des zweiten Hauses zugeschrieben, das Wohlstand symbolisiert. Wenn der Regent des zweiten Hauses in seiner richtigen Hora steht, ist er für die Domänen des zweiten Hauses günstiger. Hora bedeutet Stunde (vgl. englisch *hour*). Da jedes Zeichen zwei Stunden des Tages regiert (das ist die Zeit, die ein Aszendent benötigt, um ein Zeichen zu durchlaufen), herrscht jede Hora etwa über eine Stunde.

Drekkana

Das dritte Segmenthoroskop oder Dekanat entspricht hinsichtlich seiner Bedeutung dem dritten Haus, das Geschwister, Freunde und Verbündete symbolisiert. Es zeigt, ob wir fähig sind, in einem Team zu arbeiten, um ein Ziel zu erreichen, und es gibt Auskunft über unsere Energie, unsere Neugier und unseren Mut.

Die Position des Regenten des dritten Hauses im Geburtshoroskop untersuchen wir im Drekkana-Horoskop, ebenso die des Mars, denn er ist der natürliche Indikator des dritten Hauses. Die Position des Regenten des Drekkana-Aszendenten untersuchen wir im Geburtshoroskop. Das ist wichtig, damit wir uns ein Bild von den Geschwistern machen können.

Das Drekkana ist außerdem nützlich, um die Position der Sonne, des Mondes und des Aszendenten näher zu beleuchten. Wenn zum Beispiel der Wassermann der Aszendent ist und die Zwillinge der Dekanat sind, kommt die kommunikative und intellektuelle Macht der Zwillinge im humanitären Einfluss des Wassermanns zum Ausdruck. Wenn viele Planeten im selben Zeichen stehen, können wir ihre Wirkung anhand ihrer Dekanatspositionen genauer beurteilen. Spezielle Dekanatssymbole sind wichtig in der Stundenastrologie und als allgemeine Hilfsmittel der Deutung.

Chaturtamsha

Das harmonische Viertel symbolisiert wie das vierte Haus das allgemeine Wohlbefinden, die Gefühle, das Heim und das Glücklichsein. Wenn Benefizplaneten wie Jupiter und Venus oder die Regenten günstiger Häuser in diesem Horoskop stark sind, wird das Wohlbefinden gefördert.

Die Position des Mondes, der Merkur und des Regenten des vierten Hauses sollten wir hier unter die Lupe nehmen und daraus auf die emotionale Zufriedenheit und auf das seelische Wohl schließen. Dieses Segmenthoroskop wird auch vor dem Kauf eines Hauses oder Fahrzeugs herangezogen.

Saptamsha

Das siebte Segmenthoroskop informiert über Kinder und Enkel. Auch das ist nicht wörtlich zu nehmen. Es geht um die schöpferischen Projekte im Allgemeinen, und diese hängen bei den meisten Menschen mit der Fortpflanzung zusammen. In diesem Horoskop sehen wir unsere kreativen Fähigkeiten und erfahren, in welchem Umfang wir sie verwirklichen können.

Die Position des fünften Regenten im Geburtshoroskop ist im Saptamsha wichtig, wenn wir das Leben der Kinder beurteilen. Andererseits ist auch die Position des Saptamsha-Regenten (er ist der Regent des Saptamsha-Aszendenten) im Geburtshoroskop bedeutsam.

Navamsha

Das Navamsha-Horoskop ist das wichtigste Segmenthoroskop, denn es erhellt wie das Geburtshoroskop alle Lebensbereiche. Wenn wir zum Beispiel mehr über die Kinder wissen wollen, prüfen wir das fünfte Haus im Navamsha und im Geburtshoroskop. Wenn uns die Karriere interessiert, schauen wir uns das zehnte Haus im Navamsha und im Geburtshoroskop an.

Das Navamsha enthüllt die Beziehung zwischen dem Geburtshoroskop und den Nakshatras. Jedes Navamshazeichen entspricht einem Viertel (3°20') der Nakshatra. Zwölfmal neun Navamshas sind gleich siebenundzwanzig mal vier Nakshatra-Viertel (108). Wohl darum ist das Navamsha so wichtig.

Traditionell symbolisiert das Navamsha die Ehe und den Partner, unsere Beziehungen und das, was uns „ganz macht". Er informiert vor allem über unsere Fähigkeit, innere oder spirituelle Werte mit anderen zu teilen. Wenn wir die Navamsha-Horoskope von Partnern vergleichen, bekommen wir einen Eindruck davon, ob sie spirituell zueinander passen.

Die Indikatoren des Navamsha sind die des neunten Hauses. Es zeigt unser Dharma, also unsere spirituelle oder religiöse Natur, und es spiegelt die Seele und ihre hohen Ziele wider, so wie das Geburtshoroskop das Wesen dieser Inkarnation und des Ichs widerspiegelt. Da es die Kräfte aufdeckt, die uns innerlich antreiben, gibt es brauchbare Hinweise auf unsere Zukunft und auf die Entwicklung der Seele. Oft verrät das Navamsha genauer als das Geburtshoroskop, wer wir wirklich sind und was unsere Seele erreichen will.

Wer ein starkes Navamsha und ein schwaches Geburtshoroskop hat, kann sein begrenztes Potenzial gut nutzen. Ein schwaches Navamsha und ein starkes Geburtshoroskop zeigen, dass ein großes Potenzial schwer zu verwirklichen ist. Die Positionen des Jupiters, der das neunte Haus regiert, und des Atmakaraka (Signifikator des Selbstes) im Navamsha sind besonders wichtig. Mit diesem Horoskop können wir alle planetaren Jaimini-Signifikatoren beurteilen.

Ist ein Planet sowohl im Geburtshoroskop als auch im Navamsha stark, ist das sehr vorteilhaft. Steht ein Planet in seinem eigenen Zeichen oder ist er im Geburtshoroskop erhöht, im Navamsha jedoch erniedrigt, wird das Navamsha zwar geschwächt, aber es bleibt dennoch ziemlich stark. Ein Planet, der in beiden Horoskopen im gleichen Zeichen steht, gilt als stark. Man nennt ihn *vargottama*, „im besten Segment".

Dashamsha

Das zehnte Segmenthoroskop ähnelt dem zehnten Haus sehr, was seine Bedeutung betrifft. Es zeigt, welchen Einfluss wir auf die Welt haben und welchen Einfluss unser Karma auf unser Leben hat. Da es Macht, Status und Erfolg symbolisiert, ist es wichtig bei der Beurteilung des Berufs und der Karriere. Das Dashamsha wird am besten mit dem zehnten Haus sowie seinem Regenten, der Sonne, im Geburtshoroskop gedeutet, aber auch mit Merkur, Jupiter und anderen Faktoren, die mit dem Beruf zu tun haben. Ist der Planet, der im Geburtshoroskop das zehnte Haus regiert, im Dashamsha stark, verspricht er große Taten und große Erfolge.

Dwadashamsha

Dies ist das Horoskop des Schicksals und des Karmas. Es symbolisiert die Eltern, aber auch unsere „Konditionierung" einschließlich der Erbanlagen und der Einflüsse aus vergangenen Existenzen. Man könnte es als Register des vorigen Lebens bezeichnen, sogar als Geburtshoroskop der letzten Inkarnation. Hier erfahren wir, was die Seele in dieses Leben mitgebracht hat und aus welchen karmischen Gründen wir einen bestimmten Charakter und ein bestimmtes Schicksal haben.

Man kann das Geburtshoroskop für das derzeitige Leben, das neunte Segmenthoroskop für das künftige und das zwölfte für das vergangene benutzen und auf diese Weise die Entwicklung der Seele verfolgen. Das neunte Haus im Dwadashamsha gibt Auskunft über den Vater, das vierte Haus über die Mutter. Beide sollte man mit den Häusern im Geburtshoroskop vergleichen.

Shodashamsha

Sechzehn ist viermal vier; darum informiert uns dieses Horoskop über die Domänen des vierten Hauses: Glücklichsein, Heim, Besitz und Fahrzeuge. Man benutzt es wie das vierte Segmenthoroskop. Ist der Regent des vierten Hauses in diesem Horoskop stark, dann fördert er die Domänen des vierten Hauses. Wichtig ist dieses Horoskop auch in der Psychologie, weil es uns sagt, wie es um die geistige Stabilität und die emotionale Zufriedenheit bestellt ist.

Vimshamsha

Dies ist das Horoskop der *upasana*, der hingebungsvollen Meditation. Es enthüllt die religiöse Entwicklung der Seele seit dem vorherigen Leben und unser Talent für *bhakti yoga*, den Yoga der liebenden Hingabe. Außerdem zeigt es, wie *shakti*, die Energie der Göttin, in unserem Leben wirkt, und ob wir fähig sind, uns dem göttlichen Willen zu unterwerfen. Dieses Horoskop beantwortet auch die Frage, in welcher Form wir das

Göttliche verehren und wie groß unsere schöpferische und künstlerische Begabung ist.

Zwanzig ist fünfmal vier. Darum hat dieses Horoskop eine ähnliche Bedeutung wir das fünfte Haus, und wir müssen hier die Faktoren prüfen, die mit dem fünften Haus, seinem Regenten und Jupiter zusammenhängen. Hier zeigt sich, zu welcher Freude, Liebe und schöpferischen Kraft die Seele imstande ist.

Siddhamsha

Nach der Überlieferung symbolisiert dieses Horoskop geistige und meditative Errungenschaften einschließlich der *siddhis*, der übersinnlichen Kräfte. Es ist auch das Horoskop des spirituellen Wissens, das uns über die spirituelle Entwicklung der Seele und unser Talent für *jnana yoga*, den Yoga des Wissens, unterrichtet. Starke Planeten fördern hier die paranormalen und spirituellen Fähigkeiten.

In diesem Horoskop wird auch die Bildung eines Menschen sichtbar. Ob das erworbene Wissen spiritueller oder materieller Art ist, hängt von der Persönlichkeit ab, die wir in Geburtshoroskop untersuchen.

Die Position des neunten Regenten, des Merkur und des Jupiter sowie des Atmakaraka sind hier wichtig. Zwischen dem zwanzigsten und dem vierundzwanzigsten Segmenthoroskop enthüllen sich viele Geheimnisse der spirituellen Entwicklung.

Bhamsha

Dieses Horoskop bestimmt die Stärke der Planeten im Vergleich zu den Nakshatras, in denen sie stehen. Es ist eine weitere Feinabstimmung des Navamsha (das ein Viertel der Nakshatras beleuchtet). Hier entdecken wir die Stärken und Schwächen des Mondes und erfahren mehr über planetare Signifikatoren.

Trimshamsha

Dieses Horoskop des Unglücks, der Feindschaft und der Krankheit warnt vor Gefahren. Große Gesundheitsprobleme oder Verletzungen deuten sich hier in ungünstigen Planetenpositionen an.

Die Macht der Regenten des dritten, sechsten, achten und elften Hauses wird hier sichtbar, und hier untersuchen wir auch Planeten im sechsten, achten oder zwölften Haus des Geburtshoroskops. Wenn sie im Trimshamsha eine schlechte Position haben, sind sie wahrscheinlich ungünstiger.

Khavedamsha

Bei diesem Horoskop geht es um besonders günstige oder ungünstige Einflüsse von Planeten, um gute und schlechte Gewohnheiten und um emotionale und psychologische Neigungen. Da viermal zehn gleich vierzig ist, symbolisiert es zugleich die Domänen des vierten Hauses.

Aksha Vedamsha

Hier können wir alle allgemeinen Befunde näher analysieren, vor allem die moralische und ethische Einstellung. Das neunmal fünf gleich fünfundvierzig ist, informiert dieses Horoskop uns wie das fünfte und neunte Haus auch ber gutes und schlechtes Karma. Hier erfahren wir, welche der drei wichtigsten Gottheiten – Brahma (der Schöpfer), Vishnu (der Erhalten) und Shiva (der Zerstörer) – uns nahe steht.

Shastyamsha

Dies ist das subtilste aller Segmenthoroskope. Damit beurteilt man oft Zwillinge. Hier müssen wir die planetaren Einflüsse besonders gründlich untersuchen.

Jupiter

Sein Gewand ist gelb wie sein Leib, und er hat vier Arme, der friedliche Lehrer der Götter. Der Elefant ist sein Reittier, und er hält einen Rosenkranz, einen Wassertopf und einen Stab in den Händen. Ein Saphir schmückt sein Haupt, und er macht eine segnende Geste. Möge der göttliche Jupiter uns immer gnädig sein.

11
Planetare Perioden

EINFLÜSSE DER PLANETEN IM LAUFE DER ZEIT

Die planetaren Perioden der vedischen Astrologie sind ein umfassendes und einfaches System, das es uns ermöglicht, die Einflüsse der Planeten während des ganzen Lebens zu beurteilen. Wir können sie anstelle der umständlichen Progressionen und Transite benutzen oder diesen zur Feinabstimmung hinzufügen. Die planetaren Perioden sind wohl das genauste System, wenn wir wissen wollen, wie die Wirkungen der Planeten sich im Laufe der Zeit und der Lebensphasen verteilen. Allein wegen der planetaren Perioden lohnt es sich, ein vedisches Horoskop erstellen zu lassen, und keine Deutung ist ohne sie vollständig. Wir alle sollten wissen, in welcher Periode wir uns befinden, und über den Verlauf unseres Lebens vor dem Hintergrund wechselnder Perioden nachdenken.

Ein vedischer Astrologe untersucht die planetaren Perioden immer. Dafür braucht er weder ein zusätzliches Horoskop noch Transite, denn sie kommen im Geburtshoroskop mit seinen Planetenpositionen zum Ausdruck. Das vedische Horoskop liefert uns eine Liste von planetaren Perioden, die einen Überblick über die Entwicklung planetarer Kräfte während des ganzen Lebens geben. Diese Perioden sind sehr nützlich, wenn wir unser Leben analysieren und langfristig planen wollen. Sie zeigen uns wichtige Übergänge im Leben und im Charakter. Die meisten Menschen erleben periodische Veränderungen. Manchmal verändert sich der Charakter zu bestimmten Zeiten drastisch. Die planetaren Perioden können solche Phänomene erklären. Einige Perioden unterscheiden sich so deutlich von anderen, dass das Schicksal, die Gesundheit oder die Persönlichkeit sich mit ihnen ändern.

Um die planetaren Perioden zu bestimmen, gibt es mehrere Methoden. Am häufigsten benutzt man das *vimshottari dasha,* den Zyklus der 120 Jahre, den ich hier erläutern möchte. Andere wichtige Dashas sind *yogini dasha* und *Jaimini chara dasha.* Insgesamt werden etwa ein Dutzend Dasha-Systeme verwendet. Die meisten Astrologen benutzen mehr als ein System, aber das Vimshottari ist das wichtigste. Es räumt jedem der neun Planeten eine Periode von 6 bis 20 Jahren ein. Die Reihenfolge ist die gleiche wie bei der Regentschaft der lunaren Konstellationen (Nakshatras), da die Perioden darauf basieren.

Vimshottari Dasha

Sonne – 6 Jahre	Mond – 10 Jahre	Mars – 7 Jahre
Rahu – 18 Jahre	Jupiter – 16 Jahre	Saturn – 19 Jahre
Merkur – 17 Jahre	Ketu – 7 Jahre	Venus – 20 Jahre

Für diese Perioden gibt es keine rationale Begründung. Auffällig ist, dass die Periode von Rahu, einem Schattenplaneten, die der Hauptplaneten bei weitem übertrifft. Wie dem auch sei, das System ist hat sich bewährt.

DIE BESTIMMUNG DER PLANETAREN PERIODEN

Planetare Perioden lassen sich am einfachsten mit einem Computerprogramm berechnen. Aber es ist auch ohne Computer nicht schwierig. Zuerst müssen wir die planetare Hauptperiode *(maha dasha)* bestimmen, in der wir uns befinden, dann die darin enthaltene Nebenperiode *(bhukti dasha)*. Die Nebenperiode können wir auf Wunsch in noch kleinere Abschnitte unterteilen.

Suchen Sie das Nakshatra (siehe Tabelle), in dem der Mond zum Zeitpunkt der Geburt stand. Wenn er beispielsweise bei 12°26' Jungfrau stand, ist Hasta sein Nakshatra. Sehen Sie in der Tabelle nach, welcher Planet Hasta regiert – es ist der Mond. Die planetare Hauptperiode bei der Geburt wurde also vom Mond regiert.

Nun rechnen Sie aus, wie viele weitere Grade und Minuten der Mond reisen muss, um das Nakshatra zu vollenden. Jedes Nakshatra ist 13°20' oder 800' lang. In diesem Fall beginnt Hasta bei 10°00' Jungfrau. Der Mond ist somit bereits durch 02°26' gewandert, und es bleiben noch 10°54' oder 654' übrig. Teilen Sie diesen Rest durch 800, und Sie wissen, welchen Teil der Periode in Prozent noch zurückzulegen sind (hier 0,8175 %).

Jetzt schlagen Sie in der Tabelle die Dauer der Periode des herrschenden Planeten nach. In unserem Beispiel regiert der Mond, dessen Periode 10 Jahre dauert, Hasta. Multiplizieren Sie diese Periode mit dem Prozentsatz der noch zu bewältigenden Konstellation (10 Jahre mal 0,8175 ergibt 8,175 Jahre).

Multiplizieren Sie dann die Zahl hinter dem Komma mit zwölf, und Sie erhalten die Monate (0,175 mal 12 = 2,1 Monate). Hier multiplizieren Sie die Zahl hinter dem Komma mit 30, um die Tage zu bekommen (0,1 mal 30 = 3 Tage). Jetzt wissen Sie, wie lange die planetare Periode seit der Geburt noch dauert (8 Jahre, 2 Monate und 3 Tage). Ist das Geburtsdatum zum Beispiel der 10. Oktober 1952, addieren Sie diese 8 Jahre, 2 Monate und 3 Tage, und Sie sehen, dass die Periode des Mondes mit der Geburt begann und am 13. Dezember 1960 endete.

Alle anderen Hauptperioden beginnen im gleichen Monat und am gleichen Tag, an dem die erste planetare Periode endet. In unserem Fallbeispiel beginnt also die siebenjährige Periode des Mars am 13. Dezember 1960. Am 13. Dezember 1967 folgt die Periode Rahus und so weiter.

Einige vedische Astrologen legen dabei ein Jahr mit 360 Tagen zugrunde. Dann sind die Dashas kürzer, und im mittleren Alter treten sie mehrere Monate früher ein als bei einem Jahr mit 365 Tagen.

Tabelle der planetaren Haupt- und Nebenperioden (Dashas und Bhuktis)

1. Sonnen-Dasha 6 Jahre

Sonne	0	3	18
Mond	0	6	0
Mars	0	4	6
Rahu	0	10	24
Jupiter	0	9	18
Saturn	0	11	12
Merkur	0	10	6
Ketu	0	4	6
Venus	1	0	0

2. Mond-Dasha 10 Jahre

Mond	0	10	0
Mars	0	7	0
Rahu	1	6	0
Jupiter	1	4	0
Saturn	1	7	0
Merkur	1	5	0
Ketu	0	7	0
Venus	1	8	0
Sonne	0	6	0

3. Mars-Dasha 7 Jahre

Mars	0	4	27
Rahu	1	0	18
Jupiter	0	11	6
Saturn	1	1	9
Merkur	0	11	27
Ketu	0	4	27
Venus	1	2	0
Sonne	0	4	6
Mond	0	7	0

4. Rahu-Dasha 18 Jahre

Rahu	2	8	12
Jupiter	2	4	24
Saturn	2	10	6
Merkur	2	6	18
Ketu	1	0	18
Venus	3	0	0
Sonne	0	10	24
Mond	1	6	0
Mars	1	0	18

5. Jupiter-Dasha 16 Jahre

Jupiter	2	1	18
Saturn	2	6	12
Merkur	2	3	6
Ketu	0	11	6
Venus	2	8	0
Sonne	0	9	18
Mond	1	4	0
Mars	0	11	6
Rahu	2	4	24

6. Saturn-Dasha 19 Jahre

Saturn	3	0	3
Merkur	2	8	9
Ketu	1	9	9
Venus	3	2	0
Sonne	0	11	12
Mond	1	7	0
Mars	1	1	9
Rahu	2	10	6
Jupiter	2	6	12

7. Merkur-Dasha 17 Jahre

Merkur	2	4	27
Ketu	0	11	27
Venus	2	10	0
Sonne	0	10	6
Mond	1	5	0
Mars	0	11	27
Rahu	2	6	18
Jupiter	2	3	6
Saturn	2	8	9

8. Ketu-Dasha 7 Jahre

Ketu	0	4	27
Venus	1	2	0
Sonne	0	4	6
Mond	0	7	0
Mars	0	4	27
Rahu	1	0	18
Jupiter	0	11	6
Saturn	1	1	9
Merkur	0	11	27

9. Venus-Dasha 20 Jahre

Venus	3	4	0
Sonne	1	0	0
Mond	1	8	0
Mars	1	2	0
Rahu	3	0	0
Jupiter	2	8	0
Saturn	3	2	0
Merkur	2	10	0
Ketu	1	2	0

Kleinere Perioden kann man nach den gleichen Verhältnissen berechnen; aber das ist nur sinnvoll, wenn das exakte Geburtsdatum bekannt ist. Beachten Sie auch, dass ein Unterschied von einem Grad bei der verwendeten Ayanamsha die Dashas um etwa ein Jahr verändert. Darum sind die Dashas eine sehr gute Methode, um die verschiedenen Ayanamshas zu testen.

DER UMGANG MIT DEN DASHAS

Der Regent der Hauptperiode vermittelt den Einfluss seines Hauses sowie der Planeten und Häuser, die er aspektiert. *Um die planetaren Perioden richtig anzuwenden, müssen wir die Grundsätze der Häuserregentschaft und des temporären Charakters der Planeten verstehen.* Der Dasha-Regent wirft einen Aspekt auf alle Planeten und Häuser und einen doppelt starken Aspekt auf jene Planeten und Häuser, die er bereits im Geburtshoroskop aspektiert.

Sehr wichtig ist die Beziehung zwischen den Regenten der Haupt- und Nebenperioden im Geburtshoroskop, denn diese wird verstärkt. Im Allgemeinen wirft der schächere Regent einen Aspekt auf den stärkeren und modifiziert so dessen Natur. Wenn kein direkter Aspekt vorhanden ist, werden ihre Einflüsse kombiniert.

Wenn zum Beispiel Jupiter und Venus im Geburtshoroskop keinen Aspekt haben, ist in Jupiter-Venus-Perioden dennoch die Wirkung eines Jupiter-Venus-Aspekts spürbar, allerdings nicht so stark, wie es der Fall wäre, wenn sich im Geburtshoroskop ein Jupiter-Venus-Aspekt befände.

Planeten, die relativ zueinander in ungünstigen Häusern stehen, etwa im sechsten, achten oder zwölften, arbeiten nicht gut zusammen. Stehen sie in günstigen Häusern, zum Beispiel in Trigon- oder Eckhäusern, ist die Wirkung positiv, selbst wenn keine Aspekte vorhanden sind.

Freundliche Planeten haben als Regenten der Haupt- und Nebenperioden einen günstigeren Einfluss. Feindliche Planeten bereiten Schwierigkeiten, selbst wenn beide in Bezug auf das gesamte Geburtshoroskop günstiger sind. Diese Faktoren müssen wir gegeneinander abwägen.

Man kann den Dasha-Regenten zum Aszendenten machen und während der betreffenden Periode die Häuser von ihm aus ablesen. Befindet sich beispielsweise jemand in einer Jupiter-Periode mit Jupiter im neunten und Venus im dritten haus, ist mit einer Beziehung im Jupiter-Dasha zu rechnen, vor allem in der Nebenperiode der Venus; denn Venus steht im siebten Haus nach Jupiter.

Die allgemeine Regel lautet: Eine Zeitphase ist vielversprechend, wenn mehrere günstige Regenten sich verbinden, also wenn die Regenten der Haupt- und Nebenperioden sowie weiterer Unterperioden alle günstig sind. Erfreulich ist es auch, wenn alle Regenten für denselben Lebensbereich zuständig sind. Eine Phase, in der die Regenten des neunten, elften, zweiten oder fünften Hauses sich verbinden, ist sehr günstig, was das Geschäft und das Einkommen anbelangt. Andererseits sind Krankheiten wahrscheinlicher, wenn die Regenten des sechsten, achten, zwölften, dritten oder elften Hauses zusammen auftreten.

Der Beginn einer günstigen Hauptperiode ist besonders vorteilhaft. Das ist eine gute Zeit, um für die ganze Periode Ziele festzulegen und Taten zu planen. Der Einfluss einer guten planetaren Periode ist jedoch nicht immer sofort zu spüren. Am Anfang wird die Saat einer positiven Entwicklung gelegt, aber die Reifezeit kommt später. Wenn Nebenperioden beginnen, ist dies ebenfalls eine gute Zeit für Lebensbereiche, über die der Regent der Nebenperiode herrscht, sofern er mit dem Hauptregenten harmoniert.

Der Anfang planetarer Perioden ist eine günstige Zeit für Heilmaßnahmen wie Edelsteine, Mantras oder Rituale, um mögliche negative Einflüsse der Periodenregenten auszugleichen. Ist der Regent der Periode günstig, aber schwach, können wir seinen Einfluss durch seinen Edelstein stärken. Ist er ein Malefizplanet, können wir ihm durch Mantras, Rituale oder Gottesdienst entgegenwirken. Beginnt beispielsweise eine negative Nebenperiode des Saturn innerhalb einer positiven Hauptperiode Jupiters, schwächen wir entweder Saturn oder stärken Jupiter.

Der Hauptregent ist der wichtigste Faktor, wenn wir den Charakter einer Zeitphase bestimmen wollen. Ihm folgt der Regent der Nebenperiode. Herrscht zum Beispiel der Hauptregent über das zweite Haus (Lebensunterhalt), der Nebenregent über elfte Haus (Einkommen) und ein Unterregent über das neunte Haus (Glück), ist materieller Gewinn wahrscheinlich. Herrscht der Hauptregent über das neunte Haus (Religion), der Nebenregent über das fünfte (Intelligenz) und der Unterregent über das zweite (Intellekt), ist die Zeit günstig, um anderen Menschen spirituelle, religiöse oder juristische Grundsätze nahe zu bringen. Natürlich müssen wir auch den natürlichen Charakter der Planeten berücksichtigen. Die Periode eines Malefizplaneten wie Saturn, der im sechsten oder elften Haus steht, ist wahrscheinlich günstig, weil die Häuser vielversprechend sind.

TRANSITE (GOCHARA)

Die Transite (derzeitige Positionen) der Planeten in Bezug auf die planetaren Perioden sollte man immer prüfen. Die Transite der stärksten Planeten oder des Aszendent-Regenten im Geburtshoroskop sind stets wichtig. Besondere Aufmerksamkeit verdienen die Transite der Regenten von Haupt- und Nebenperioden, also die Dasha- und Bhukti-Regenten.

Transite haben etwa den Wert ein Drittel, wenn wir den Charakter einer Periode beurteilen. Der Rest hängt von der Beziehung zwischen diesen Planeten im Geburtshoroskop ab. Starke Transite sind vor allem dann bedeutsam, wenn sie auf den Übergang zwischen zwei Perioden fallen. Bei Nebenperioden achten wir auf die Transite der fernen Planeten Jupiter und Saturn sowie der Mondknoten, weil diese bis zu einem Jahr lang wirken. Bei noch kleineren Abschnitten untersuchen wir die Transite der nächsten Planeten Mars, Sonne, Venus und Merkur, da deren Einfluss schneller nachlässt.

ASHTAKAVARGA

Ashtakavarga ist ein spezielles vedisches System, um günstige Punkte für Planeten und Häuser zu finden. Es ist besonders wichtig für die Transite. Wenn Planeten Häuser erreichen, die eine hohe Punktzahl (*bindus*) haben, ist ihr Einfluss positiv, während sie bei Häusern mit wenig Punkten eher ungünstig wirken. Wenn Planeten Teile von Zeichen erreichen, in denen sie positive Punkte beigetragen haben, üben sie ebenfalls eine positive Wirkung aus. Ashtakavarga ist ein System für sich.

DIE RÜCKKEHR VON PLANETEN UND DAS JAHRESHOROSKOP

Planeten, die zu ihrer Position im Geburtshoroskop zurückkehren, werden zusammen mit den Transiten analysiert. Dies sind die wichtigsten Transite. Sehr bedeutsam ist die monatliche Rückkehr des Mondes, die jährliche der Sonne, die zwölfjährliche des Jupiter, die neunzehnjährliche der Mondknoten und die neunundzwanzigjährliche des Saturn. Die Rückkehr der Haupt- und Nebenregenten ist unbedingt zu beachten.

Die Rückkehr der Sonne ist besonders wichtig. Sie ist die Grundlage des Jahrshoroskops *(varshaphal)*. Am besten ist eine jährliche Prüfung, um die wichtigsten Transite des Jahres aufzuspüren und im Zusammenhang mit den Dashas zu deuten. Die Rückkehr der Sonne fällt wegen ihres siderischen Charakters nicht genau mit der Geburtszeit zusammen und erfordert eine spezielle Berechnung.

MUHURTA

Muhurta bedeutet „ein Augenblick“ und bezieht sich auf den Zweig der vedischen Astrologie, der günstige Zeiten für allerlei Vorhaben bestimmt.

Auch im Westen werden solche Elektionen (Initiativen) berechnet; aber die Regeln unterscheiden sich sehr vom vedischen System. Wichtige Ereignisse im Leben, etwa Heiraten oder Geschäftsgründungen, gelingen besser, wenn der Zeitpunkt richtig gewählt wurde.

Es gibt viele Regeln für die Berechnung der Muhurtas, und sie sind eine Wissenschaft für sich. Man berücksichtigt fünf Hauptfaktoren, die zusammen den *panchanga*, den hinduistischen Kalender bilden. Alle vedischen Astrologen brauchen einen Panchanga und müssen mit ihm umgehen können.

1. Tag *(vara)*
2. Nakshatra
3. Mondtag *(tithi)*
4. Die Hälfte des Mondtages *(karana)*
5. Sonne-Mond-Konstellation *(yoga)*.

Wenn drei oder mehr Faktoren positiv sind, ist ein Vorhaben erfolgversprechend. Sind alle fünf Faktoren gut, ist der Zeitpunkt hervorragend gewählt. Selbst eine gute Muhurta versagt jedoch, wenn das Dasha ungünstig ist. Darum halten wir nur bei gutem Dasha nach einer günstigen Muhurta Ausschau. Wenn Dasha und Muhurta positiv sind, gehen wir einen Schritt weiter und suchen auch nach einem günstigen Aszendenten. Zum Thema Muhurta gibt es Fachliteratur.

Der vedische Kalender kennt außerdem spezielle Nakshatra-Monate, in denen die Tithis berechnet werden. Sie sind die Basis für die hinduistischen Feiertage. Besondere Tage wie der Beginn des astronomischen Jahres (der Neumond am Ende der Fische oder *chaitra shukla pratipad)* gelten als besonders günstig für alle Vorhaben. Der vedische Kalender sagt uns, wofür jeder einzelne Tag sich aus astrologischer Sicht eignet.

STUNDENASTROLOGIE (PRASHNA)

Horoskope können auch erstellt werden, um Fragen zu beantworten. Dieser Zweig der vedischen Astrologie heißt *prashna,* „eine Frage“. Im Westen gibt es das Stundenhoroskop. Wir können für jeden beliebigen Augenblick ein Horoskop zeichnen und den Verlauf von Ereignissen vorhersagen, die in diesem Moment in Gang gesetzt werden. Manche Astrologen erstellen das Horoskop für den Augenblick, in dem ein Klient sie aufsucht. Das erleichtert Voraussagen in jenen Lebensbereichen, die den Kunden interessieren, etwa die Gesundheit. Der Augenblick, in dem er seine Frage stellt, ist die Grundlage des Horoskops.

Prashna-Horoskope werden ähnlich gedeutet wie Geburtshoroskope, haben aber auch eigene Regeln. Wie in der westlichen Astrologie werden Quadrate, Trigone und Sextile untersucht. Prashna und Varshaphal stehen der westlichen Astrologie am nächsten. Die meisten traditionellen vedischen Astrologen erstellen mehr Prashna- als Geburtshoroskope, weil die meisten Leute mit einer Frage zu ihnen kommen. Ein Prashna-Horoskop beantwortet diese Frage genauer und ohne die Verzerrungen einer möglicherweise falschen Geburtszeit. Die vedische Astrologie kennt viele klassische Texte über Prashna, vor allem aus dem Staat Kerala.

Teil III

Astrologie, Heilung und Transformation

Venus

Sie trägt ein weißes Gewand, und sie hat vier Arme, die friedliche Lehrerin der Dämonen. Ihr Reittier ist ein weißes Pferd, und sie trägt einen Rosenkranz, einen Wassertopf und einen Stab in den Händen. Ein Diamant schmückt ihr Haupt, und sie macht eine segnende Geste. Möge die göttliche Venus uns immer gnädig sein.

12
Ayurveda und medizinische Astrologie

Ayurveda ist die klassische natürliche Heilkunst Indiens. Wie der Name andeutet, hängt es eng mit der vedischen Astrologie zusammen. Es umfasst alle Arten des Heilens von der Kräuterkunde bis zur Chirurgie und Psychologie. Ayurveda ist ein umfassendes Gesundheitssystem, das nicht nur Krankheiten beseitigen, sondern auch Körper und Geist verjüngen will. Seine Grundlage ist eine Methode, mit der man die individuelle Konstitution und somit auch die Bedürfnisse eines Menschen bestimmen kann. Die Therapien des Ayurveda geben uns die Möglichkeit, die Verantwortung für unsere Gesundheit selbst zu übernehmen.

Ayurveda und die vedische Astrologie sind eng verwandte Aspekte der vedischen Wissenschaft. Viele indische Astrologen praktizieren Ayurveda, und viele ayurvedische Ärzte *(vaidyas)* sind gleichzeitig Astrologen. Selbst Astrologen, die keine ayurvedische Ausbildung haben, gehen auf das Thema Krankheiten und Behandlung ein. Und auch ayurvedische Ärzte, die keine Astrologen sind, lassen sich astrologisch beraten.

Beide Systeme ergänzen einander vorzüglich. Die Astrologie hilft uns, das Energiemuster einen Menschen während seines ganzen Lebens und seine Persönlichkeit zu verstehen. Sie ist eine viel subtilere medizinische Wissenschaft als die Schulmedizin. Ayurveda unterstützt die Astrologie, indem es ein brauchbares feinstoffliches Modell zur Verfügung stellt, das seiner Herkunft und seiner Methodik nach mit der Astrologie harmoniert.

Wer medizinische Astrologie praktiziert, sollte auch im Ayurveda ausgebildet sein. Die Astrologie deutet unser Wesen auf eine so allgemeine Art, dass tägliche oder monatliche Schwankungen der Gesundheit schwer zu erkennen sind. Zudem vermittelt uns ein Studium der Astrologie keine Kenntnisse über die richtige Behandlung von Krankheiten, etwa durch Diät oder Kräuter.

Vedische Astrologen können die körperliche Konstitution und das äußere Erscheinungsbild eines Menschen am Geburtshoroskop ablesen und Auskunft über die allgemeine Gesundheit, die Länge des Lebens und die Anfälligkeit für Krankheiten geben. Sie sehen, welche Planeten Krankheiten auslösen können, welche Krankheiten wahrscheinlich sind, welche Körperteile vermutlich betroffen sein werden und wann dieProbleme voraussichtlich auftreten. Da alle Menschen an Gesundheit und langem Leben interessiert sind, werden diese Themen bei der Horoskopdeutung oft zuerst berücksichtigt.

MEDIZINISCHE ASTROLOGIE

Die medizinische Astrologie ist ein Hauptzweig der Astrologie. Da sie Heilverfahren einschließt, die planetare Einflüsse harmonisieren, ist sie wohl auch der pragmatischste Zweig. Die Astrologie hilft uns nicht nur bei banalen Beschwerden, sondern sie kann auch Krankheiten diagnostizieren und behandeln, die auf die üblichen medizinischen Verfhren nicht ansprechen. Sie liefert ein besseres Bild und eine bessere Methodik, wenn es um Krankheiten mit inneren Ursachen geht.

Krankheiten hängen wie alle anderen Disharmonien mit negativen planetaren Einflüssen zusammen. Es gibt mehrere Methoden, um diese Einflüsse zu harmonisieren. Die wichtigste ist die Edelsteintherapie, die auf der Farbtherapie basiert. Die Edelsteine sind bestimmten Planeten zugeordnet und beeinflussen deren Energie positiv.

Mantras (Worte der Macht), Yantras (Diagramme der Macht), Rituale (Pujas und Homas) sowie andere Methoden des Yoga sind ebenfalls wichtig. Sie sprechen vor allem den Intellekt an und wirken daher besonders gut bei mentalen und seelischen Störungen. Sie stärken die Aura und das Immunsystem und beseitigen negative okkulte Einflüsse, zum Beispiel negatives Karma, negative Gedanken anderer Menschen und subtile Umweltbelastungen wie schwache Strahlung.

Die Planeten symbolisieren die grundlegenden Energien im Kosmos, die Urkräfte, die das ganze Leben beeinflussen. Darum können wir unser Leben so einrichten, dass negative planetare Einflüsse im Horoskop ausgeglichen werden. Die richtige Ernährung, Kräuter, eine geeignete Wohnung, der richtige Beruf und spirituelle Übungen können planetare Kräfte harmonisieren. Mars ist beispielsweise ein heißer Planet, und wenn er zu stark ist, kann er Fieber, Entzündungen, Infektionen und Verletzungen hervorrufen. Mit kühlenden Speisen und Getränken, einem kühlen Klima, kühlen Farben sowie speziellen Edelsteinen und Mantras können wir seinen Einfluss schwächen.

DIE DREI DOSHAS

Das Ayurveda teilt die Menschen je nach ihrem Dosha in drei Gruppen ein. Diese Doshas („Säfte") entsprechen den vorherrschenden Elementen. Man unterscheidet *vata*, das von der Luft dominiert wird, *pitta*, das vom Feuer dominiert wird, und *kapha,* das vom Wasser dominiert wird. Der Äther zählt zum Vata, die Erde zum Kapha. Genauere Informationen über die Doshas finden Sie in Büchern über das Ayurveda (ich habe die Absicht, ein Buch über medizinische Astrologie zu schreiben, das sich mit diesem Thema eingehend beschäftigt). Die vedische Astrologie teilt auch die Planeten nach Doshas ein:

Planeten und Doshas

Vata	Saturn, Rahu, Merkur
Pitta	Sonne, Mars, Ketu
Kapha	Mond, Venus, Jupiter

Saturn und Rahu sind für die meisten Vata-Störungen (nervöse Beschwerden) verantwortlich. Mars und Ketu stecken hinter den meisten Pitta-Störungen (Entzündungen). Mond und Jupiter verursachen die meisten Kapha-Störungen (Verschleimung und Übergewicht).

Doshas und Zeichen

Wir können auch die zwölf Zeichen nach Doshas ordnen. Luft-, Feuer- und Wasserzeichen symbolisieren dabei die Luft-, Feuer- und Wasser-Doshas Vata, Pitta und Kapha.

Vata	Luftzeichen	Zwillinge, Waage, Wassermann
Pitta	Feuerzeichen	Widder, Löwe, Schütze
Kapha	Wasserzeichen	Krebs, Skorpion, Fische

Die Erdzeichen lassen sich ebenfalls in die Doshas einordnen: Der Stier, das feste Erdzeichen, neigt eher zu Kapha (der Mond, ein Wasserplanet, ist in diesem Zeichen erhöht). Die Jungfrau, das veränderliche Erdzeichen, ist auch luftig, weil die Luft veränderlich ist (Merkur, ein Luftplanet, ist in diesem Zeichen erhöht). Und der Steinbock, das

Kardinalzeichen der Erde, steht dem Feuer nahe, weil das Feuer einen kardinalen Charakter hat (Mars, ein Feuerplanet, ist in diesem Zeichen erhöht). Damit erhalten wir folgende Zuordnungen:

Zeichen und Doshas

Vata	Zwillinge, Jungfrau, Waage, Wassermann
Pitta	Widder, Löwe, Schütze, Steinbock
Kapha	Stier, Krebs, Skorpion, Fische

DIE DOSHAS DER ZEICHEN UND DIE REGENTEN

Die Planeten sind wichtiger als die Zeichen. Die Zeichen legen das Aktionsfeld fest und weisen auf den Ort einer Erkrankung hin. Die Doshas der Zeichen spiegeln auch ihre Regenten wider.

Widder, Löwe und Skorpion neigen zu Pitta, weil die feurigen Planeten Mars und Sonne sie regieren. Stier, Krebs, Waage, Schütze und Fische neigen zu Kapha, weil die Wasserplaneten Venus, Mond und Jupiter ihre Regenten sind. Zwillinge, Jungfrau, Steinbock und Wassermann stehen Vata näher, da die Luftplaneten Merkur und Saturn über sie herrschen.

DIE ASTROLOGISCHE BESTIMMUNG DER DOSHAS

Der wichtigste Faktor beim Bestimmen der individuellen Konstitution ist der Aszendent oder das 1. Haus, der die körperliche Inkarnation regiert. Die meisten Menschen haben den Körpertyp, den der Aszendent erwarten lässt. Das ist jedoch nur eine allgemeine Regel, und wir müssen auch andere Faktoren berücksichtigen.

Planeten im ersten Haus sind bedeutsam. Mars auf dem Aszendenten macht einen Menschen oft feurig, vor allem wenn er auch den Regenten des Aszendenten aspektiert. Wihtig sind außerdem die Einflüsse auf den Aszendenten und seinen Herrscher. Im Allgemeinen hat ein Planet, der den Aszendenten und seinen Regenten aspektiert, einen sehr starken oder gar bestimmenden Einfluss auf die Konstitution.

Die Sonne ist als Signifikator des ersten Hauses zu berücksichtigen. Bei Männern beeinflusst sie den Körpertyp entscheidend; bei Frauen ist es der Mond. Ist der Mond jedoch stärker als der Aszendent, kann er selbst bei Männern den Konstitutionstyp bestimmen. Konjunktionen von Planeten mit der Sonne oder dem Mond sind ebenfalls bedeutsam. Mars in Konjunktion mit der Sonne erzeugt zum Beispiel Pitta, es sei denn er ist verbrannt und hat dadurch seine Macht verloren.

Planeten, die im sechsten Haus stehen oder dieses Haus und seinen Regenten aspektieren, beeinflussen ebenfalls die körperliche Konstitution, weil sie die Neigung zu Krankheiten und die Robustheit des Verdauungssystems bestimmen. Planeten, die auf das achte Haus einwirken, warnen vor schweren Krankheiten.

Die Hauptregel lautet: Der Planet, der den größten Einfluss auf die Faktoren hat, die den Körper symbolisieren – auf das erste und sechste Haus nebst ihren Regenten sowie auf die Sonne und den Mond –, legt den Körpertyp fest. Wenn zwei Planeten mit demselben Dosha (etwa Mond und Jupiter, die beide Kapha sind) diese Faktoren beeinflussen, ist die Deutung klarer.

Die ayurvedische Konstitution richtet sich meist nach dem Charakter des stärksten Planeten im Horoskop oder nach dem planetaren Typ eines Menschen. Wie alle astrologischen Determinanten ist aber auch diese komplex und variabel. Man muss sie gründlich studieren und braucht einige Erfahrung, um sie korrekt deuten zu können.

PLANETEN, DIE KRANKHEITEN AUSLÖSEN

Natürliche oder temporäre Malefizplaneten fördern Krankheiten. Natürliche Malefizplaneten sind Rahu, Saturn, Ketu, Mars und die Sonne in der Reihenfolge ihrer Macht. Temporäre Malefizplaneten sind die Regenten des sechsten, achten, elften, dritten und zwölften Hauses. Schwache Planeten lösen ebenfalls Krankheiten aus.

Planeten machen uns krank, wenn sie in ungünstigen Häusern stehen, vor allem im achten, sechsten und zwölften Haus, aber auch im dritten und elften. Malefizplaneten sind im sechsten Haus stark, wenn auch hauptsächlich in Bezug auf Macht, Ansehen und Wohlstand. Dennoch können sie Krankheiten hervorrufen, besonders unter negativen Aspekten. Ohne ungünstigen Einfluss fördern sie jedoch die Gesundheit und stärken das Immunsystem.

Malefizplaneten als Regenten machen ebenfalls krank. Der Regent des sechsten Hauses verursacht Unfälle, Verletzungen, akute Krankheiten, geringe Vitalität, schlechte Verdauung und ungenügende Widerstandskraft. Der Regent des achten Hauses schwächt die Vitalität, fördert chronische Krankheiten und bewirkt vorzeitigen Tod. Der Regent des elften Hauses wirkt wie sein Kollege vom sechsten Haus, hat aber weniger Macht. Der Regent des dritten Hauses gleicht dem des achten, aber auch er ist weniger einflussreich.

Der Regent des achten Hauses, des Todeshauses, ist besonders gefährlich, was Krankheiten, Verletzungen oder chronische Beschwerden anbelangt. Der Regent des zwölften Hauses bringt uns Sorgen und fesselt uns mit chronischen Krankheiten ans Bett.

Zeichen, Häuser und der Körper

Widder	erstes Haus	Kopf
Stier	zweites Haus	Hals
Zwillinge	drittes Haus	oberer Brustkorb
Krebs	viertes Haus	Brust
Löwe	fünftes Haus	Sonnengeflecht
Jungfrau	sechstes Haus	Nabelbereich
Waage	siebtes Haus	Unterbauch
Skorpion	achtes Haus	Geschlechtsorgane
Schütze	neuntes Haus	Schenkel
Steinbock	zehntes Haus	Knie
Wassermann	elftes Haus	Waden
Fische	zwölftes Haus	Füße

Die Zeichen und Häuser sind bestimmten Körperteilen zugeordnet. Wenn sowohl das Zeichen als auch das Haus ungünstig beeinflusst sind, ist mit einer Erkrankung des entsprechenden Körperteils zu rechnen. Aspektiert beispielsweise Saturn das neunte Zeichen, das neunte Haus und deren Regenten, droht Arthritis oder Hüftlähmung. Wenn Saturn das fünfte Haus und das fünfte Haus nach dem Mond sowie deren

Regenten aspektiert, neigt eine Frau zu Unfruchtbarkeit und muss sich auf eine Operation – z. B. eine Hysterektomie – einstellen.

Das sechste Haus und das sechste Zeichen (Jungfrau) regieren die Verdauungsnerven und sind besonders wichtig, wenn wir die Krankheitsanfälligkeit beurteilen wollen. Die Sonne in der Jungfrau mit einem ungünstigen sechsten Haus verursacht chronische Verdauungsstörungen. Die Sonne im sechsten Haus, aspektiert von Malefizplaneten, löst ebenfalls Verdauungsprobleme aus, so wie jeder ungünstige Planet im sechsten Haus. Der Mond im sechsten Haus verursacht emotionalen Aufruhr oder Depressionen und schwächt dadurch die Verdauung und somit auch die Gesundheit.

Das sechste Haus und sein Zeichen symbolisieren unsere allgemeine Gesundheit und Reinheit. Wenn sie ungünstig beeinflusst werden, weisen sie auf Krankheiten und die Ansammlung von Schlacken hin. Sie zeigen, wie wir mit dem Körper umgehen, und sie warnen vor einer Vergeudung der Lebenskraft durch falsche Gewohnheiten wie schlechte Ernährung, unzureichende Ruhe oder sexuelle Ausschweifungen.

Die Jungfrau regiert Vata, die „Luft“ im Körper. Da die meisten Krankheiten durch Vata und schwache Verdauung entstehen, neigen Planeten in diesem Zeichen dazu, Krankheiten auszulösen. Sie können uns aber auch zum Heiler machen, wenn sie wohlwollend sind. Manche Menschen werden zu Heilern, weil sie selbst krank sind. Die Jungfrau enthüllt, wie wir dem eigenen Körper oder dem Körper anderer dienen.

13
Astrologie und Psychologie

Die vedische Astrologie folgt der yogischen Auffassung vom Geist. Darum definiert sie den Geist ganz anders als die westliche Psychologie. Sie anerkennt die Existenz und den Einfluss kollektiver, kosmischer und spiritueller Bewusstseinsebenen, die „unter der Oberfläche" liegen und von der modernen Psychologie erst nach und nach erforscht werden. Es geht nicht nur darum, die äußeren Schichten des Geistes glücklich zu machen oder zu harmonisieren, sondern auch darum, durch eine spirituelle Ausrichtung die tieferen Schichten zu heilen. Der oberflächliche Geist erfährt diesen Vorgang als Schock oder zumindest als eine Neuorientierung, die unsere Vorstellung vom Geist herausfordert.

Einerseits hat die vedische Astrologie wie der Yoga keine Psychologie, weil sie sich nicht mit persönlicher und emotionaler Erfüllung als Lebensziel befasst. Sie betrachtet die Persönlichkeit nicht als wahres Selbst und setzt daher ihr Glück nicht mit dem wahren Glück gleich. Für die vedische Astrologie ist das äußere Wesen vielmehr eine spezielle Form der kosmischen Energie, während das innere Wesen ein Aspekt des kosmischen Bewusstseins ist. Der Geist, den wir jetzt besitzen, ist demnach ein zeitweiliger Schleier, der die tiefere und breitere Wahrheit verdeckt, so dass wir nicht wissen, wer wir sind.

Die vedische Astrologie stellt die Grenzen und Leiden dieses Lebens nicht in den Mittelpunkt. Sie lehrt, dass wir göttliche Seelen mit unbegrenztem Potenzial sind. Dieses Potenzial können wir nutzen, wenn wir regelmäßig daran arbeiten. Wir können alles erreichen, wenn wir nur wollen. Persönliche und emotionale Probleme treten auf, weil wir unsere Lebenskraft nicht in positive Bahnen lenken. Darum zeigt die vedische Astrologie uns, wie wir durch praktische Maßnahmen unsere Lebensbedingungen verbessern können, ohne uns in ihren Einzelheiten zu verfangen.

Andererseits ist die vedische Astrologie auch eine wahre Psychologie, weil sie die wahre Psyche – die Seele – behandelt, nicht nur den äußeren Geist. Während die moderne Psychologie den Geist behandelt, also das konditionierte Gedächtnis, kümmert sich die vedische Psychologie um die Seele, das nicht konditionierte reine Bewusstsein. Die Methoden der modernen Psychologie zielen darauf ab, den konditionierten Geist zu verstehen und zu heilen; die yogische Psychologie geht über den Geist hinaus. Die vedische Astrologie interessiert sich nicht für die persönlichen Traumen dieses Lebens als solche, sondern für die Entwicklung der Seele.

Das Gesetz des Karma sagt uns, dass wir für unser jetziges Leben selbst verantwortlich sind, sogar für die Umstände unserer Geburt und Kindheit. Wir haben diese Situation herbeigeführt und können sie auch transzendieren, und zwar ohne auf sie zurückzublicken. Wir müssen in diesem Leben so handeln, dass wir für uns eine bessere Zukunft schaffen.

Nach der vedischen Psychologie werden wir krank, wenn wir nicht mit unserer wahren Seele verbunden sind. Das spiegelt sich in mangelnder Integration der Planeten wider, vor allem in ungünstigen Einflüssen auf den Mond, den Merkur, den Aszendenten, das vierte Haus und deren Regenten. Solche psychischen Probleme lassen sich mit spirituellen und okkulten Methoden behandeln, zum Beispiel mit Mantras, Edelsteinen, Farben, Kräutern und Ernährung. Die Analyse genügt nicht, und Medikamente haben langfristige Nebenwirkungen.

Nach yogischer Auffassung erlangen wir nur dann wahres Wissen, wenn der Geist still ist, wenn wir ihn von der Last der Gefühle und Gedanken befreien. Dazu müssen wir den Geist leeren, nicht etwa seinen Inhalt ordnen und kategorisieren. Yoga wird traditionell definiert als „die Verneinung der Gedankenmuster des Geistsstoffs" (*Yogasutras* I.2). Der Intellekt kann die Wahrheit nicht erfassen, und intellektuelles Wissen kann unser Leben nicht wirklich verändern, obwohl es uns hilft, effektiver zu leben. Der Yoga legt keinen großen Wert auf intellektuelles Wissen, wohl aber auf das Bewusstsein und auf die Bewusstheit in jedem einzelnen Augenblick. Auch der vedischen Astrologie ist die Verbindung mit dem Göttlichen und mit den kosmischen Kräften wichtiger als intellektuelles Wissen über die Sterne.

Der Yoga glaubt aber auch nicht, dass die Gefühle uns zur Wahrheit führen. Er betrachtet Gefühle und das intellektuelle Denken als Reaktionen des oberflächlichen Geistes, die wir stillen müssen, um die Wahrheit zu erkennen. Das Bewusstsein der Einheit sollte uns dabei leiten, nicht emotionale Bedürfnisse und Triebe.

Die vedische Psychologie ist also unpersönlich. Sie zielt auf das Nicht-Ich ab. Sie lehrt, dass wir unterschiedliche Kombinationen derselben kosmischen Kräfte sind, die Planeten und Sterne uns senden. Das Ich, die persönliche Identität, ist eine Fiktion, eine Illusion. Wir alle haben das gleiche grundlegende Wesen, sowohl an der Oberfläche als auch in der Tiefe, und wir alle müssen die gleichen wesentlichen Erfahrungen machen, gute wie schlechte, damit unser Bewusstsein wächst. Keine Seele erhält eine Sonderbehandlung. Wir sind nur deshalb unterschiedlich, weil wir uns in verschiedenen Stadien dieses Prozesses befinden, nicht weil wir tatsächlich anders oder getrennt, besser oder schlechter als andere wären.

Als Seelen haben wir alle das gleiche Potenzial und die gleichen fundamentalen Probleme zu bewältigen. Das spirituelle Ziel liegt jenseits des Verlangens, in der äußeren Welt „jemand" zu sein. In dieser Hinsicht ist das Geburtshoroskop ein Bild unserer Unwissenheit, das Muster des Begehrens und des Karmas, das uns gefangen hält. Die Astrologie will uns nicht nur über dieses Muster aufklären, sondern sie will uns den Weg aus ihm hinaus zeigen. Als Seelen sind wir nicht auf das Geburtshoroskop beschränkt, obwohl es die derzeitige Phase unserer Manifestation symbolisiert. Es ist eine Struktur, die wir geschaffen haben, wenn auch in mehreren Existenzen; und diese Struktur können wir mit der Zeit ändern, wenn wir unser alltägliches Handeln ändern.

Die vedische Psychologie ist spirituell ausgerichtet und konzentriert sich auf das Schicksal der Seele, ihren Weg von der Unwissenheit zum Wissen, vom Zyklus der Wiedergeburten zur Freiheit im Göttlichen. Insofern hat die Astrologie ihre Grenzen, weil die Seele unser ewiges Wesen ist und nicht dem Einfluss der Sterne unterliegt. Die Astrologie ist ein Aspekt der wahren Wissenschaft vom Leben, wie Yoga und Meditation. Wenn sie zu viel für die äußeren Lebensziele tut, verfehlt sie ihr wahres Ziel.

Der Mangel an spirituellem Wissen in der Astrologie hat viele Anhänger des Yoga und der Meditation dazu veranlasst, sie als wertlos abzulehnen. Gewiss, viele „Astrologien" sind wertlos, vor allem die populäre Astrologie, die an Personen orientiert ist. Schuld daran ist aber nicht die Astrologie, sondern unsere Neigung, sie oberflächlich anzuwenden.

Die Essenz der vedischen Psychologie ist ein Wegweiser ins spirituelle Leben. Zuerst müssen wir uns der Seele in uns bewusst werden, unsere innere Sonne wecken, das Licht der Wahrheit, das wahre Licht der Welt. Wir müssen das Universum in uns sehen. Das bedeutet, unser wahres Selbst nicht mehr in der äußeren Welt zu suchen, sondern zum inneren Licht, unserer wahren Natur, zurückzukehren. Wenn wir uns nicht mehr mit dem Körper, den Sinnen und dem Intellekt identifizieren, entdecken wir unser wahres Selbst als bewusstes Wesen, nicht als Objekt oder Persona der Welt.

Auf der Basis dieser Einsicht in unsere wahre Natur müssen wir unsere Fähigkeiten und die von den Planeten symbolisierten Domänen des Lebens neu gestalten, so dass sie die innere Sonne der wahren Erkenntnis umkreisen. Das ist der Yoga, der Weg der spirituellen Reintegration, den die Astrologie und ihre Symbolik uns zeigen. Das können wir selbst dann üben, wenn wir die Astrologie nicht anwenden oder unser Geburtshoroskop nicht kennen; denn die Symbolik ist universeller Art und entwickelt das Bewusstsein. Wir können über die Eigenschaften und die Bedeutung der Planeten meditieren und ihre Kräfte in unseren Geist aufnehmen.

Zuerst müssen wir den Mond harmonisieren, den Indikator unserer Aufnahmebereitschaft. Wir müssen empfänglich für die Sonne der Wahrheit werden und uns von den Einflüssen der äußeren Welt lösen. Das gelingt, wenn wir begreifen, wie sehr wir von der göttlichen oder kosmischen Intelligenz als der Quelle unserer Existenz abhängig sind. Wir müssen lernen, uns dem Göttlichen und der Wahrheit hinzugeben. Wir müssen die Grenzen des Geistes erkennen und dürfen seine Fluktuationen nicht mit dem wahren Bewusstsein verwechseln.

Dann müssen wir unseren Mars harmonisieren, die Energie und Motivation im Leben. Das bedeutet, sich bewusst auf spirituelle Übungen zu konzentrieren: Gottesdienst, Yoga, Mantra und Meditation. Es heißt nicht, die täglichen Pflichten zu vernachlässigen, sondern sie für unsere Entwicklung zu nutzen. Wir dürfen nicht mehr nach Macht und äußerem Erfolg streben, sondern müssen uns dem Strom der Gnade öffnen. Das setzt voraus, dass wir die Manipulationen unserer Gesellschaft und unseres Ichs durchschauen. Wir sollen unsere Arbeit so gut wie möglich tun, aber ohne bestimmte Ergebnisse zu erwarten. Dann werden wir eins mit dem Prozess und rechnen uns nicht mehr aus, was er uns einbringt.

Dann müssen wir uns um Merkur kümmern, unseren rationalen Prozess auf einer höheren Ebene. Wir müssen unsere Intelligenz an der inneren Wahrheit ausrichten, nicht an Informationen von außen. Wir dürfen nicht mehr an die Wirklichkeit des Bekannten und des Messbaren glauben, sondern müssen den Glanz der Namen und Formen sowie der Fiktion der Zahlen durchschauen. Wir müssen empfindsam werden für das einzigartige Wesen der Dinge, das Spiegelbild des Ewigen. Wir müssen nach dem Unbekannten Ausschau halten, nach dem Unermesslichen, nach der göttlichen Schönheit.

Dann müssen wir uns mit Jupiter befassen, unserem Willen zur Wahrheit und zum Wachstum. Wir müssen im Bereich des Bewusstseins expandieren, um unsere Lebenskraft mit dem kosmischen Leben zu vereinigen, das uns umgibt. Dann leben wir als Quelle der Gnade, des Wohlwollens und des guten Willens. Wir wissen, dass wir wahres Glück nicht in der äußeren Welt finden, und wir wachsen innerlich. So werden wir und dessen bewusst, dass letztlich alles gut ist und dass wir die Aufgabe haben, anderen auf dem Weg zum Licht zu helfen.

Dann müssen wir Venus harmonisieren, unsere liebende Hingabe und Zuneigung. Wir müssen unsere Liebe und Kreativität nutzen, um das kosmische Wunder, die kosmische Freude, zu entfalten. Diese Freude und diese Schönheit kommen aus dem Göttlichen, aus dem Bewusstsein, aus unserem wahren Selbst. Freude hat nichts mit äußeren Objekten zu tun, sondern spiegelt sich lediglich auf ihnen wider. Wir müssen die wahre Freude im Leben finden, damit das Leben eine Form des Gottesdienstes wird und alles Schöne unser spirituelles Herz ausdrückt.

Danach müssen wir diesen Prozess mit Saturn vollenden, ihm in unserem Alltag eine feste Form geben. Dafür brauchen wir Konzentration, Beständigkeit und Ernsthaftigkeit. Wir müssen selbst dann hingebungsvoll, ruhig und kühl bleiben, wenn wir leiden oder vor Hindernissen stehen. Dann erleben wir jeden einzelnen Augenblick bewusst und übersehen nichts.

Auf diesem Fundament müssen wir uns der verborgenen Seite des Lebens und der Psyche stellen. Es genügt nicht, die äußeren Schichten zu läutern. Wir müssen die Saat der Falschheit aus den tiefsten Winkeln des Geistes holen und uns mit seinen Illusionen, mit seinen geheimen Wünschen – von Rahu hervorgerufen – auseinandersetzen. Wir müssen den Geistern und Dämonen des Unbewussten ins Gesicht sehen, auch der Urangst und dem Urverlangen, auf denen diese Welt der Unwissenheit errichtet wurde. Wir müssen alle Gewohnheiten, Süchte und Abhängigkeiten verstehen, die uns an die Welt der Erscheinungen fesseln.

Und schließlich müssen wir uns mit Ketu befassen: mit unserer Fähigkeit, das Ich aufzulösen. Das setzt Achtsamkeit voraus, damit wir uns nicht selbst schaden und im Augenblick des Sieges nicht vom Weg abkommen. Wir müssen lernen, im Göttlichen aufzugehen, nicht im Profanen. Wir brauchen höchste Einsicht, um den Schleier der Zeit und der Illusionen zu durchdringen und im ewigen Licht Ruhe zu finden. Wir müssen den Punkt erreichen, an dem unser wahres Selbst in allen anderen Wesen ist und alle anderen Wesen in unserem wahren Selbst sind.

So kehren wir zur Sonne der Wahrheit zurück und genießen ihre ganze Macht. Wir können diesen Prozess als eine Entwicklung in der Zeit betrachten; aber er ist eher eine Entwicklung verwandter Eigenschaften und spielt sich in jedem Menschen anders ab. Er gleicht dem Aufblühen einer Lotosblume von der Mitte her. Im Wesentlichen handelt es sich um einen Prozess des Yoga und der Meditation; aber die Astrologie kann ihn fördern.

DIE PSYCHOLOGISCHE BEDEUTUNG DER PLANETEN

Die Sonne ☉

Auf der höheren Ebene symbolisiert die Sonne das wahre oder göttliche Selbst (*atman*), während sie auf der niedrigen Ebene das Ich verkörpert.

Das größte solare Thema ist die Identität. Unsere wahre Identität ist Bewusstsein als Bewusstsein; wir finden sie in keinem anderen Phänomen, mit dem wir identifiziert werden. Alles, was jemand mit uns identifiziert, ist eine Form der Dunkelheit. Unser wahres Wesen drückt sich in der Fähigkeit aus, die Dinge zu erleuchten; es ist nicht identisch mit den Dingen, die unser Geist erleuchtet.

Unser wahres Wesen ist im Licht. Es ist das Licht. Das wahre Licht finden wir, wenn wir nach innen gehen. Jedes äußere Licht, das wir reflektieren, selbst das Größte, erzeugt Dunkelheit in uns.

Der Mond ☾

Der Mond symbolisiert das Gemüt oder das Bewusstsein im Allgemeinen (*manas*). Das Hauptthema des Mondes sind Frieden und ein empfänglicher Geist. Dieses Ziel erreichen wir, wenn das Gemüt sich dem Göttlichen ganz hingibt; wir erreichen es nicht durch mentale Aktivität oder indem wir persönlichen oder gesellschaftlichen Kräften gehorchen. Das bedeutet nicht, das Gemüt zu leugnen oder zu unterdrücken. Wir müssen ihn vielmehr in die richtige Bahn lenken und uns dem Göttlichen in jedem Ding und in jedem Augenblick öffnen.

Mars ♂

Der Mars symbolisiert das Bedürfnis der Energie, sich selbst zu transformieren. Jede Energie hat ein Ziel. Und jedes Leben braucht ein Ziel.

Mars lenkt unsere Energie hin zur wahren Transformation, zum Wandel des Bewusstseins. Wir dürfen unsere Energie nicht auf ein vergängliches Ziel richten. Aber genau das tun wir, solange wir nach äußeren Zielen streben, etwa nach Lust, Reichtum und Ansehen. Die Folge der wahren Transformation ist die Fähigkeit, die Ebene der Einheit zu erreichen, nicht spezifische begrenzte Ziele.

Merkur ☿

Merkur ist das Symbol des Urteilsvermögens *(buddhi)*. Er kann ein Netz der Informationen und Spekulationen knüpfen, das die Seele auf der Ebene der Sinne gefangen hält. Aber er kann auch eine Leiter der Werte und Prinzipien bauen, auf der die Seele nach oben steigt.

Der Merkur fordert uns vor allem zu richtigen Urteilen auf. Entscheidend ist, ob wir den Intellekt nutzen, um die Eindrücke der Sinnesorgane zu verarbeiten, oder um das Wahre vom Falschen zu unterscheiden. Im letzteren Fall verwandeln wir Merkur in den Gott der Weisheit.

Jupiter ♃

Jupiter symbolisiert das Gesetz unserer Natur, unsere schöpferische Intelligenz, die uns Würde verleiht. Jupiter will, dass wir uns auf den Strom der göttlichen Gnade einstimmen, auf das innere Gute, nicht auf gesellschaftliche Güter. Dazu brauchen wir eine spirituelle Kreativität, welche die Welt läutert, nicht eine rein materielle Kreativität, die nur äußere Kräfte und Strukturen stärkt. Wir müssen lernen, in der Gegenwart des Göttlichen gut zu sein. Es genügt nicht, Gutes zu tun, um bewundert zu werden. Diese Einstellung setzt einen Optimismus voraus, den wir erlangen, wenn wir uns des Ewigen bewusst sind.

Venus ♀

Venus ist das Symbol unserer Fähigkeit, Liebe und Schönheit auszudrücken. Das Leben kommt aus der Glückseligkeit und strahlt Glückseligkeit aus. Wir alle wollen ewig glücklich sein. Venus fragt uns, was wir darunter verstehen. Wir können nach äußerer Lust oder nach innerer Freude streben. Wir können an vergänglichen Dingen hängen und dabei unser Glück verlieren, oder wir können das Ewige suchen und dabei Glückseligkeit finden. Wahre Freude kommt jedoch nur aus dem Leiden, während das bloße Vergnügen meist zum Leiden führt. Da wir am Vergänglichen haften und die Folgen nicht sehen, bleiben wir in der Illusion vom äußeren Glück gefangen. Die höhere Energie der Venus empfangen wir durch liebende Hingabe an das Bewusstsein als Objekt unserer Liebe.

Saturn ♄

Saturn symbolisiert die Macht unseres Handelns. Alles, was wir regelmäßig tun, setzt Kräfte in Bewegung. Diese Macht begleitet uns von einem Leben zum anderen. Unser Schicksal spiegelt sich in unserem täglichen Tun wider.

Saturn rät uns, stetig und bewusst die Macht der Wahrheit und des Friedens zu stärken. Wir müssen das, was wir gelernt haben, praktisch anwenden und geduldig vollenden.

Rahu ☊

Rahu ist die illusorische Macht unserer unerfüllten Wünsche. Diese verzerren unsere Wahrnehmung auf der unbewussten Ebene. Die Fähigkeit des Geistes, Bilder zu projizieren, ist eine enorme schöpferische Kraft, die wir auch nutzen können, um zu meditieren, sobald wir sie im Griff haben. Rahu fordert uns auf, unsere geheimen Wünsche zu meistern und das, was ist, als Wahrheit zu akzeptieren.

Ketu ☋

Ketu ist die illusorische Macht unserer Ängste und unser Haften an dem, was wir erreicht haben. Das alles hält uns vom positiven Handeln ab und verhindert den Wandel. Rahu verkörpert den Tod, vor dem wir im Leben fliehen. Der Tod, den wir fürchten, ist nicht der Tod des Körpers, sondern der Tod des Ichs. Erst wenn wir den Tod als schöpferische Kraft, als Kraft der Erneuerung und der Transformation willkommen heißen, können wir über seinen Schatten springen.

DER PSYCHOLOGISCHE EINFLUSS DER HÄUSER

Das erste Haus ist das Haus des Selbstes, aber auch das Haus des Ichs. Ungünstige Einflüsse auf das erste Haus und die Sonne, seinen Regenten, enthüllen also Probleme mit dem Ich.

Das vierte Haus ist das Haus der Emotionen. Werden dieses Haus sowie sein Regent und Signifikator (der Mond) negativ beeinflusst, haben wir emotionale Probleme. Mars erzeugt Wut, Saturn löst Kummer und Depressionen aus. Rahu ruft Verwirrung und psychische Störungen hervor.

Das fünfte Haus ist das Haus des Intellekts und der Intelligenz. Wenn dieses Haus sowie sein Regent und Signifikator (Jupiter) unter ungünstigem Einfluss stehen, mangelt es uns an Urteilsvermögen, oder wir haben die falschen Werte. Mars macht uns grob und überkritisch. Saturn trübt den Geist. Rahu macht uns verwirrt und verzerrt die Wahrnehmung.

Das neunte Haus ist das Haus des höheren Selbstes oder Atman. Wenn es stark ist, sind wir mit unserem höheren Selbst und mit den positiven Kräften des Universums und des kosmischen Geistes eng verbunden.

Saturn

Er trägt ein dunkelblaues Gewand und hat vier Arme, der Sohn des Sonne. Obwohl er furchterregend aussieht, ist er friedlich. Sein Reittier ist ein Ochse, der langsam geht. Saturn trägt einen Dreizack, einen Bogen und ein Labyrinth in den Händen, und sein Haupt schmückt ein Saphir. Er macht eine segnende Geste. Möge der göttliche Saturn uns immer gnädig sein.

14
Heilverfahren

WIE MAN DIE EINFLÜSSE DER PLANETEN AUSGLEICHT

Wie jede andere Wissenschaft hat auch die Astrologie eine Technik. Sie will uns nicht nur Wissen über uns selbst vermitteln, sondern uns auch Zugang zu den tieferen Aspekten unseres Wesens verschaffen, so dass wir mit den Kräften unserer subtilen Umwelt besser zurecht kommen. Die Technik der Astrologie nutzt unsere Energien, um unsere Beziehung zum Kosmos zu verbessern. Sie verwendet zwar Dinge aus der Natur, zum Beispiel Edelsteine, aber von einem spirituellen und okkulten Standpunkt aus.

Die westliche Astrologie befasst sich mehr mit der Theorie als mit der Praxis. Sie besitzt keine überzeugende Methode, um planetare Einflüsse auszugleichen. Im Mittelalter benutzte man noch Edelsteine, Kräuter, Metalle und Beschwörungen; aber diese Methoden gingen mit der Entwicklung der modernen Wissenschaften weitgehend verloren. In Indien blieben sie dagegen erhalten. Edelsteine, Mantras, Gottheiten und Rituale waren immer ein Teil der vedischen Astrologie.

Heute wenden die meisten westlichen Astrologen moderne psychologische Verfahren an, um ihren Klienten zu helfen. Sie stützen sich dabei vor allem auf die Psychologie von C. G. Jung, weil dieser die Astrologie akzeptierte und selbst praktizierte. Man erforscht persönliche, emotionale und sexuelle Probleme mithilfe des Geburtshoroskops als Schlüssel zum Unbewussten. So erlangen die Klienten Einsicht in ihre Bedürfnisse und in ihr Tun.

Einige westliche Astrologen führen wieder okkulte Methoden ein, zum Beispiel Edelsteine. Aber es gibt keine Einigkeit darüber, wie man solche Methoden interpretiert und anwendet. Manche Astrologen bevorzugen spirituelle Methoden. Sie versuchen beispielsweise, sich auf verschiedene Meister oder auf die *sieben Strahlen* einzustimmen oder Einflüsse aus früheren Existenzen aufzudecken. Solche Verfahren stammen hauptsächlich aus der Theosophie oder von Alice Bailey, die sich ihrerseits vor allem auf hinduistische oder buddhistische Lehren stützten, wenn auch in modifizierter und modernisierter Form. Andere Astrologen befassen sich mit richtiger Ernährung, westlicher Kräuterheilkunde und Makrobiotik. Das sind zwar interessante Gebiete, doch viele dieser Methoden halten einer kritischen Prüfung nicht stand, obwohl der eine oder andere Astrologe damit Erfolg haben mag.

Bei einer typischen astrologischen Beratung erfährt der Klient jedoch nicht immer, was er gegen ungünstige planetare Einflüsse tun kann. Man rät ihm nur, sich dieser Kräfte bewusst zu sein, um sie im Rahmen seiner Erfahrungen zu verstehen. Wenn der Klient nach Hause geht, fühlt er sich möglicherweise den Mächten des Schicksals hilflos ausgeliefert – man warnt ihn vor einer Gefahr, sagt ihm aber nicht, wie er sie abwenden kann. Ein vedischer Astrologe informiert den Ratsuchenden nicht nur über die planetaren Einflüsse, sondern hilft ihm auch, diese auszubalancieren. Dank der vedischen Astrologie verstehen wir unser Karma besser und können es transformieren. Diese Astrologie ist keine Wissenschaft vom Schicksal oder vom Verhängnis, sondern ein System, das Leiden lindert und negative Einflüsse abwehrt.

Die vedische Astrologie ermöglicht es uns, in Harmonie mit den Sternen zu leben. Das gelingt uns nicht, wenn wir unsere bisherige Lebensweise beibehalten oder theoretisches Wissen erwerben. Wir brauchen praktische Methoden, die uns mit dem Kosmos und seinen Kräften in Einklang bringen. Das sind keine astrologischen Methoden, sondern spirituelle. Wir nutzen die subtilen Energien, die uns umgeben, zum Beispiel Edelsteine, Farben, Rituale, Mantras und Meditation. Wenn wir diese Methoden nicht täglich anwenden, kann unser astrologisches Wissen unser Leben wahrscheinlich nicht ändern.

WELCHE PLANETEN SOLLEN WIR STÄRKEN?

Es gibt mehrere komplexe Methoden, um einen Planeten zu stärken. Das rundprinzip ist jedoch einfach: *Wir stärken einen Planeten, wenn er günstig ist, aber im Horoskop schwach.* Dagegen müssen wir gründlich nachdenken, bevor wir natürliche Malefizplaneten wie Saturn und Mars stärken, vor allem mit Edelsteinen.

Um herauszufinden, welche Planeten wir stärken sollen, bewerten wir ihren natürlichen und temporären Charakter entsprechend der Regeln über Benefiz- und Malefizplaneten und Häuserregentschaft. Wir können schwache natürliche Malefizplaneten stärken, wenn sie temporär günstig sind, etwa Saturn für den Waage-Aszendenten oder Mars für den Krebs- und den Löwe-Aszendenten.

Außerdem kann es sinnvoll sein, jene Planeten zu stärken, die den Aszendenten oder das neunte Haus regieren, selbst wenn sie nicht schwach sind. Dadurch steigern wir die positive Energie im Horoskop. Wir können einen Benefizplaneten in einer guten Position stärken; aber das ist meist nicht so hilfreich wie die Stärkung eines schwachen oder schlecht positionierten Planeten. Manche Astrologen stärken sowohl den schwächsten als auch den stärksten Planeten im Horoskop, sofern keiner von ihnen ein Malefizplanet ist. Die Meinungen zu diesem Thema sind geteilt, und es gibt mehrere vertretbare Standpunkte.

Die folgenden astrologischen Therapien eignen sich dafür, schwache Planeten zu stärken. Wenden Sie alle diese Methoden bedachtsam an. Eine schwache Sonne und ein schwacher Mars haben zum Beispiel ähnliche Wirkungen, weil beide schwaches Feuer und einen schwachen Willen symbolisieren. Aber eine schwache Sonne trübt das Selbstbild, während ein schwacher Mars die Motivation und die Arbeitsfähigkeit verringert. Darum brauchen wir eine astrologische Analyse, um geeignete Heilmaßnahmen zu bestimmen.

Die Anwendung von Edelsteinen und Kräutern kann gefährlicher sein als Mantras oder Meditation. Mit letzteren können wir negative planetare Einflüsse abwehren, zum Beispiel einen zu starken Saturn, Rahu oder Mars. Aber wir dürfen diese Planeten nicht mit Edelsteinen oder Kräutern stärken. Andererseits sollten wir alle Planeten gelegentlich durch Mantras, Meditation oder Rituale anerkennen und versöhnlich stimmen, weil wir von ihnen abhängig sind.

Yantras (geometrische Muster) für die Planeten sind ebenso nützlich wie Edelsteine, haben aber keine Nebenwirkungen. Sie können wie die Mantras Planeten versöhnlich stimmen. Am besten benutzen wir dafür die Yantras der Planeten, die uns stören oder die wir stärken wollen (siehe dazu den Abschnitt über planetare Gottheiten).

Was Edelsteine betrifft, so ist ihre Qualität ebenso wichtig wie ihre Reinigung. Edelsteine sollten von guter Qualität und ohne größeren Makel sein. Natürliche Edelsteine wie Smaragde haben meist einige kleine Fehler, was nicht schadet, sofern die Brechung der Strahlen erhalten bleibt.

Edelsteine können die höheren und niedrigeren Einflüsse der Planeten stärken, je nachdem, wie wir sie benutzen. Ein Edelstein für die Venus kann beispielsweise unser Verlangen steigern oder uns mehr

Lebensfreude oder Wohlstand verschaffen. Wenn wir unsere Liebe und Kreativität fördern wollen, müssen wir den Stein spirituell „aufladen“. Die bloße Verwendung von Edelsteinen ist keine Gewähr dafür, dass sie unseren spirituellen Zustand verbessern. Falsch angewandt, können sie uns auf einer subtilen astralen Ebene verwirren. Darum ist es ratsam, Edelsteine mit Mantras oder anderen spirituellen Mitteln zu reinigen und mit Energie zu erfüllen.

Finger und Planeten

Zeigefinger	Äther	Jupiter
Mittelfinger	Luft	Saturn
Ringfinger	Feuer, Wasser	Sonne, Mond
Kleiner Finger	Erde	Merkur

Edelsteine trägt man meist an dem Finger, der einem bestimmten Planeten und Element zugeordnet ist. Die Edelsteine der anderen Planeten kann man an den Fingern tragen, die befreundete Planeten symbolisieren. Venussteine passen auf den Saturn- oder Merkurfinger. Mond- und Marssteine können wir auch am Sonnen- oder Jupiterfinger tragen. Tragen Sie Edelsteine immer so, dass sie die Haut berühren. Das ist sehr wichtig. Andernfalls haben sie nur eine geringe Wirkung.

Denken Sie daran, dass nicht alle Einflüsse eines Planeten geschwächt sein müssen. Wenn Sie in Bezug auf den Beruf eine schwache Sonne haben (das merken Sie, weil Ihre Leistung nicht anerkannt wird), muss die Sonne nicht unbedingt schwach hinsichtlich der Gesundheit sein (ein Indiz dafür wäre Herzschwäche). Ich habe solche Anzeichen unten aufgezählt; aber das bedeutet nicht, dass sie immer zusammen auftreten.

Natürliche Malefizplaneten wie Saturn, Mars, Rahu und Ketu sind problematisch, wenn sie zu stark oder zu schwach sind. Sind sie zu stark, schwächen sie andere Planeten, und wir müssen diese stärken. Aber auch schwache Malefizplaneten können andere Planeten stören, und zwar mit ihren Aspekten. Darum müssen wir vorsichtig sein und dürfen einen schwachen Malefizplaneten nur stärken, wenn wir auch einen Benefizplaneten stärken. Wer beispielsweise Saturn stärkt, sollte Venus oder Merkur ebenfalls stärken, um die positive Seite des natürlichen Malefizplaneten zu betonen.

SONNE

Anzeichen für eine schwache Sonne

Die wichtigsten Symptome sind mangelndes Selbstvertrauen und geringe Selbstachtung. Erfolglosigkeit und geringe Anerkennung sind die Folge. Wir sind willenschwach und mutlos und neigen zu Furcht und Unsicherheit. Der Antrieb und die Motivation sind gering, und wir hängen emotional und materiell von anderen ab. Meist geben uns Angehörige und Freunde ein Gefühl der Identität, und es fällt uns schwer, selbst aktiv zu werden. Oft hat unser Vater ein schweres Schicksal.

Zudem leiden wir an Energiemangel, Blässe, Blutarmut, kalten Gliedmaßen, schwacher Verdauung und Appetitmangel. Oft kommen ein schwacher oder langsamer Puls, Herzschwäche und schlechte Durchblutung hinzu, manchmal auch Ödeme, Verschleimung, Arthritis, schwache Knochen und eine Unterfunktion der Organe und Nerven. Auch die Augen können schwach sein. Die Widerstandskraft ist gering, vor allem bei kaltem und feuchtem Wetter.

Astrologische Faktoren

Eine schwache Sonne steht in der Waage, in feindlichen Zeichen (z. B. in Saturn–Zeichen) oder in schwierigen Häusern (etwa im elften oder zwölften). In Frage kommen auch ungünstige Aspekte mit Saturn, Mars, Rahu oder Ketu. Besonders ungünstig ist eine nahe Konjunktion mit Ketu.

Die Sonne ist ein Benefizplanet für Widder-, Löwe-, Skorpion- und Schütze-Aszendenten. Selbst wenn sie nicht schwach ist, können wir sie für diese Aszendenten stärken, um ihre positiven Eigenschaften (z. B. Führungsqualitäten, Unabhängigkeit, Intelligenz und Einsicht) zu fördern.

Edelsteine

Der wichtigste Edelstein für die Sonne ist der Rubin. Er sollte mindestens zwei Karat haben, in Gold von wenigstens vierzehn Karat gefasst sein und am rechten Ringfinger getragen werden. Am besten ist ein makelloser, durchsichtiger Stein.

Als Ersatz eignet sich ein guter Granat, mindestens mit drei Karat, besser mit fünf. Sie können einen großen Granatanhänger oder eine Kette mit einem Granat tragen.

Tragen Sie diese Steine zuerst an einem Sonntag, am besten bei Sonnenaufgang und wenn die Sonne stark ist, weil sie in ihrem eigenen Zeichen steht oder erhöht ist (Schütze ist ebenfalls günstig). Ein Astrologe kann Ihnen eine günstige Zeit *(muhurta)* empfehlen.

Wann ist ein Edelstein für die Sonne nicht zu empfehlen?

Edelsteine für die Sonne sollten Sie nicht tragen, wenn Sie an Fieber, Blutungen, Geschwüren, Bluthochdruck oder Infektionen leiden (starkes Pitta). Das Gleiche gilt für übertriebenen Ehrgeiz, Machtstreben, ein starkes Ich, Stolz oder Eitelkeit.

Ungünstige astrologische Faktoren liegen vor, wenn die Sonne der Regent des dritten, sechsten oder elften Hauses ist oder wenn Benefizplaneten im Horoskop – etwa Mond, Venus, Merkur oder Jupiter – verbrannt sind oder in Opposition zur Sonne stehen. Als Malefizplanet verdirbt die Sonne die Qualitäten des Hauses, in dem sie steht. Wenn Sie einen Edelstein für die Sonne tragen, schaden Sie dem Haus, vor allem einem Trigon- oder Eckhaus. Ausnahmen sind das dritte, sechste, zehnte und elfte Haus .

Farben

Meditieren Sie über die rote oder goldene Sonne im Herzen. Verwenden Sie helle, klare, durchscheinende, warme Farben, am besten Rot, Gelb, Gold Orange. Meiden Sie dunkle Farben und Orte, vor allem trübe Farben sowie Grau- und Schwarztöne.

Kräuter und Aromen

Würzige und scharfe Kräuter wie Cayenne, schwarzer Pfeffer, getrockneter Ingwer, Safran, Kalmus, Piment und Zimt (vor allem die ayurvedische Mischung *Trikatu*) stärken die solare Energie. Kalmus eignet sich am besten für die sattwische Seite der Solarenergie im Geist.

Aromatische Öle und Düfte für die Sonne sind Kampfer, Zimt, Eukalyptus und Safran.

Mantras

Es gibt viele Mantras für die zahlreichen Namen der Sonne (Surya, Savitar, Aditya, Ravi, Mitra, Varuna, Aryaman, Pushan, Indra und Agni).

- Das wichtigste Namensmantra ist *Om Suryaya Namah!*
- Das wichtigste Saatmantra *(bija)* ist *Om Sum!* (mit langem u).

Ein gutes Saatmantra für die Sonne ist auch *Ram* (mit langem a), der Name des Avatars Rama. Es stärkt die Verbindung mit dem göttlichen Licht. Sie können auch *Om* benutzen, denn es gilt als Klang der Sonne. Die Sonne ist die Essenz aller Vokale. Ein weiteres gutes Mantra ist *Hrim* (mit langem i); es bringt das goldene Licht des Herzens nach außen. Am besten sprechen oder singen Sie diese Mantras an einem Sonntag während des Tages (bei Sonnenaufgang, am Mittag oder bei Sonnenuntergang).

Gottheiten

Die Sonne symbolisiert den göttlichen Vater Shiva Mahadeva. Aber sie ist auch ein Sinnbild des Göttlichen im Allgemeinen, so dass Sie keinen bestimmten Gott verehren müssen. Vishnu wird als Sonne verehrt, weil er den immanenten oder wohlwollenden Aspekt der Sonnenenergie verkörpert.

Die Sonne ist auch der göttliche Sohn. Die großen Avatare sind Söhne der Sonne. Dazu gehören Christus, der zur Wintersonnenwende geboren wurde (er ist die wieder geborene Sonne), sowie Rama, Krishna und Buddha.

Yoga

Wenn Sie meditieren und den Yoga des Wissens praktizieren, verbinden Sie sich mit Ihrem höheren Selbst. Das Wichtigste ist, dass Sie ein Gefühl der Identität mit ihrem inneren Selbst, dem reinen Bewusstsein, entwickeln. Sie müssen lernen, zwischen dem niedrigen Ich und dem höheren Selbst zu unterscheiden.

Die Lebensweise

Stärken Sie Ihre Unabhängigkeit und Ihren Mut; fordern Sie Ihre Ängste heraus. Bringen Sie Licht in alle dunklen Winkel des Geistes. Lernen Sie, allein in der Öffentlichkeit aufzutreten und allein zu sein. Werden Sie aktiver, und übernehmen Sie Führungsaufgaben.

Verbringen Sie mehr Zeit im Freien und in der Sonne. Nehmen Sie täglich ein Sonnenbad von etwa zwanzig Minuten Dauer. Stehen Sie früh auf, und begrüßen Sie die Sonne, am besten mit einem Gebet oder Sprechgesang an das Göttliche (auch mittags und bei Sonnenuntergang). *Surya namaskara,* der „Sonnengruß“ des Yoga, ist als ständige Übung zu empfehlen.

MOND

Anzeichen für einen schwachen Mond

Ein schwacher Mond macht sich durch Unruhe, emotionale Instabilität, Angst, Furcht vor Intimität, Unfreundlichkeit und schwache Gefühle bemerkbar. Sie sind unzufrieden und halten Kontakte mit anderen nur mühsam durch. Hinzu kommen Launenhaftigkeit, Depressionen, negatives Denken und manchmal Neurosen und geistige Störungen. Vielleicht hat Ihre Mutter ähnliche Probleme.

Auffällig sind auch Symptome wie Blutarmut, Mangel an Körperflüssigkeiten, Austrocknung, Untergewicht, trockene Haut, Verstopfung, schwache Lungen und schwache Nieren. Trockenheit und Hitze machen Ihnen zu schaffen. Frauen leiden bisweilen an Unfruchtbarkeit oder Menstruationsbeschwerden.

Astrologische Faktoren

Der Mond ist schwach, wenn er im Skorpion in seinem Fall steht, wenn er in einem feindlichen Zeichen steht, wenn Malefizplaneten wie Saturn, Rahu, Ketu oder Mars ihn aspektieren oder wenn er in einem ungünstigen Haus steht (im sechsten, achten oder zwölften). Die Aspekte mit Rahu und Saturn sind die ungünstigsten, vor allem wenn kein Aspekt mit Jupiter sie ausgleicht oder wenn Jupiter, vom Mond aus gezählt, nicht in einem Eckhaus steht. Sehr schwach ist der Mond, wenn er der Sonne nahe oder verbrannt ist, etwa bei Neumond. Außerdem ist er schwach, wenn er im Horoskop allein ist, ohne Benefizplaneten, die ihm nahe sind oder ihn aspektieren.

Ein Benefizplanet ist der Mond für Krebs-, Skorpion- und Fische-Aszendenten. Dann lohnt es sich, seine emotionale Kraft, Freundlichkeit und Liebe zu stärken. Da der Mond jedoch selbst ein Aszendent ist, kann man ihn oft genau so stärken wie den Regenten des Aszendenten.

Edelsteine

Der beste Edelstein für den Mond ist eine natürliche Meeresperle. Sie sollte mindestens zwei Karat haben, in Silber oder weißes Gold gefasst sein und am Ringfinger getragen werden. Zuchtperlen oder Mondstein sind ein brauchbarer Ersatz, wenn sie groß sind, drei bis fünf Karat haben oder als große Anhänger oder Ketten getragen werden.

Tragen Sie die Steine zuerst an einem Montag, wenn der Mond zunimmt und im Stier, im Krebs, in den Fischen oder in einem freundlichen Zeichen steht. Eine Konjunktion oder ein starker Aspekt mit einem Malefizplaneten darf nicht vorliegen. Ein Astrologe kann Ihnen eine günstige Zeit empfehlen, vor allem ein gutes Nakshatra (z. B. Rohini, Pushya, Punavarsu, Chitra, Hasta oder Shravana.

Wann ist ein Edelstein für den Mond nicht zu empfehlen?

Tragen Sie keine Edelsteine für den Mond, wenn Sie an Verschleimung, Ödemen, Verstopfung oder Übergewicht leiden (starkes Kapha). Das Gleiche gilt für heftige Gefühle, Sentimentalität, Gier oder übertriebenes Engagement für die Familie oder die Gesellschaft.

Negative astrologische Faktoren liegen vor, wenn der Mond ein Malefizregent des dritten, sechsten oder achten Hauses ist. Dann kann er selbst als Vollmond Probleme hervorrufen.

Farben

Weiß ist die beste Farbe für den Mond. Weiße Schattierungen der Farben Blau, Grün oder Rosa sind hilfreich, aber sie sollten hell sein. Meiden Sie dunkle und trübe Farben, vor allem Grau und Schwarz, aber auch zu viel Rot und zu viele feurige Farben. Sehr durchscheinende Farben sind nicht zu empfehlen.

Kräuter und Aromen

Gute Arzneien für den Mond sind lindernde und stärkende Kräuter wie Eibisch, Ulme, Beinwell, Salomonssiegel, Bala, Shatavari, weiße Musali und Rehmannia, vor allem in Abkochungen mit Milch.

Duftöle aus weißen Blüten wie Jasmin, Gardenia, Lotos und Lilie sind hilfreich, ebenso Sandelholzöl. Man kann sie über dem Herzen oder dem dritten Auge auftragen.

Mantras

- Das Hauptmantra für den Mond ist *Om Chandraya Namah!*
- Das Saatmantra ist *Cham* (tscham gesprochen) oder *Som*.

Nützlich sind auch *Om somaya Namah!* als Namensmantra und *Shrim* (mit langem i), das Hauptmantra der Göttin, als Saatmantra. Sprechen

Sie diese Mantras an Montagen oder am Abend, vor allem kurz vor Vollmond. Auch die Zeit vor dem Halbmond ist geeignet.

Gottheiten

Der Mond symbolisiert die Göttin, das kosmische Weibliche, die göttliche Mutter, die große Göttin Mahadevi, die als Gefährtin Shivas den Namen Mahashakti trägt. Sie hat viele Formen in den einzelnen spirituellen Traditionen. Dort ist sie Parvati, Lakshmi, Tara, Kwan Yin, Isis oder die Jungfrau Maria. Meditieren Sie vor allem am Vollmondtag über die Göttin in Ihrem Herzen, entweder in der Mondkugel oder mit einer Mondsichel auf dem Kopf.

Yoga

Bhakti Yoga, der Yoga der liebenden Hingabe, steigert die lunare Energie, vor allem wenn die Göttin oder die göttliche Mutter verehrt wird. Streben Sie nach Frieden, Glauben, Empfänglichkeit und Hingabe an das Göttliche. Die lunare Energie verlangt die Zugehörigkeit zu einer spirituellen Tradition. Bleiben Sie aber für die Wahrheit offen, und binden Sie sich nicht emotional an einen Glauben.

Die Lebensweise

Glaube, liebende Hingabe und Fürsorge stärken die lunare Energie. Bevorzugen Sie eine mütterliche oder fürsorgliche Umgebung im Freundeskreis und in der Familie. Helfen Sie anderen, gehen Sie unter die Leute, und öffnen Sie Ihr Herz für die Gemeinschaft.

MARS

Anzeichen für einen schwachen Mars

Ein schwacher Mars äußert sich durch Energiemangel, geringe Motivation und die Unfähigkeit, stetig zu arbeiten. Es fällt Ihnen schwer, sich selbst zu behaupten. Sie sind ängstlich und lassen sich von anderen unterdrücken. Vielleicht wissen Sie nicht, wie Sie Ihrer Wut Luft verschaffen können, und merken nicht, dass andere Sie manipulieren. Sie sind zu passiv und werden vielleicht missbraucht, sogar körperlich.

Weitere Symptome sind Immunschwäche, Appetitmangel, schlechte Absorption, Untergewicht, Muskelschwäche, eine schwache Leber und ein schwacher Dünndarm, Neigung zu Blutungen oder Verletzungen, schlechte Wundheilung und Blutarmut. Bei Männern sind die Potenz und die Lebensfreude reduziert. Frauen leiden durch ihren Partner, der möglicherweise einen schwachen Charakter hat.

Astrologische Faktoren

Mars ist schwach, wenn er in den Zwillingen erniedrigt ist, wenn Malefizplaneten wie Saturn oder Rahu ihn aspektieren, wenn er verbrannt ist und wenn er in ungünstigen Häusern (etwa im achten oder zwölften) steht.

Mars ist ein Benefizplaner für Krebs-, Löwe-, Schütze- und Fische-Aszendenten und meist auch für Widder und Skorpion. Hier können Sie seine positiven Eigenschaften (z. B. Energie und Einsicht) selbst dann stärken, wenn er nicht geschwächt ist.

Edelsteine

Der wichtigste Edelstein für Mars ist die rote Koralle. Sie sollte mindestens drei Karat haben, in weißes Gold oder Silber gefasst sein und am rechten Zeige- oder Ringfinger getragen werden. Da die rote Koralle nicht sehr teuer ist, brauchen Sie keinen Ersatz. Aber Sie können auch Karneol verwenden (am besten als großen Anhänger). Die rosa Koralle harmonisiert stärker, kräftigt aber weniger.

Tragen Sie die Steine zuerst an einem Dienstag, am besten, wenn Mars in seinem eigenen Zeichen steht oder erhöht ist. Freundliche Zeichen, vor allem die des Jupiter, sind ebenfalls gut. Die astrologische Bestimmung einer günstigen Zeit ist zweckmäßig.

Wann ist ein Edelstein für Mars nicht zu empfehlen?

Tragen Sie keine Edelsteine für den Mars, wenn Sie an Fieber, Infektionen, Blutungen oder Geschwüren leiden oder wenn der Geschlechtstrieb zu stark ist (starkes Pitta). Das Gleiche gilt, wenn Sie zu eigenwillig, impulsiv, aggressiv, zornig oder kriegerisch sind.

Astrologische Faktoren sind Mars als Malefizregent (vor allem für Zwillinge- und Jungfrau-Aszendenten) oder Mars in Konjunktion mit den Benefizplaneten Mond, Merkur oder Venus. Meiden Sie Edelsteine für den Mars auch, wenn er im siebten Haus steht oder in einem Trigon- oder Eckhaus stark ist. Mars verdirbt meist die Häuser, in denen er steht, jedoch nicht das dritte, sechste, zehnte und elfte Haus.

Farben

Die Farbe Rot und andere feurige Farben – jedoch in dunkleren oder opaken Tönen – stärken die Marsenergie. Meiden Sie kühle Farben, Blau- und Grüntöne sowie sehr durchscheinende, helle Farben wie Gelb. Marstypen mögen auch militärische Farben.

Kräuter und Aromen

Die meisten Gewürze, die gut für die Sonne sind, eigenen sich auch für den Mars: Zimt, Safran, Gelbwurz, Cayenne und schwarzer Pfeffer, allerdings kombiniert mit Tonika wie Ginseng, Astragalus und Ashwaganda. Wenn Mars stark ist, brauchen Sie bittere Kräuter wie Aloe, Enzian und Echinacea, um seine Energie zu kühlen.

Mantras

- Das Namensmantra des Mars ist *Om Kujaya Namah!*
- Das Saatmantra ist *Om Kum!* (mit kurzem u).

Mars hat noch andere Namen, zum Beispiel Angaraka und Mangala. Nützlich ist auch das Feuermantra *Om Ram!* Meditieren Sie über dieses Mantra im Sonnengeflecht oder im Nabelchakra. Sprechen oder singen Sie Marsmantras vor allem an Dienstagen.

Gottheiten

Mars symbolisiert den Gott des Krieges, der Skanda, Karttikeya oder Subrahmanya heißt. Er ist der zweite Sohn von Shiva und Parvati und der Führer des himmlischen Heeres. Jede Kriegsgottheit kann die Marsenergie steigern.

Yoga

Mars wird vom Yoga des Wissens und der Technik gestärkt, vor allem von Übungen, welche die Energie und die Einsicht fördern. Marstypen arbeiten gerne praktisch an sich selbst, also durch körperliche Übungen oder durch Visualisieren und Rituale. Auf einer niedrigeren Ebene eignen sich auch die Kampfkünste, um die Marsenergie zu stärken. Sie können allerdings auch die negativen Seiten des Mars fördern, etwa das Verlangen nach Macht oder Ansehen.

Die Lebensweise

Um die Marsenergie zu fördern, müssen Sie lernen, aggressiver, mutiger, aktiver, ausdrucksvoller und energischer zu sein. Körperliche Bewegung und alles, was den Körper kräftigt, ist zu empfehlen. Seien Sie körperlich, psychisch und spirituell diszipliniert. Vermeiden Sie aber Schroffheit, gehen Sie bedachtsam vor, und passen Sie sich langsam an.

MERKUR

Anzeichen für einen schwachen Merkur

Für einen schwachen Merkur sprechen geringe Intelligenz, schlechte Kommunikation, Sprachfehler, ein schwaches Gedächtnis und Probleme mit dem Rechnen. Der Charakter ist unreif, kindisch oder töricht. Weitere Symptome sind schlechte Selbstbeherrschung, Süchte und Abhängigkeiten, langsames Denken, Tagträume, Unvernunft, Verwirrtheit und mangelnde Ausdrucksfähigkeit.

Körperliche Symptome sind ein schwaches Nervensystem, Nervenschmerzen, Zittern, Angst, Schlafstörungen und Herzklopfen. Die Haut ist trocken, oder sie juckt. Die Sinne sind überreizt. Eine nervöse Verdauung und Allergien sowie Lungen- und Herzschwäche können hinzukommen. Meist war die Gesundheit schon im Kindesalter schlecht.

Astrologische Faktoren

Merkur ist schwach, wenn Malefizplaneten wie Saturn, Rahu, Ketu, Sonne oder Mars ihn aspektieren, wenn er in den Fischen erniedrigt ist oder wenn er in einem feindlichen Zeichen oder in einem ungünstigen Haus (im sechsten, achten oder zwölften) steht. Auch Merkur-Mond-Aspekte und –Konjunktionen können negativ sein.

Ein Benefizplanet ist Merkur für Stier-, Zwillinge-, Jungfrau-, Waage-, Steinbock- und Wassermann-Aszendenten. In solchen Horoskopen können Sie die höheren merkurischen Qualitäten stärken: gutes Urteilsvermögen, Intelligenz und kommunikative Fähigkeiten.

Edelsteine

Der wichtigste Edelstein für den Merkur ist der Smaragd. Er sollte mindestens eineinhalb Karat haben, in Gold gefasst sein und am Ringfinger, Mittelfinger oder kleinen Finger (dem Merkurfinger) getragen werden.

Als Ersatz eignen sich Peridot, Jade, grüner Zirkon und grüner Turmalin. Sie können diese Steine auch als Anhänger oder Kette tragen. Am Ring sollten sie mindestens drei, als Anhänger fünf Karat haben.

Tragen Sie die Steine zuerst an einem Mittwoch, wenn der Mond zunimmt. Es ist vorteilhaft, wenn Merkur stark ist, in seinen eigenen oder in einem freundlichen Zeichen steht oder erhöht ist.

Wann ist ein Edelstein für Merkur nicht zu empfehlen?

Edelsteine für den Merkur sind ungefährlich, harmonisch und ausgewogen. Sie teilen jedoch die veränderliche Natur des Planeten, und darum sollte man sie nicht zusammen mit Steinen für Malefizplaneten (Saturn, Mars oder Sonne) tragen. Wenn Sie einen Merkurstein kaufen, müssen Sie darauf achten, welche Energien er möglicherweise bereits aufgenommen hat.

Tragen Sie auch dann keinen Merkurstein, wenn der Planet ein Malefizregent ist (z. B. Regent des sechsten oder elften Hauses), vor allem für Widder- oder Skorpion-Aszendenten, oder wenn er in der Nähe von Saturn oder Rahu steht.

Farben

Merkur wird von smaragdgrünen und grünen Farbtönen gestärkt. Verbringen Sie ausreichend Zeit in der grünen Natur. Auch grünes Licht kann nützlich sein.

Rot und Orange sollten Sie meiden, ebenso sehr dunkle Farben. Merkur liebt neutrale Farbtöne und nicht zu starke Farben wie Hellgrün, Hellblau, Hellgrau und Hellbraun, vor allem Erdfarben.

Kräuter und Aromen

Gute Kräuter für Merkur sind Nervenmittel wie Gotu kola, Bhringaraj, Helmkraut, Passionsblume, Rote Betonie, Ziziphus, Jatamansi, Kamille und Minze. Basilikum ist das Kraut Merkurs und Vishnus.

Gute Öle und Aromen sind Minze, Gaultherie, Eukalyptus, Zeder, Thymian und Salbei, die den Geist reinigen und öffnen. Sie sollten jedoch mit beruhigenden Ölen wie Sandelholz, Jasmin und Lotos ausbalanciert werden.

Mantras

- Das Namensmantra des Merkur ist *Om Budhaya Namah!*
- Das Saatmantra für Merkur ist *Om Bum!* (mit kurzem u).

Wichtig ist das Saatmantra *Aim*, das Mantra des Gurus und der Saraswati (Göttin der Weisheit). Sprechen Sie die Mantras mittwochs.

Gottheiten

Merkur ist der Planet Vishnus, des Gottes, der das Universum durchdringt und es als kosmische Intelligenz bewahrt. Außerdem ist Merkur der göttliche Lehrer, der Gott der Weisheit wie Hermes oder Thot. Er ist auch der Buddha, der Erleuchtete, der Avatar des Wissens, der Meditation und des Mitgefühls. Und er ist das göttliche Kind, das Krishna- oder Christuskind.

Yoga

Der Yoga des Wissens steigert Merkurs Energie. Das gilt vor allem für spirituelle Lehren, die Wert auf gutes Urteilsvermögen, Vernunft, klaren Ausdruck und objektive Wahrnehmung legen und uns oft die Rolle eines Lehrers übertragen. Mantras sind hilfreich, ebenso das Studium spirituell-philosophischer Werke des Vedanta und das Erlernen des Sanskrit oder einer anderen heiligen Sprache.

Die Lebensweise

Lesen, studieren, schreiben und denken Sie mehr. Mathematische und philosophische Studien sind gut, ebenso Kurse, Seminare und Schulen. Seien Sie sich der Welt stärker bewusst, und verbessern Sie Ihre kommunikativen Fähigkeiten, zum Beispiel durch das Erlernen einer neuen Sprache.

Nehmen Sie sich Zeit für die Entspannung in der Natur. Die höchste Fähigkeit des Intellekts ist nicht das Ordnen der äußeren, sondern der inneren Welt. Dazu gehört, dass Sie Sinneswahrnehmungen nicht als real betrachten und in Ihrem Bewusstsein nach dem Licht der Wahrheit suchen.

JUPITER

Anzeichen für einen schwachen Jupiter

Wenn der Jupiter schwach ist, haben Sie wenig Freude und Begeisterung. Der Wille und der Glaube sind schwach. Sie fühlen sich beengt und sehen keinen Sinn in Ihrem Tun. Weitere Symptome sind Pessimismus, Depressionen, Angst, Melancholie, Launenhaftigkeit und Selbstmitleid. Es fehlt an Mitgefühl und Freundlichkeit. Materielle und finanzielle Probleme sind wahrscheinlich. Die schöpferische Energie ist gering. Sie sind schroff zu Ihren Kindern oder leiden unter ihnen. Bei Frauen kann auch der Ehemann eine Quelle der Sorgen und Nöte sein.

Körperliche Symptome sind geringe Vitalität, ein schwaches Immunsystem, zu wenig Körperfett, Untergewicht, Schwäche der Leber und Bauchspeicheldrüse und schlechte Absorption, oft auch chronische Krankheiten und Schwäche der Drüsen und Nerven. Diese Anzeichen ähneln denen, die ein zu starker oder ungünstiger Saturneinfluss hervorruft, weil diese beiden Planeten meist in Opposition zueinander stehen.

Astrologische Faktoren

Jupiter ist schwach, wenn er im Steinbock erniedrigt ist, wenn er von Malefizplaneten (Saturn, Rahu, Ketu oder Mars) aspektiert wird und wenn er in ungünstigen Häusern steht (im sechsten, achten oder zwölften).

Ein Benefizplanet ist Jupiter für den Widder-, Krebs-, Löwe-, Skorpion-, Schütze- und Fische-Aszendenten. Hier können Sie Jupiters positive Eigenschaften (Freude, Kreativität und Intelligenz) selbst dann stärken, wenn es Ihnen daran nicht mangelt.

Edelsteine

Der wichtigste Edelstein des Jupiter ist der gelbe Saphir. Er sollte mindestens zwei Karat haben, in Gold gefasst sein und am rechten Zeigefinger getragen werden.

Der gelbe Topas ist ein fast gleichwertiger Ersatz. Citrin ist schwächer und sollte als großer Ring mit fünf Karat, als Anhänger oder als Kette getragen werden. Auch gelber Zirkon ist brauchbar.

Tragen Sie diese Steine zuerst an einem Donnerstag, am besten wenn der Mond zunimmt und Jupiter in seinem eigenen Zeichen steht, erhöht ist oder ein freundliches Haus bewohnt. Es ist vorteilhaft, wenn Jupiter in Konjunktion mit dem Mond oder, vom Mond aus gezählt, in einem Eckhaus steht.

Wann ist ein Edelstein für Jupiter nicht zu empfehlen?

Edelsteine für Jupiter sind von allen Steinen am sichersten und ausgewogensten, weil Jupiter der beste Benefizplanet ist. Tragen Sie die Steine aber nicht, wenn Jupiter der Regent eines ungünstigen Hauses ist (z. B. für den Stier- oder Waage-Aszendenten).

Farben

Gelb, Orange und Gold – klare, helle und durchscheinende Farben – steigern die Energie des Jupiter. Meiden Sie dunkle Farben und kräftige Rot-, Blau, Violett- und Purpurtöne.

Kräuter und Aromen

Stärkende Kräuter wie Ashwagandha, Bala, Süßholz, Ginseng und Astragalus steigern die Jupiter-Energie, vor allem in einer Milchabkochung, mit Ghee (geklärter Butter) oder als Kräuterquark. Oft sind auch kalorienhaltige Nahrungsmittel notwendig, etwa Mandeln, Walnüsse, Cashew-Nüsse, Sesamsamen, Ghee, Sesamöl und Mandelöl.

Mantras

- Das Namensmantra für Jupiter ist *Om Brihaspataye Namah!*
- Das Saatmantra ist *Om Brahm!*

Auch andere Mantras stärken den Jupiter, zum Beispiel *Shrim*, das den Wohlstand fördert. *Om* ist ebenfalls gut, weil es uns mit der expansiven göttlichen Energie verbindet. Sprechen Sie die Mantras an Donnerstagen.

Gottheiten

Jupiter ist der Planet Brihaspatis, des Priesters der Götter. Er ist auch Ganesh oder Ganapati, der elefantenköpfige Gott, der erste Sohn Shivas und Parvatis. Ganesh-Mantras eigenen sich auch für Jupiter, zum Beispiel

Om Gam Ganeshaya Namah! Außerdem ist Jupiter der König der Götter und derjenige, der Donnerkeile wirft wie Zeus, Thor und Indra. Indras Mantra ist *Om Indraya Namah!*

Yoga

Jupiter bringt uns auf den spirituellen Weg, der Wissen, liebende Hingabe, Übungen und Gottesdienst vereinigt, so wie im Raja Yoga. Am wichtigsten sind ihm Glaube und Hingabe; aber daraus entwickelt er Wissen. Religiöse oder spirituelle Aktivitäten stärken Jupiter.

Die Lebensweise

Sie stärken die Jupiter-Energie, wenn Sie optimistisch und gläubig sind, Rituale feiern und Gutes tun. Seien Sie freundlich, gesellig und gesprächig, jedoch gemäß Ihren höheren Prinzipien. Helfen Sie anderen, und heben Sie das Bewusstsein der Welt.

VENUS

Anzeichen für eine schwache Venus

Eine schwache Venus manifestiert sich als Mangel an Schönheit, Charme, Anmut, Geschmack und Kultur. Weitere Symptome sind Grobheit, Aggressivität, Vulgarität, Probleme mit Romanzen und Mangel an Liebe und Zuneigung. Bei Frauen sind die weiblichen Qualitäten schwach. Bei Männern sind Beziehungen zu Frauen schwierig, sofern vorhanden. Beiden fällt es schwer, Gefühle auszudrücken.

Körperliche Symptome sind Schwäche der Nieren, der Fortpflanzungsorgane, der Knochen und des Immunsystems sowie Unfruchtbarkeit, Impotenz, Energiemangel und Blutungen.

Astrologische Faktoren

Venus ist schwach, wenn sie in der Jungfrau erniedrigt ist, wenn sie in feindlichen Zeichen steht, wenn sie von Malefizplaneten (Sonne, Mars, Saturn, Rahu oder Ketu) aspektiert wird und wenn sie in ungünstigen Häusern steht (z. B. im sechsten oder achten).

Ein Benefizplanet ist die Venus für den Stier-, Zwillinge-, Jungfrau-, Waage-, Steinbock- und Wassermann-Aszendenten, vor allem für die beiden letzteren. Hier können Sie die höheren Energien der Venus stärken: liebende Hingabe, Freude und Kreativität.

Edelsteine

Der wichtigste Edelstein für die Venus ist der Diamant. Er sollte mindestens ein Karat haben, in Gold oder weißes Gold gefasst sein und am Mittelfinger oder kleinen Finger getragen werden.

Als Ersatz eignen sich der weiße Saphir, klarer Zirkon (mindestens drei Karat) und Quarzkristall. Letzteren verwenden Sie am besten als Anhänger (mindestens mit fünf, besser mit zehn Karat) oder an einer Kette.

Tragen Sie die Steine zuerst an einem Freitag, am besten wenn die Venus erhöht ist, in ihrem eigenen Zeichen oder in einem freundlichen Zeichen (z. B. in Zeichen des Saturn oder Merkur) steht und der Sonne nicht zu nahe ist.

Wann ist ein Edelstein für Venus nicht zu empfehlen?

Edelsteine für die Venus sind nützlich und meist ungefährlich. Sie können allerdings den Geschlechtstrieb, andere Begierden sowie die

Macht des Ichs und der Sinne steigern, wenn Sie sich in der niedrigen Venus-Energie verstricken. Streben Sie also nach der höheren Energie der liebenden Hingabe. Verwenden Sie keine Venussteine, wenn Ihr Sexualtrieb oder Ihr Verlangen nach Luxus stark ist. Das Gleiche gilt, wenn Venus in einem ungünstigen Haus (z. B. für den Schütze- oder Fische-Aszendenten) steht oder wenn sie sehr sinnlich ist (in festen Zeichen oder aspektiert vom Mars im fünften, siebten oder zwölften Haus).

Farben

Venus liebt alle Farben, vor allem den Regenbogen. Sie zieht aber Pastellfarben, Hellblau und Rosa vor. Dunkle und schwere Farben sind nicht gut. Meiden Sie auch zu glänzende oder grelle Farben. Am besten sind helle, blumige, buntscheckige Farben.

Kräuter und Aromen

Venus liebt Blumen und süße Düfte wie Rose, Safran, Jasmin, Lotos, Lilie und Iris, die ihre Energie steigern. Stärkende Kräuter für die Fortpflanzungsorgane sind ebenfalls gut, zum Beispiel Shatavari, weißer Musali, Amalaki, Aloe, Rehmannia, Dang gui und rote Himbeere.

Mantras

- Das Namensmantra der Venus ist *Om Shukraya Namah!*
- Das Saatmantra ist *Om Shum!* (mit kurzem u).

Das allgemeine Mantra für die Göttin ist *Shrim*. Es eignet sich auch für die Venus. Ein weiteres nützliches Mantra ist das Göttinnen-Mantra *Hrim*, das Mantra der Liebe, Schönheit, Bescheidenheit und des offenen Herzens. Sprechen Sie diese Mantras an Freitagen.

Gottheiten

Venus ist die schöne, junge und oft erotische Form der Göttin. Sie erscheint auch als Lakshmi, Lalita, Tripurasundari, Aphrodite oder Astarte. Man verehrt sie an einem Freitag mit Blumen, am besten an einem See, an einem Bach oder am Meer. Kunst, Schönheit und Anmut sind dabei wichtig.

Yoga

Venus liebt besonders Bhakti Yoga, den Yoga der liebenden Hingabe. Er macht uns empfänglich für die göttliche Liebe und Schönheit, wie die Geschichten von Radha und Krishna sowie die Liebeslyrik der Sufis bezeugen. Zu diesem Yoga gehören Sprechgesänge, Rituale, Tanz, Lieder und Visualisieren. Wir verehren das Göttliche in Gestalt eines Gottes, Lehrers oder geliebten Menschen, den wir anbeten, vor allem in Gestalt der Göttin.

Venus kann uns auch okkultes Wissen und okkulte Kräfte vermitteln, etwa die Fähigkeit, Visionen zu sehen oder Astralreisen zu unternehmen. Aber wir können uns leicht im Glanz und in den Illusionen der astralen Ebene verfangen. Beim Tantra und in der Astrologie unterstützt uns die Venus.

Die Lebensweise

Sie können die Venus-Energie steigern, wenn Sie kultiviert, empfindsam und kreativ sind. Arbeiten Sie künstlerisch, und seien Sie zärtlich und für das Leben dankbar. Umgeben Sie sich mit Schönheit und Farbe, und betonen Sie als Frau Ihre Weiblichkeit. Männer sollten den Frauen in ihrem Leben mehr Aufmerksamkeit schenken, vor allem der Partnerin, der Muse auf der intellektuellen Ebene oder der Göttin.

SATURN

Anzeichen für einen schwachen Saturn

Zeichen für eine Schwäche Saturns sind Nervosität, Zittern, Anfälligkeit für Stress, Schlafstörungen, mangelnde Bodenhaftung, ungenügender Pragmatismus, wenig Sinn für die Realität, Probleme mit Behörden und mit dem Geldverdienen, Unbeständigkeit, schlechte Ausdauer, Interesselosigkeit, fehlende langfristige Planung und die Unfähigkeit, Schwierigkeiten zu bewältigen. Außerdem lassen sich solche Menschen leicht von anderen oder den Umständen einschüchtern.

Körperliche Symptome sind Knochen- und Nervenschwäche, schlechte Vitalität, Verstopfung, Ansammlung von Schlacken, Bindegewebsschwäche, langsame Heilung und geringe Widerstandskraft gegen Infektionen. In Extremfällen kommt es zu Epilepsie, Lähmung oder Krebs.

Astrologische Faktoren

Saturn ist schwach, wenn er im Widder erniedrigt ist, wenn er in einem feindlichen Zeichen steht, wenn er von Malefizplaneten (Sonne, Mars, Rahu, Ketu) aspektiert wird und wenn er in ungünstigen Häusern (z. B. im achten oder zwölften) steht.

Ein Benefizplanet ist Saturn für den Stier-, Waage-, Steinbock- und Wassermann-Aszendenten, vor allem für Stier und Waage. Hier können Sie Saturns höhere Eigenschaften stärken: Objektivität, Loslösung, Unabhängigkeit und Autorität. Das ist selbst dann möglich, wenn Saturn im Horoskop nicht schwach ist. Seien Sie aber vorsichtig, und tragen Sie zum Ausgleich einen Edelstein für Venus oder Merkur.

Edelsteine

Der wichtigste Edelstein für Saturn ist der blaue Saphir. Er sollte mindestens zwei Karat haben, in Gold gefasst sein und am Mittelfinger getragen werden.

Als Ersatz eignen sich Lapislazuli, Malachit und Amethyst mit drei bis fünf Karat an einem Ring, als Anhänger oder in einer Kette.

Tragen Sie Saturnsteine zuerst an einem Samstag, wenn Saturn im Horoskop günstig steht, vor allem wenn er von Jupiter aspektiert wird. Oft empfiehlt es sich, zusätzlich einen Stein für Benefizplaneten (Venus, Jupiter oder Merkur) zu tragen.

Wann ist ein Edelstein für Saturn nicht zu empfehlen?

Überlegen Sie es sich gut, bevor Sie Edelsteine für Saturn tragen, denn er ist ein Malefizplanet. Am besten probieren Sie den Stein erst einmal aus, selbst wenn alle Faktoren günstig erscheinen. Verzichten Sie auf diese Steine, wenn Sie in sich Egoismus, Trägheit, Besitzgier, Kälte, Berechnung, Stolz oder Neigung zu Manipulation entdecken.

Negative astrologische Faktoren liegen vor, wenn Saturn der Regent eines ungünstigen Hauses (für den Widder-, Krebs-, Löwe-, Skorpion-, Schütze- oder Fische-Aszendenten) ist oder wenn er in Konjunktion mit Benefizplaneten wie Mond, Venus, Jupiter oder Merkur steht oder diese stark aspektiert. Saturn verdirbt günstige Häuser (Trigon- und Eckhäuser). Tragen Sie seine Steine also nicht, wenn er in einem solchen Haus steht.

Farben

Dunkle Blautöne stärken Saturn am deutlichsten. Braun, Grau und Schwarz sind ebenfalls gut; ein Zuviel kann jedoch Saturns negative Seiten fördern. Saturn mag Farben nicht besonders, und Sie sollten helle Farben und zu viel Farbe meiden, wenn Sie ihn stärken wollen.

Kräuter und Aromen

Gute Kräuter für einen schwachen Saturn sind Myrrhe, Weihrauch, Guggul, Ashwagandha, Shilajit, Haritaki und Beinwell. Sie alle stärken die Vitalität und fördern die Heilung. Die ayurvedische Mischung Triphala eignet sich besonders gut für Saturn, weil sie Schlacken beseitigt und auch tiefe Gewebe reinigt.

Gute Duftöle für Saturn sind Sandelholz, Weihrauch, Zeder und Wacholder. Auch sie fördern die Heilung.

Mantras

- Das Namensmantra für Saturn ist *Om Shanaye Namhah!*
- Das Saatmantra ist *Om Sham!* (mit kurzem a).

Das vedische Friedensmantra *Om Shanti, Shanti, Shanti* ist ebenfalls zu empfehlen. Hilfreich ist auch das Kali-Mantra *Krim*. Sprechen Sie diese Mantras an Samstagen.

Gottheiten

Saturn ist als Shiva (Kala) oder dessen Gefährtin Kali der Gott der Zeit. Sie können Shiva in seiner dunkelblauen Gestalt verehren und *Om Namah Shivaya!* als Mantra benutzen. Sie können auch Kali verehren. Als dunkler Planet symbolisiert Saturn oft die dunklen oder schrecklichen Formen des Göttlichen.

Saturn ist der Geist des Großvaters. Darum können Sie ihn stärken, wenn Sie Ihre Ahnen oder den göttlichen Vater oder Großvater verehren.

Yoga

Saturn verlangt Selbstbeherrschung, Entsagung, liebende Hingabe und Loslösung, und er will, dass wir durch den Yoga des Wissens und den Yoga des Dienens gutes Karma schaffen. Die Praxis interessiert ihn mehr als die Theorie. In seiner höheren Form ist er der stille Weise. Er fordert, dass wir passiv bleiben und loslassen.

Um den Einfluss eines negativen Saturn zu beseitigen, sind Gebete, Buße, Pilgerreisen oder Wohltätigkeit zu empfehlen.

Die Lebensweise

Wenn Saturn schwach ist, müssen Sie Ruhe, Frieden, Loslösung und Gelassenheit fördern. Achten Sie auf Regelmäßigkeit im Leben, und richten Sie sich nach einer Autorität oder Tradition. Reisen Sie weniger, und reduzieren Sie Sinnesreize. Ungünstig sind starke Emotionen und Stress. Verbringen Sie mehr Zeit in der Natur und in der Einsamkeit. Treten Sie kürzer, suchen Sie Ruhe, ziehen Sie sich zurück.

RAHU

Anzeichen für einen schwachen Rahu

Rahu verrät seine Schwäche durch Überempfindlichkeit, Nervosität, Furcht, Halluzinationen, Drogensucht, Launenhaftigkeit und seltsame Fantasien. Manche Leute wissen nicht mehr, wer sie wirklich sind, und verfallen unrealistischen Einflüssen. Sie sind oft unbeliebt, altmodisch und ohne Freunde, und sie schaden sich oder ihren Nerven durch falsches Verhalten. Oft neigen sie zu sinnlosen Aktivitäten.

Körperliche Symptome sind Immunschwäche, Infektionen, Zittern, Schlaflosigkeit, Blässe, nervöse Verdauung, manchmal Inkontinenz und geistige Störungen.

Astrologische Faktoren

Rahu leidet in ungünstigen Häusern, vor allem im achten, und unter Aspekten mit Malefizplaneten wie Saturn, Mars und Sonne. Der Planet, der Rahu regiert, sollte ebenfalls schwach, erniedrigt, verbrannt oder schwach aspektiert sein.

Wenn Rahu in einem starken Haus steht (z. B. im zehnten) und sein Regent günstig und stark ist, ist es ratsam, Edelsteine zu tragen, um seine edlen Kräfte zu stärken, etwa die Fähigkeit, die Gesellschaft positiv zu beeinflussen.

Edelsteine

Der wichtigste Edelstein für Rahu ist der Hessonit (ein Granat), entweder zimt- oder goldfarben. Andere gold- oder zimtfarbene Granatsteine eignen sich als Ersatz. Sie sollten mindestens drei Karat haben, in Gold oder Silber gefasst sein und am Mittelfinger getragen werden. Meiden Sie dunkelrote oder durchscheinende Granate, da sie die negative Seite Rahus stärken.

Tragen Sie die Steine zuerst an einem Samstag oder am Wochentag des Planeten, der Rahu im Horoskop regiert. Rahu sollte in einem günstigen Zeichen stehen oder in einem Zeichen, das für seinen Regenten günstig ist.

Wann ist ein Edelstein für Rahu nicht zu empfehlen?

Edelsteine für Rahu sind unbedenklich, abgesehen von den dunkleren. Rahu ist der vorherrschende Einfluss im Zeitalter des Materialismus (die Energie der Maya), und die helleren Edelsteine wirken seinen dunklen Kräften entgegen. Wenn Rahu in einem Trigonhaus steht oder Benefizplaneten im Horoskop stört, sollten Sie die Edelsteine nicht verwenden.

Farben

Rahu bevorzugt in etwa die gleichen Farben wie Jupiter (helle Farben, Gelb und Gold) und die Sonne (Rot, Orange, durchscheinende Farben). Sie können verhindern, dass Rahu Finsternisse verursacht, und sie helfen ihm, positive Energie zu übermitteln.

Kräuter und Aromen

Rahu ist eine sehr subtile Kraft, der man nicht mit Kräutern auf der äußeren Ebene beikommen kann. Aromaöle können nützlich sein, zum Beispiel Kampfer, Lorbeer, Salbei, Eukalyptus, Wintergrün, ebenso Räucherwerk wie Sandelholz, Lotos und Weihrauch. Kalmus ist das beste Kraut für Rahu, und auch andere Kräuter für die Nerven sind hilfreich.

Mantras

- Das Namensmantra für Saturn ist *Om Rahave Namah!*
- Das Saatmantra ist *Om Ram!* (mit langem a).

Hum (mit langem u), das Mantra für Shiva, ist ebenfalls gut, weil es Illusionen auflöst und die Aura reinigt. Empfehlenswert ist auch das Durga-Mantra *Dum* (mit langem u). Sprechen Sie diese Mantras an Samstagen oder am Tag des Planeten, in dessen Zeichen Rahu im Horoskop steht.

Gottheiten

Die beste Gottheit für Rahu ist Durga, die Göttin als Vernichterin der Dämonen. Nützlich ist auch der Avatar Rama, der göttliche Held. Durga ist die Göttin, die den Geist von Illusionen und negativem Denken reinigt. Rama vernichtet die Dämonen des Unbewussten. Wenn Rahus Einfluss stark ist, sollten Sie Zuflucht beim Göttlichen suchen, einerlei, in welcher Form es Ihrem Herzen am nächsten steht.

Yoga

Menschen mit schwachem Rahu sollten Praktiken meiden, die Kontakt zur Astralebene herstellen. Das gilt für Visualisieren, Hypnose und „High-Tech-Yoga“ mit Tonbändern und Videos. Am besten ist Bhakti Yoga (der Yoga der liebenden Hingabe), weil Rahus Einfluss das Urteilsvermögen und die Meditation erschwert. Psychisches Cleaning, Buße oder Auflösung von Besetzungen können in Extremfällen hilfreich sein. Halten Sie sich an eine klare Tradition, und seien Sie diszipliniert. Meiden Sie Wunschdenken, Abenteuer und okkulte Kräfte.

Die Lebensweise

Wenn Rahu schwach ist, sollten Sie Gefühlsaufwallungen, die Massenmedien, High-Tech-Geräte, Drogen, zu viel Sex, zu viel Reden und zu viel Fantasie meiden, ebenso alles Künstliche von der Imbisskost bis zu einer künstlichen Umwelt. Pflegen Sie Ruhe und Frieden, und öffnen Sie sich den Einflüssen Jupiters (Liebe, Glaube und Mitgefühl). Sie brauchen eine Umgebung, in der Sie sich geborgen fühlen, um Ihre körperliche und geistige Abwehrkraft zu stärken.

KETU

Anzeichen für einen schwachen Ketu

Typische Zeichen für eine Ketu-Schwäche sind Mangel an Einsicht, schlechtes Urteilsvermögen, Mangel an Vertrauen, Selbstzweifel, Konzentrationsschwäche, Wahrnehmungsstörungen und Neigung zu Gewalt oder Verletzungen wie beim Mars (hier aber in der Gruppe). Vielleicht fühlen Sie sich eingeengt und schwelgen in der Vergangenheit.

Körperliche Symptome sind Verdauungsschwäche, schlechte Durchblutung, Geschwüre, Blutarmut, Blutungen, Muskelbeschwerden, Nervenstörungen, Krebs und Multiple Sklerose.

Astrologische Faktoren

Ketu ist schwach in ungünstigen Häusern (besonders im achten), wenn Malefizplaneten wie Saturn oder Mars ihn aspektieren oder wenn der Planet schwach ist, der das Zeichen regiert, in dem Ketu steht.

Wenn Ketu stark ist, wenn er mit einem Benefizplaneten in seinem eigenen Zeichen steht oder erhöht ist, wenn er im zwölften Haus steht und nicht von Malefizplaneten aspektiert wird, können Sie Edelsteine tragen, um seine positiven Seiten (Wissen, Einsicht und Konzentration) zu fördern.

Edelsteine

Der Edelstein für Ketu ist das Katzenauge (ein Chrysoberyll). Der Stein sollte mindestens zwei Karat haben, in Gold gefasst sein und am rechten Mittelfinger getragen werden.

Tragen Sie den Stein zuerst an einem Samstag oder an dem Tag des Planeten, der Ketu eiert. Ketu sollte in günstgen Zeichen stehen oder in Zeichen, die für seinen Regenten günstig sind.

Wann sind Edelsteine für Ketu nicht zu empfehlen?

Tragen Sie keinen Ketu-Stein, wenn Sie an Blutungen, Fieber, Infektionen, Geschwüren oder Augenschmerzen (starkes Pitta) leiden.

Negative astrologische Faktoren liegen vor, wenn Katu in Konjunktion mit Benefizplaneten steht (es sei denn, sie sind ehöht oder bewohnen ihr eigenes Zeichen) oder wenn sein Regent gleichzeitig ein ungünstiges

Haus regiert,etwa das sechste oder elfte. Tragen Sie Steine für Ketu mit Bedacht – sie sind von allen astrologischen Edelsteinen am seltensten zu empfehlen.

Farben

Helle, feurige, grele, durchscheinende Farben, Rot, Orange und Gelb stärken Ketu (und die Sonne). Opake oder weißliche Farben sollte man meiden, ebenso dunkle und rauchige Töne.

Kräuter und Aromen

Ketu ist subtil wie Rahu. Kräuter, welche die Sinne schärfen, können nützlich sein, zum Beispiel Kalmus, Lorbeer, wilder Ingwer und Wacholder. Durchdringende Aromaöle wie Kampfer, Zeder, Myrrhe und Weihrauch sind gut. Wenn ein starker Ketu ungünstig beeinflusst wird, brauchen Sie kühlende, auf die Nerven einwirkende Kräuter wie Gotu kola, Bhringaraj, Helmkraut und Passionsblume.

Mantras

- Das Namensmantra für Ketu ist *Om Ketave Namah!*
- Das Saatmantra ist *Om Kem!* (mit langem e).

Diese Mantras verbessern ebenfalls die Sinneswahrnehmung. Sprechen Sie sie an Samstagen oder Dienstagen oder am Tag des Planeten, in dessen Zeichen Ketu im Horoskop steht.

Gottheiten

Ketu ist Rudra, die schreckliche Form von Shia, dem Gott des Todes und der Transformation, und er ist Chitragupta, der Gott des Todes und des Karmas, der unsere Sünden aufschreibt. Insofern ähnelt er Pluto, dem römischen Todesgott. Die Verehrung finsterer Gottheiten kann uns helfen, die negativen Einflüsse Ketus abzuwehren.

Sobald wir seine schreckliche Gestalt durchschaut (unsere Todesangst überwunden) haben, wird Ketu zu Brahma, dem Gott des Wissens. Er ist auch Ganesha, der Gott des verborgenen Wissens und der geheimen Kräfte.

Yoga

Ketu wird vom Yoga des Wissens und durh Selbsterforschung gestärkt, so wie die Sonne. Er zeigt uns, wann wir „den Kopf verlieren“, und weckt in uns den Wunsch, die Zeit und die Sinne zu transzendieren. Meditation über den Tod ist ebenfalls nützlich, um die höheren yogischen Kräfe Ketus zu entwickeln.

Die Lebensweise

Sie sollten mehr Vertrauen in Ihre Gedanken und Wahrnehmungen haben.Spirituelle und okkulte Studien können hilfreich sein, ebenso jede konzentrierte Forschung, die Einsichten vermttelt. Oft ist es ratsam, Astrologie zu studieren, am besten bei einem Lehrer oder innerhalb einer Tradition.Zumindest brauchen Sie Disziplin im Leben und müssen Ihren Willen und Ihre Energie, aber auch Ihr Mitgefühl schulen.

Rahu

Sein Gewand ist schwarz wie sein Schlangenleib. Er hat vier Arme
und reitet auf einem Löwen. In den Hnden hält er ein Schwert,
einen Dreizack und eine Scheibe, und ein Hessonit schmückt sein Haupt.
Er machteine segnende Geste.
Möge der göttliche Rahu uns immer gnädig sein.

15
Die Verehrung der Planeten

Die hingebungsvolle Verehrung der Planeten ist wichtig, um ihre Einflüsse im Horoskop auszubalancieren, aber auch, wenn wir uns auf den Kosmos einstimmen wollen. Üblich sind Mantras, Symbole, Rituale, Visualisieren und Meditation. Werden sie regelmäßig und mit Überzeugung geübt, wirken sie stärker als das Tragen von Edelsteinen.

Jedem Planeten ist eine Gottheit mit einem eigenen Erscheinngsbild und bestimmten Attributen zugeordnet. Das Reittier ist ein Sinnbild ihrer Macht.

Die planetaren Götter, auch weibliche wie Venus und Mond, werden als Männer abgebildet, während die Zeichen und Nakshatras weiblich sind. Die Planeten sind die (männlichen) Kräfte, die in den (weiblichen) Zeichen wirken. Die Planetengötter haben ihrereits göttliche Regenten (*adhidevata*) und hohe Regenten (*pratyadhidevata*), die je nach dem Wesen des Planeten männlich oder weiblich sind.

Das Standardschema sieht so aus:

Planet	**Gottheit**	**hohe Gottheit**
SONNE	Agni Feuergott	Shiva der große Gott
MOND	Apas Wassergöttin	Parvati die große Göttin
MARS	Bhumi Erdgöttin	Skanda Kriegsgott
MERKUR	Vishnu Erhalter	Narayana der kosmische Mensch
JUPITER	Indra Götterkönig	Brahma Schöpfer
VENUS	Indrani Götterkönigin	Indra Götterkönig
SATURN	Yama Gott des Todes	Prajapati Schöpfer
RAHU	Durga Göttin der Macht	der Schlangengott
KETU	Chitragupta Gott des Karmas	Brahma Gott des Wissens

Die Tiere der Planetengötter

Sonne – siebenköpfiges Pferd	Mond – Hirsch
Mars – Ziege	Merkur – Löwe
Jupiter – Elefant	Venus – Pferd
Saturn – Ochse	Rahu – Löwe
Ketu – Schlange	

WEITERE PLANETARE SYMBOLE

Die Getreide oder Hülsenfrüchte der Götter

Sonne – Weizen	Mond – Basmati-Reis
Mars – roter Dhal	Merkur – Mung-Dhal
Jupiter – Kichererbsen	Venus – Limabohne
Saturn – Sesamsamen	Rahu – schwarze Pferdebohne
Ketu – Pferdebohne	

Jedem Planeten ist ein Getreide oder eine Hülsenfrucht zugeordnet, die man im Gottesdienst verwendet. Eine kleine Schale mit Getreide oder Hülsenfrüchten auf dem Altar symbolisiert die Gottheit. Das sind gute Nahrungsmittel, wenn der betreffende Planet im Horoskop schwach ist. Jeder Planet hat zudem sein eigenes Symbol, das bei religiösen Anlässen oder in der Meditation benutzt wird.

Symbole der Planeten

Sonne – Stern mit 8 Zacken	Mond – Mondsichel
Mars – Dreieck	Merkur – Pfeil
Jupiter – Quadrat	Venus – Stern mit 5 Zacken
Saturn – Bogen	Rahu – Magnet
Ketu – Flagge	

Planeten und Himmelsrichtungen

Jedem Planeten entspricht eine Himmelsrichtung, aus der sein Einfluss kommt.

SO – Venus	O – Sonne	NO – Jupiter
S – Mars		N – Merkur
SW – Rahu	W – Saturn	NW – Mond

Wenn man die Planeten als Symbole oder Yantras benutzt oder Schalen in einem Yantra auf den Altar stellt, steht die Sonne in der Mitte. Die Positionen Planeten sind dann:

SO – Mond	O – Venus	NO – Merkur
S – Mars	M – Sonne	N – Jupiter
SW – Rahu	W – Saturn	NW – Ketu

YANTRAS

Neben seinem Mantra, einer speziellen Ton-Energie, besitzt jeder Planet auch sein Yantra, ein spezielles Energiemuster. Das Yantra ist die sichtbare Form – der Energieleib – des Mantras oder des Planeten.

Man unterscheidet zwei Arten von Yantras: Zahlenyantras, in die man Zahlen schreibt, und geometrische Yantras, die auf bestimmten Mustern basieren. Das häufigste geometrische Yantra ist das der Sonne, das Surya-Yantra. Die häufigsten planetaren Yantras sind Zahlenmantras. Alle haben eine bestimmte Zahlenfolge.

Zahlenyantras

Zahlenyantras haben die gleiche Zahlenfolge wie das magische Quadrat der Zahl fünf. Dabei steht die Zahl fünf in der Mitte, und jedes Mal, wenn wir drei Zahlen addieren – waagrecht, senkrecht oder diagonal –, erhalten wir als Summe fünfzehn. Die Nummer des jeweiligen Planeten steht oben in der Mitte, beginnend mit der Sonne als eins. Das Sonnen-Yantra ist die Grundform:

Sonnen-Yantra

6	1	8
7	5	3
2	9	4

Es symbolisiert die Sonnenenergie. Fünf ist die Wurzelzahl der Manifestation. Wir haben fünf Elemente, fünf Sinnesorgane und fünf Gliedmaßen (zwei Arme, zwei Beine und den Kopf). Die seitlichen und diagonalen Summen betragen jeweils fünfzehn. Die Summe aller Zahlen ist 9 x 5, also 45; sie steht für die voll entwickelte fünffache Sonnenenergie.

Die gleiche Zahlenfolge (das „Buch Lo") ist die Grundlage des I Ging, das seinerseits die Basis der chinesischen Astrologie ist. Diese Zahlen sind also der Schlüssel zur östlichen Astrologie.

Mond-Yantra

7	2	9
8	6	4
3	10	5

Das Mond-Yantra gründet auf der Zahl zwei. Da die Zahl eins hier auf zwei erhöht wird, sind auch die anderen Zahlen um eins höher. Die Summen betragen jeweils 18. Diese Zahl vollendet die lunare Manifestation. Die Gesamtsumme beträgt 54.

Mars-Yantra

8	3	10
9	7	5
4	11	6

Das Mars-Yantra basiert auf der Zahl drei. Die Einzelsummen betragen jeweils 21, die Gesamtsumme ist 63.

Merkur-Yantra

9	4	11
10	8	6
5	12	7

Das Merkur-Yantra basiert auf der Zahl vier. Die Einzelsummen betragen jeweils 24, die Gesamtsumme ist 72.

Das Jupiter-Yantra

10	5	12
11	9	7
6	13	8

Das Jupiter-Yantra basiert auf der Zahl fünf. Die Einzelsummen betragen jeweils 27, die Gesamtsumme ist 81.

Das Venus-Yantra

11	6	13
12	10	8
7	14	9

Das Venus-Yantra basiert auf der Zahl sechs. Die Einzelsummen betragen jeweils 30, die Gesamtsumme ist 90.

Das Saturn-Yantra

12	7	14
13	11	9
8	15	10

Das Saturn-Yantra basiert auf der Zahl sieben. Die Einzelsummen betragen jeweils 33, die Gesamtsumme ist 99.

Das Rahu-Yantra

13	8	15
14	12	10
9	16	11

Das Rahu-Yantra basiert auf der Zahl acht. Die Einzelsummen betragen jeweils 36, die Gesamtsumme ist 108.

Das Ketu-Yantra

14	9	16
15	13	11
10	17	12

Das Ketu-Yantra basiert auf der Zahl neun. Die Einzelsummen betragen jeweils 39, die Gesamtsumme ist 117.

Es gibt auch besondere Yantras, in denen Mantras oder die Namen von Planeten stehen. Häufig sieht man ein dreieckiges Yantra mit den Namen des Mars. Weitere Yantras gibt es für Saturn, bestehend aus fünf Metallen und beschriftet mit den Namen des Planeten.

MANTRA YANTRA

Ein einfaches Yantra für die Planeten können wir aus dem Sonnen-Yantra und den Saatmantras jedes Planeten bilden:

Mantra Yantra

Shum	Sum	Ram
Sham	Gum	Am
Cham	Kem	Bum

Alle a-Vokale und uVoaesind kurz. Der e-Vokal ist lang.

ANDERE PLANETARE YANTRAS

Yantras für die Gottheiten der Planeten können planetare Einflüsse ebenfalls harmonisieren. Das Sri-Yantra eignet sich meist am besten. Yantras sollte man zusammen mit ihren Mantras benutzen und über ihre Gottheiten meditieren. Einige typische Yantras sind:

Sonne	Surya-, Gayatri-, Vishnu-Yantra
Mond	Sri- und Lakshmi-Yantra
Jupiter	Ganesh-Yantra
Merkur	Vishnu-Yantra
Venus	Sri- und Lakshmi-Yantra
Rahu	Kali- und Durga-Yantra
Ketu	Mahamrit-yunjaya–Yantra

DER UMGANG MIT YANTRAS

Kupferne Yantras werden verwendet, um Wasser zu reinigen oder Arzneien zu stärken. Man legt sie auf Altäre und Meditationskissen, in Meditations- und Behandlungsräume und an andere wichtige Orte. Kleine Yantras werden wie Edelsteine in Anhängern oder an Ringen getragen. Yantras für Planeten sollte man häufig mit geeigneten Mantras stärken.

Silberne oder goldene Yantras haben mehr Macht. Kupfer wird am häufigsten benutzt, weil es billiger ist. Yantras aus Stahl, Seide oder der Rinde oder dem Holz heiliger Bäume (z. B. Sandelholz) haben weniger Macht. Da Kupfer sich verfärbt, muss man es regelmäßig reinigen. Chemische Kupferreiniger können giftig sein und müssen daher vollständig entfernt werden, bevor man mit den Yantras Wasser für Arzneien reinigen darf. Man kann Yantras auch auf Papier schreiben oder in härtere Substanzen ritzen. Wichtig ist, über die Bedeutung der Zahlen und Muster zu meditieren. Yantras sind billiger als Edelsteine, können aber ebenso wirksam sein, wenn sie mit Mantras gestärkt werden. Im Gegensatz zu Edelsteinen haben sie keine Nebenwirkungen.

Teil IV

Beispielhafte Horoskope und Anhang

Ketu

Sein Gewand ist grau wie der Rauch. Er hat zwei Arme und einen Schlangenkopf. Sein Reittier ist eine Schlange, und er hält ein Labyrinth in der Hand. Sein Haupt schmückt ein Katzenauge, und er macht eine segnende Geste. Möge der göttliche Ketu uns immer gnädig sein.

16
Vedische Astrologie in der Praxis

Die folgenden Horoskope demonstrieren die wichtigen Grundsätze der vedischen Astrologie. Sie zeigen, wie die im Buch erläuterten Faktoren in der Praxis gedeutet werden. Wir können die Astrologie nicht nur theoretisch erlernen, sondern müssen möglichst viele Horoskope studieren. Die Regeln der Astrologie dürfen aber nicht starr angewandt werden. Um die Bedeutung und die Dynamik eines Horoskops zu erkennen, müssen wir echte Horoskope betrachten. Die Kunst des strogen besteht darin, jene Faktoren zu entdecken, die vorherrschend sind, andere überlagern und das Gesamtbild bestimmen.

Die meisten Horoskope gehören berühmten Menschen. Sie sind dramatisch, und wir finden nicht immer Horoskope, die so klar und einfach zu deuten sind. Ich habe auch einige Horoskope von spirituellen Lehrern beigefügt, um die astrologischen Einflüsse deutlich zu machen, die für die Entwicklung eines höheren Bewusstseins hilfreich sind. Aber Sie finden hier auch Horoskope von schlechten Menschen, die den anderen Pol der menschlichen Natur enthüllen.

Ich habe sowohl Geburts- und Navamsha-Horoskope als auch die wichtigen planetaren Perioden (Maha Dashas) abgebildet. Um die Horoskope zu verstehen, müssen Sie die wichtigen Aspekte zwischen den Planeten untersuchen. Beachten Sie auch die Häuser und ihre Regenten. Wenn nötig, blättern Sie im Buch zurück und frischen Ihr Gedächtnis auf. Denken Sie auch daran, dass Planeten die Einflüsse jener Planeten reflektieren, die in ihren Zeichen stehen.

Prüfen Sie, wie oft Planeten in ihrem eigenen Zeichen stehen, wie oft sie erhöht oder erniedrigt sind und wie oft sie in Eckhäusern stehen.

Die Navamsha-Horoskope unterscheiden sich je nach dem benutzen Ayanamsha, ebenso die planetaren Perioden. Hier verwende ich die Standard-Ayanamsha (Lahiri), weil sie heute am gebräuchlichsten ist. Man kann die Horoskope vom Selbst-Indikator (Atmakaraka) oder vom Mond in den Navamshas aus lesen, da die Geburtszeiten meist nicht genau genug sind, um den Aszendenten in subtilen Horoskopen korrekt zu bestimmen. Eine weitere sehr nützliche Methode ist der Geburts-Aszendent in den Navamshas. Die Kommentare sollen nur einen Eindruck vermitteln. Geschulte vedische Astrologen, die jeden Faktor unter die Lupe nehmen, können eine Deutung formulieren, die viele Seiten umfasst.

1. HOROSKOP: MAHATMA GANDHI

Geburts-Horoskop

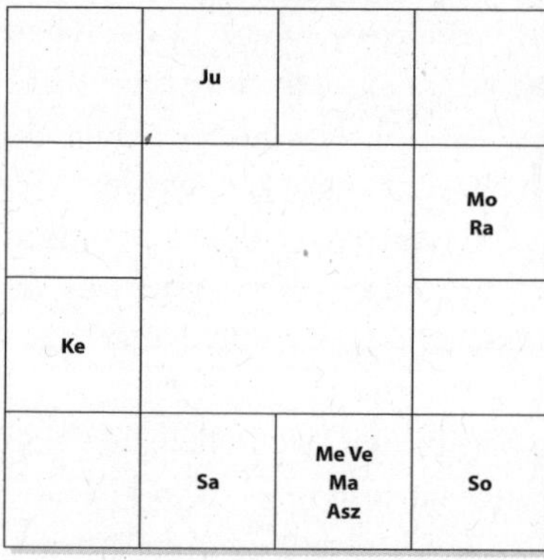

Navamsha

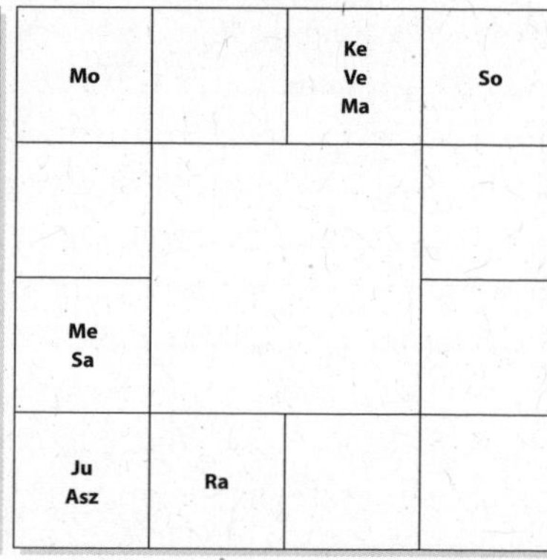

2. Oktober 1869, 7.33 Uhr mittlere Ortszeit, 69ϒE 33', 21ϒN 44'

Aszendent 09ϒ24' Waage	Sonne 16ϒ54' Jungfrau
Mond 28ϒ09' Krebs	Mars 26ϒ22' Waage
Merkur 11ϒ44' Waage	Jupiter 28ϒ08' Widder R
Venus 24ϒ25' Waage	Saturn 20ϒ19' Skorpion
Rahu 13ϒ39' Krebs	Ketu 13ϒ39' Steinbock
Uranus 29ϒ39' Zwillinge R	Neptun 26ϒ22' Fische R
Pluto 27ϒ41' Widder R	

Planetare Perioden

Geburt – Merkur/Saturn	Ketu – 10. Feb. 1872
Venus – 10. Feb. 1879	Sonne – 10. Feb. 1889
Mond – 10. Feb. 1905	Jupiter – 11. Feb. 1940
Rahu – 11. Feb. 1922	Mars – 11. Feb. 1915
Tod – Jupiter/Ketu	

Gandhis Horoskop demonstriert den gesellschaftlichen Einfluss eines idealistischen Waage-Aszendenten, der die Welt spirituell reformieren will. Fünf starke Planeten in Eckhäusern und beweglichen Zeichen beherrschen das Horoskop und stärken den politischen Einfluss. Für den Ausgleich sorgt Saturn im zweiten Haus, der Entsagung und Beherrschung der Sinne verlangt. Gandhi konnte lange fasten.

Die Sonne im zwölften Haus in der Jungfrau spricht für Entsagung und Tugendhaftigkeit. Gandhi arbeitete hinter den Kulissen und besaß nie ein Büro. Jupiter im siebten Haus bedeutet Aufgeschlossenheit und stärkt als Regent des dritten und sechsten Hauses den Reformeifer. Der Mond in seinem eigenen Zeichen im zehnten Haus mit Rahu in der Himmelsmitte verleiht die Gabe, Massen zu beeinflussen. Rahu und der Mond sind einander nicht zu nahe, so dass Rahu den Mond nicht stark beeinträchtigen kann.

Die Einflüsse von Merkur, Venus und Jupiter überlagern und transformieren den Mars und machen aus ihm eine günstige Kraft. Waage-Aszendenten lieben die Wahrheit, wenn Merkur, Venus und Jupiter ihre Wirkung verbinden. Gandhi bezeugte seine Wahrheitsliebe mit der Gründung seiner Satyagraha-Bewegung („Freunde der Wahrheit"). Aber Waage-Aszendenten neigen auch zu Extremismus, und Gandhis Gegner hielten ihn in der Tat für einen Fanatiker.

Die Positionen vom Mond aus sind ebenfalls stark. Jupiter steht im zehnten Haus und ist der Regent des neunten (Dharma-Haus). Es entsteht also ein Raja Yoga. Mehrere Planeten in der Waage stehen im vierten Haus und symbolisieren Idealismus und Leidenschaft. Es sind Mars, der Regent des fünften Hauses (Intelligenz), Venus, der Regent des vierten Hauses (Gefühle) und Merkur, der Signifikator des Geistes.

Der Mond als Selbst-Indikator steht im Navamsha in den Fischen, und zwar in einem Eckhaus vom Jupiter, der sein eigenes Haus im Schützen bewohnt. Das weist auf ein sattwisches, hingebungsvolles Wesen hin, auf eine Mond-Jupiter-Seele.

Die Hauptperiode Rahus im zehnten Haus brachte Gandhi als Führer der indischen Unabhängigkeitsbewegung ins Rampenlicht. Sein Tod fiel in ein Jupiter-Ketu-Dasha mit Jupiter im siebten Haus (Haus des Todes) und Ketu als Planet des Endes.

2. HOROSKOP: ADOLF HITLER

Geburts-Horoskop

	Su Ve Ma Me		Ra
			Sa
Mo Ju Ke		Asz	

Navamsha

	Ra	Me	So
Sa			
	Ve Ma	Ke Asz	

20. April 1889, 18.21 Uhr mittlere Ortszeit, 13°E 03', 48°N 15'

Aszendent 02°48' Waage	Sonne 08°29' Widder
Mond 14°14' Schütze	Mars 24°04' Widder
Merkur 03°20' Widder	Jupiter 15°56' Schütze
Venus 24°23' Widder R	Saturn 21°09' Krebs
Rahu 22°44' Zwillinge	Ketu 22°44' Schütze
Uranus 27°11' Jungfrau R	Neptun 08°32' Stier
Pluto 12°21' Stier	

Planetare Perioden

Geburt – Venus/Venus	Tod – Rahu/Venus
Mond – 14. Dez. 1913	Sonne – 14. Dez. 1907
Rahu – 14. Dez. 1930	Mars – 14. Dez. 1923

Hitlers Horoskop zeigt, wie stark der Waage-Aszendent die Massen beeinflusst, wenn auch in diesem Fall durch Fanatismus und Intoleranz. Hier stürzt ein selbstherrlicher und egoistischer Idealismus die Welt in eine Katastrophe. Hitler appellierte an den Humanismus, jedoch mit seiner pervertierten Idee vom Übermenschen und mit dem Missbrauch des indischen Wortes „Arier" und der Swastika.

In Hitlers Horoskop ist Ruchaka Yoga, der Yoga des Mahapurusha („große Person"), sehr stark. Mars steht in seinem Zeichen und vom Aszendenten aus in einem Eckhaus, und er aspektiert den Aszendenten und seinen Regenten, die Venus. Er ist der Dispositor der Venus, die er in einem planetaren Krieg besiegt (da er im selben Grad vor ihr steht). Dieser Mars zwingt der Aktivität der Waage ein kriegerisches Wesen auf und erzeugt eine feurige Konstitution vom Pitta-Typ.

Die im siebten Haus erhöhte Sonne verleiht Führungsqualitäten und verstärkt die Macht des Mars. Sie ist ihrer maximalen Erhöhung nahe und symbolisiert einen großen Feldherrn und Politiker. Sonne und Mars beherrschen Merkur und Venus und machen sie gewalttätig. Beachten Sie den Unterschied zu Gandhis Horoskop, wo Merkur und Venus stärker als Mars sind und die positive Seite der Waage fördern. Hitlers siebtes Haus ist zwar gut, was die politische Macht angeht, aber ungünstig für Beziehungen. Es spricht für einen autoritären Charakter, der andere beherrschen will und keine echten Freunde hat. Außerdem ist es ein Indiz für mächtige Feinde.

Der starke Mars und der starke Saturn machen Hitler tamasisch. Er hatte eine dunkle, zu Illusionen neigende Persönlichkeit. Beide Malefizplaneten aspektieren die Venus, den Regenten des Aszendenten, und beherrschen das Horoskop. Saturn im zehnten Haus sorgt für Raja Yoga, also für große Macht und Ansehen durch den Waage-Aszendenten. Aber Saturn im zehnten Haus erhöht uns selbst in der Waage nur zeitweilig und lässt uns dann fallen.

Jupiter im dritten Haus und im eigenen Zeichen (Schütze) sowie Ketu stärken Jupiter und das Haus, indem sie sich mit dessen Regenten verbinden. Hier kommt die kriegerische Energie des dritten Hauses zum Ausdruck. Der Regent des zehnten Hauses, hier der Mond, fühlt sich im dritten Haus, dem Haus der Impulse, nicht wohl. Er bewirkt übereilte Entschlüsse, die zum Scheitern führen.

Venus als Atmakaraka steht zusammen mit Mars im Navamsha im Skorpion. Auch das enthüllt Hitlers rachsüchtige Natur. Saturn aspektiert auch im Navamsha das zehnte Haus.

Hitlers Aufstieg und Fall ereigneten sich in der Hauptperiode des Rahu, des Planeten der Illusion und der weltlichen Macht. Es ist nicht ungewöhnlich, dass Rahu ein Streben nach Expansion auslöst, das schließlich zum Zusammenbruch führt. Hitler kam 1933, also in der Anfangsphase des Rahu-Dasha, an die Macht. Er begann den Zweiten Weltkrieg unter Rahu/Merkur 1939. Seit Juni 1941, während der Rahu/Ketu-Periode, wandte das Glück sich von ihm ab. Die Niederlage des deutschen Reiches war in der Rahu/Venus-Periode besiegelt, als der negative Einfluss den Regenten des Aszendenten erreichte. Rahus pervertierte Energie trübte Hitlers militärisches Urteilsvermögen und veranlasste ihn, in Russland einzufallen und die USA zum Kriegseintritt zu provozieren. Dadurch wurden die Kräfte der Achsenmächte zu sehr verdünnt.

Ein typischer Unterschied zwischen der tropischen und der vedischen Position der Planeten in den Zeichen wird in diesem Horoskop deutlich. Hitler hatte einen geschwächten Mars im Stier und einen erniedrigten Jupiter im Steinbock. Tropische Astrologen wollen darin seinen bösen, materialistischen Charakter erkennen. Im vedischen System sind die planetaren Yogas unübersehbar: Planeten in ihrem eigenen Zeichen oder erhöhte, ein Eckhaus bewohnende Planeten (vom Aszendenten aus gezählt). Kriegsglück setzt einen starken Mars voraus, und ein starker Jupiter ist ebenfalls hilfreich. Eine böse, tamasische Natur käme demnach in einem starken Mars und Saturn zum Ausdruck, nicht in einem schwachen oder ungünstig stehenden. Hätte Hitler einen schwachen Mars und Saturn gehabt, wäre er nicht so erfolgreich gewesen.

3. HOROSKOP: PARAMAHANSA YOGANANDA

Geburts-Horoskop

Ju Ma	Ra		
			Mo Asz
So Me	Ve	Ke	Sa

Navamsha

	Me Mo	Asz	
Ve Ju			Sa Ra
Ke			
		Ma So	

5. Januar 1893, 20.38 mittlere Ortszeit, 83°E 23', 26°N 47'

Aszendent 06°31' Löwe	Sonne 23°12' Schütze
Mond 03°14' Löwe	Mars 13°18 Fische
Merkur 00°55' Schütze	Jupiter 23°51' Fische
Venus 24°44' Skorpion	Saturn 20°13' Jungfrau
Rahu 12°40' Widder	Ketu 12°40' Waage
Uranus 17°41' Waage	Neptun 16°37' Stier R
Pluto 17°21' Stier R	

Planetare Perioden

Geburt – Ketu/Sonne	Venus – 26. April 1898
Sonne – 27. April 1918	Mond – 26. April 1924
Mars – 27. April 1934	Rahu – 27. April 1941
Tod – Rahu/Venus	

Dies ist das Horoskop eines großen Yogis. Er a ier der ersten, die den Yoga in den Westen brachten. Es ist zwar schwierig, Erleuchtung aus einem Horoskop herauszulesen; aber wenn wir das Horoskop einer selbstverwirklichten Seele deuten, finden wir deutliche Hinweise auf ihre Spiritualität.

Da Yogananda Mönch war, gibt es klare Hinweise auf Entsagung. Der Mond steigt als Regent des zwölften Hauses (Verlust) empor und enthüllt edlen Selbstverzicht. Saturn steht im zweiten Haus, einem seiner besten Orte, was Entsagung anbelangt, weil er uns nicht nur von Wohlstand und Arbeit (zweites Haus) löst, sondern durch den Aspekt auch vom Heim und von den Emotionen (viertes Haus). In Yoganandas Horoskop aspektiert Saturn auch die Venus, den Planeten der Sexualität, im vierten Haus. Saturn in der Jungfrau, einem Zeichen des guten Urteilsvermögens, ist besonders vorteilhaft für Selbstbeherrschung und Askese.

Jupiter, der Planet der Religion, ist der abschließende Dispositor im Horoskop. Er steht im tiefgründigen und okkulten achten Haus in seinem eigenen Zeichen und bringt Einsicht und starke yogische Kräfte. Er dominiert den Mars und symbolisiert die Entschlossenheit, spirituell zu arbeiten. Jupiter und Mars als vierter und fünfter Regent erzeugen ein spirituelles Raja Yoga. Mars, der vierte Regent der Mutter, zeigt, dass Yogananda schon als Kind seine Mutter verlor.

Die Sonne als Regent des Aszendenten steht im fünften Haus im religiösen Zeichen des Schützen, ein Zeichen für gutes religiöses Karma aus früheren Existenzen und für spirituelle Neigungen. Merkur, der Planet des Geistes, schenkt Intelligenz. Rahu im neunten Haus machte Yogananda bekannt und veranlasste ihn, in einem fremden Land zu leben und zu lehren.

Venus als Indikator des Selbstes (Atmakaraka) steht im Navamsha günstig im Wassermann, der ebenfalls ein mystisches Zeichen ist. Jupiter finden wir im zehnten Haus (Arbeit). Das zeigt Yoganandas Hingabe und seinen Einfluss.

Yogananda kam während eines Sonnen-Dashas in den Westen und wurde im Dasha des Mondes berühmt. Sein Mars-Dasha ermöglichte es ihm, viel zu leisten und mehrere Organisationen zu gründen. Unter Rahu weitete er seine Arbeit drastisch aus; aber Rahu als Malefizplanet in seinem Haus (Glück) schwächte Yoganandas Gesundheit und trug zu seinem frühen Tod bei.

4. HOROSKOP: RAMAKRISHNA PARAMAHANSA

Geburts-Horoskop

Ve		Ra	Ju
So Me Mo Asz			
Ma			
	Ke	Sa	

Navamsha

	Mo		
Ju Me Sa			Ke Ma
Ra			
So		Asz	Ve

18. Februar 1836 gegen Sonnenaufgang, 87ϒE 58', 22ϒN 55'

Aszendent 07ϒ04' Wassermann	Sonne 08ϒ24' Wassermann
Mond 23ϒ39' Wassermann	Mars 23ϒ46' Steinbock
Merkur 16ϒ38' Wassermann R	Jupiter 16ϒ04' Zwillinge R
Venus 10ϒ35' Fische	Saturn 15ϒ12' Waage
Rahu 04ϒ25' Stier	Ketu 04ϒ25' Skorpion
Uranus 10ϒ17' Wassermann	Neptun 14ϒ17' Steinbock
Pluto 23ϒ12' Fische	

Planetare Perioden

Geburt – Jupiter/Saturn	Saturn – 12. Sept. 1849
Merkur – 12. Sept. 1868	Ketu – 13. Sept. 1885
Tod – Ketu/Venus	

Ramakrishna war ein so großer Mystiker, dass man ihn nach seinem Tod als Avatar oder Inkarnation Gottes bezeichnete. Dies ist offensichtlich ein sehr spirituelles Horoskop. Der Wassermann ist oft ein spiritueller Aszendent, der starken Glauben, Hingabe und Demut schenkt. Hier enthält er sowohl die Sonne als auch den Mond – ein dreifacher Wassermann. Alle planetaren Kräfte beeinflussen alle drei Aszendenten

(Aszendent, Sonne und Mond). Saturn, der Regent der drei, ist in der Waage erhöht, und zwar im neunten Haus (Religion). Er bringt göttliche Gnade und spirituelle Disziplin.

Jupiter im fünften Haus in den Zwillingen, einem Luftzeichen, gibt hohe Intelligenz, guten Rat und gutes religiöses Karma. Darum war Ramakrishna ein großer Guru. Der im zwölften Haus erhöhte Mars fördert die spirituelle Arbeit, den Dienst am Menschen und die Entsagung. Venus ist im zweiten Haus erhöht. Da sie der Dispositor von Saturn und Rahu ist, die ebenfalls Entsagung begünstigen, stärkt sie die Hingabe. Sie vermittelt keine niedrigen Eigenschaften (Reichtum und Bequemlichkeit), sondern Liebe zum Sprechgesang und zu Ritualen. Ketu im zehnten Haus mit Mars als zehntem Regenten im zwölften Haus (Befreiung) ermöglichten Ramakrishna ein Leben als Tempelpriester.

Planeten in Luftzeichen fördern eine luftige Persönlichkeit (Vata); sie beherrschen das Horoskop. Besonders wichtig ist Jupiters Einfluss vom fünften Haus auf Saturn und den Aszendenten. Er wehrt die niedrige Energie des Saturn ab. Allerdings führte dieser Einfluss auch dazu, dass Ramakrishna seine Gesundetvrnachlässigte und nur ein kurzes Leben hatte.

Der Wassermann ist auch im Navamsha stark. Jupiter, Saturn und Merkur stehen im fünften Haus und enthüllen religiöse Neigungen. Der Wassermann ist ein Zeichen Saturns, eines dunklen Planeten, und symbolisiert Kali, die dunkle oder schwarze Form der göttlichen Mutter, die Ramakrishna verehrte.

5. HOROSKOP: ALBERT EINSTEIN

Geburts-Horoskop

So Me Ve Sa			Asz
Ju			Ke
Ma Ra			
	Mo		

Navamsha

Asz	Ra		
Ve Me			So
Mo			
	Ju	Sa Ma Ke	

14. März 1879, 11.30 Uhr mittlere Ortszeit, 10YE 00', 48YN 30'

Aszendent 19Y28' Zwillinge	Sonne 01Y19' Fische
Mond 22Y21' Skorpion	Mars 04Y44' Steinbock
Merkur 10Y58' Fische	Jupiter 05Y18' Wassermann
Venus 24Y48' Fische	Saturn 12Y00' Fische
Rahu 10Y28' Steinbock	Ketu 10Y28' Krebs
Uranus 09Y06 Löwe R	Neptun 15Y41' Widder
Pluto 04Y14' Stier	

Planetare Perioden

Geburt – Merkur/Mond	Ketu – 13. Dez. 1888
Venus – 13. Dez. 1895	Sonne – 13. Dez. 1915
Mond – 14. Dez. 1921	Mars – 15. Dez. 1931
Rahu – 14. Dez. 1938	Tod – Rahu/Mars

Einsteins Horoskop lässt große intellektuelle Fähigkeiten erkennen, wie man es von diesem „Avatar der Wissenschaft" erwartet. Die Zwillinge sind ein intellektueller Aszendent, und die meisten Planeten stehen in veränderlichen Zeichen, ein Indiz für Neugier und geistige Flexibilität.

Auffällig ist, dass Merkur, der Regent des Aszendenten, seine Schwäche ausgleicht, weil er sowohl in einem Eckhaus (im zehnten) steht (vom Aszendenten aus gezählt) als auch bei einer erhöhten Venus in den Fischen. In dieser Position gibt Merkur tiefgründige Intelligenz und ist sogar günstiger als in seiner Erhöhung. Er ermöglichte es Einstein, in die tieferen Ebenen des Geistes vorzudringen, wo der Intellekt sich der kosmischen Intelligenz öffnet. Allerdings brachte er Einstein während der Schulzeit auch Ärger ein.

Venus ist ihrer maximalen Erhöhung nahe, und als Regent des fünften Hauses (schöpferische Intelligenz) fördert sie den Wissensdurst und die Schreibfertigkeit. Die vier Planeten im zehnten Haus machten Einstein berühmt, ja zu einer Legende seiner Zeit. Der Zeichentausch zwischen Saturn und Jupiter als Regenten des neunten und zehnten Hauses ist ein mächtiges Raja Yoga, der ihm die Anerkennung und den Respekt der Politiker einbrachte. Jupiter i asrmann im neunten Haus (Religion) sorgte für die humanistische Gesinnung und das soziale Engagement, für das Einstein bekannt war.

Mars ist im achten Haus (tiefe Einsicht) erhöht und steht in einem Erdzeichen. Er schenkt wissenschaftliches und mathematisches Talent und Erfindergeist. Seine Nähe zu Rahu macht ihn noch stärker. Diese Konjunktion im achten Haus (Transformation) zeigt, dass Einstein etwas mit Kernenergie zu tun hatte, die eine Mars-Rahu-Kraft ist, eine geheime Kraft des Feuers.

Der Fall des Mondes wird vom erhöhten Mars ausgeglichen, vom Regenten des Skorpions im Steinbock. Der Mond im sechsten Haus bringt hohe Intelligenz und den starken Wunsch, anderen zu dienen. Außerdem profitiert der Mond davon, dass er vom Jupiter aus in einem Eckhaus steht. Rahus Dasha, das 1938 begann, machte Einstein als „Erfinder der Atombombe“ bekannt.

6. HOROSKOP: WOODY ALLEN

Geburts-Horoskop

			Ke
Sa Mo			
Ma			Asz
Ra	So Ju Me		Ve

Navamsha

	Ke		Asz
Ma Sa			
	So	Ju Me Mo Ra	Ve

1. Dezember 1935, 22.55 östliche Standardzeit, 74°W 00', 40°N 43'

Aszendent 09°12' Löwe	Sonne 16°04' Skorpion
Mond 01°08' Wassermann	Mars 03°08' Steinbock
Merkur 11°32' Skorpion	Jupiter 12°09' Skorpion
Venus 29°55' Jungfrau	Saturn 11°03' Wassermann
Rahu 20°19' Schütze	Ketu 20°19' Zwillinge
Uranus 09°13' Widder R	Neptun 23°43' Löwe
Pluto 05°07' Krebs R	

Planetare Perioden

Geburt – Mars/Merkur	Rahu – 27. Okt. 1938
Jupiter – 2. Okt. 1956	Saturn – 27. Okt. 1972
Merkur – 28. Okt. 1991	Ketu – 27. Okt. 2008
Venus – 28. Okt 2015	

Woody Allens Horoskop zeigt einen dramatischen, mit sich selbst beschäftigten Löwe-Aszendenten. Beherrscht wird es jedoch von Saturn im siebten Haus, der nicht nur beim Mond steht, sondern auch den Aszendenten und die Sonne, seinen Regenten, aspektiert. Saturn steht, vom

Mond und vom Aszendenten aus gezählt, in seinem eigenen Zeichen in einem Eckhaus und erzeugt ein Mahapurusha Yoga für Saturn. Dadurch wird Allen zu einem Luft- oder Vata-Typ mit saturnischem Geist. Die meisten seiner Dramen – auf der Bühne und im Leben – spiegeln seine gescheiterten Beziehungen wider, auf die Saturn unmissverständlich hinweist. Seine doppelt geschwächte Venus (im Rashi und im Navamsha) vergrößert seine Probleme mit Frauen.

Vom Mond aus betrachtet sind die Positionen ähnlich stark: Sonne, Jupiter und Merkur besetzen das zehnte Haus und aspektieren das zehnte Haus des Geburtshoroskops vom vierten Haus aus. Dieses starke zehnte Haus machte Allen berühmt.

Sonne, Jupiter und Merkur im Skorpion im vierten Haus (Emotionen), aspektiert von Saturn, sprechen für Probleme mit sich selbst. Der erhöhte Mars im sechsten Haus fördert die Arbeits- und Tatkraft, so dass Allen seine Psychodramen in kommerziellen Erfolg ummünzen konnte.

Das Navamsha zeigt einen Austausch zwischen Merkur und Venus, den Regenten des vierten und fünften Hauses (Emotionen und Intellekt). Sie schenkten Allen großes künstlerisches Talent. Er ist ein großarte egisseur, Autor und Schauspieler. Sein Saturn-Dasha von 1972 bis 1991 förderte seine Karriere. Die folgende Merkurperiode verursachte persönliche Probleme. Merkur stört Mars sowohl im Geburtshoroskop als auch im Navamsha und bewirkt eine Neigung zu Depressionen.

7. HOROSKOP: BILL GATES

Geburts-Horoskop

Mo		Ke	Asz
			Ju
	Ra	So Sa Ve	Ma Me

Navamsha

	Asz	Ju	Ma Ve Sa
Ra			Me
So			Ke

28. Okt. 1955, 21.45 Uhr pazifische Standardzeit, 47YN 36', 122YW 20'

Aszendent 22Y58' Zwillinge	Sonne 11Y45' Waage
Mond 14Y28' Fische	Mars 16Y50' Jungfrau
Merkur 23Y19' Jungfrau	Jupiter 04Y32' Löwe
Venus 26Y56' Waage	Saturn 28Y20' Waage
Rahu 24Y53' Skorpion	Ketu 24Y53' Stier
Uranus 09Y02' Krebs	Neptun 04Y59' Waage
Pluto 05Y42' Löwe	

Planetare Perioden

Geburt – Saturn/Rahu	Merkur – 16. Dez. 1953
Ketu – 17. Dez. 1975	Venus – 17. Dez. 1982
Sonne – 17. Dez. 2002	Mond – 16. Dez. 2008

Das Horoskop eines so reichen Mannes sollte einige Dhana Yogas (Kombinationen des Reichtums) aufweisen. Die Zwillinge, ein „Computerzeichen", steigen auf. Merkur, der Regent des Aszendenten, ist im vierten Haus erhöht, und zwar in der Jungfrau, seinem eigenen Zeichen, das zugleich ein Erdzeichen ist und materiellen Gewinn verspricht. Er steht bei Mars, dem Regenten des elften Hauses – ein Indiz für hohes

Einkommen. Der Mond, der Regent des zweiten Hauses (Lebensunterhalt), steht im zehnten Haus (Ruhm) und wird von Mars und Merkur aspektiert, die beide Wohlstand symbolisieren. Ein erhöhter Saturn als neunter Regent steht im fünften Haus (Spekulationsgewinne). Venus steht in ihrem eigenen Zeichen, und die Schwäche der Sonne ist aufgehoben. Das spricht für Gewinne an der Aktienbörse. Das starke fünfte Haus symbolisiert ein Gespür fürs Geschäft.

Vom Mond aus gesehen dominiert ein Viprita, ein umgekehrtes Raja Yoga. Saturn, der zwölfte Regent, Venus, der achte Regent, und die Sonne, der sechste Regent, stehen im achten Haus. Wenn alle Regenten von Dushthanas in einem einzigen dieser schwierigen Häuser versammelt sind, werden alle Schwierigkeiten aufgehoben. Das verspricht großes Glück.

Gates günstiges Venus-Dasha begann im Dezember 1982. Die sehr günstige Venus-Saturn-Periode dauerte vom 17. Oktober 1995 bis zum 17. Dezember 1998. Während dieser Zeit wurde Gates einer der Reichsten Männer der Welt. Seine Sonnenperiode begann 2002 und hat eine begrenzende Wirkung, die aber nicht stark sein wird. Aber selbst wenn eine schwache Sonne ausgeglichen wird, müssen Schwierigkeiten überwunden werden.

8. HOROSKOP: RAMANA MAHARSHI

Geburts-Horoskop

Sa	Ma		Mo Ke
Ju			
Su Ra	Me Ve	Asz	

Navamsha

		Ke	Mo
Ju			Ve
Me			So
Sa	Ra Asz	Ma	

30. Dez. 1879, 1.15 Uhr mittlere Ortszeit, 78°E 10', 09°N 55'

Aszendent 04°34' Waage	Sonne 15°36' Schütze
Mond 28°31' Zwillinge	Mars 21°58' Widder
Merkur 23°07' Skorpion	Jupiter 16°29' Wassermann
Venus 00°29' Skorpion	Saturn 17°03' Fische
Rahu 23°23' Schütze	Ketu 23°23' Zwillinge
Uranus 16°43' Löwe R	Neptun 17°12' Widder R
Pluto 05°16' Stier R	

Planetare Perioden

Geburt – Jupiter/Venus	Saturn – 4. Okt. 1885
Merkur – 5. Okt. 1904	Ketu – 5. Okt. 1921
Venus – 5. Okt. 1928	Sonne – 5. Okt. 1948
Tod – Sonne/Rahu	

Ramana Maharshi ist wohl der angesehenste Weise des modernen Indien, ein großer *jnani* oder Meister des spiritule issens. Als er im Alter von siebzehn Jahren über den Tod meditierte, erlangte er spontan die Erleuchtung und blieb für immer in diesem erhabenen Zustand.

Jupiter, der Indikator der Spiritualität, ist stark im fünften Haus (Intelligenz und Karma), und zwar im spirituellen Zeichen des Wassermanns. Er aspektiert den Aszendenten und den Mond. Vom Mond aus gezählt, steht er im neunten Haus (Religion). Der Mond ist stark (ein Tag vor Vollmond) im neunten Haus und in den Zwillingen. Als Regent des zehnten Hauses bringt er Ruhm und Ansehen als Lehrer. Mond und Jupiter sind vargottama – sowohl im Geburtshoroskop als auch im Navamsha im selben Zeichen –, was sie noch stärker macht.

Die Sonne ist stark im dritten Haus (Disziplin) im Schützen, dem religiösen Zeichen des Jupiter. Die Mondknoten vermehren die Stärke der Planeten und verleihen ihnen die Macht des höheren Bewusstseins. Rahu erhöht die Sonne, und Ketu vertieft den Mond. Diese Kombination aus Sonne/Mond und Rahu/Ketu in veränderlichen Zeichen und fallenden Häusern symbolisiert Selbsterkenntnis und Erleuchtung; sie zeigt, dass Maharshi viel Zeit mit Meditation und in der Einsamkeit verbrachte. Die Knoten mit Sonne und Mond stehen für die Fähigkeit, das gewöhnliche Bewusstsein zu transzendieren, und zwar zum Guten oder zum Bösen, je nach Position.

Mars aspektiert den Aszendenten und das zweite Haus und schenkt eine hohe, durchdringende Intelligenz. Mars ist besonders stark, da er vom Aszendenten aus in einem Eckhaus und in seinem eigenen Zeichen steht (ein Ruchaka Yoga). Doch es war die asketische Seite des Mars, nicht seine militärische, die bei Maharshi zum Ausdruck kam. Das liegt an der Kraft des Jupiter im neunten Haus. Maharshi galt als Inkarnation Skandas oder Murugas. Das ist der Gott des Planeten Mars, der auf der inneren Ebene Wissen und Askese symbolisiert.

Saturn im sechsten Haus fördert Askese und Entsagung. Saturn und Jupiter als neune n zehnter Regent tauschen die Zeichen (vom Mond aus gezählt) – noch ein Raja Yoga. Der Mond als Indikator des Selbstes ist im Navamsha in den Zwillingen stark (Vargottama) und wird von Jupiter und Saturn aspektiert. In diesem Horoskop sind Maharshis spirituelle Fähigkeiten also offenkundig.

9. HOROSKOP: SRI AURIBINDO

Geburts-Horoskop

		Ra	
			Ju Ma Asz
			Me Ve So
Sa Mo	Ke		

Navamsha

	Su	Mo	Ve Ra
Ju Asz			Ma
Ke	Sa Me		

15. August 1872, 5.00 Uhr mittlere Ortszeit, 88ϒE 24', 22ϒN 36'

Aszendent 21ϒ19' Krebs	Sonne 00ϒ18' Löwe
Mond 05ϒ30' Schütze	Mars 05ϒ22' Krebs
Merkur 23ϒ30' Löwe	Jupiter 21ϒ34' Krebs
Venus 08ϒ30' Löwe	Saturn 23ϒ30' Schütze R
Rahu 17ϒ45' Stier	Ketu 17ϒ45' Skorpion
Uranus 10ϒ45' Krebs	Neptun 04ϒ11' Widder R
Pluto 00ϒ40' Stier R	

Planetare Perioden

Geburt – Ketu/Mars	Venus – 22. Sept. 1876
Sonne – 22. Sept. 1896	Mond – 24. Sept. 1902
Mars – 23. Sept. 1912	Rahu – 24. Sept. 1919
Jupiter – 24. Sept. 1937	Tod – Jupiter/Mars

Sri Auribiondo war vor Gandhi einer der Führer der indischen Unabhängigkeitsbewegung, aber er entsagte der Politik und wurde ein großer Yogi. Wahrscheinlich war er der größte Visionär des modernen Indien, ein Seher und Rishi der höchsten Stufe.

Mars und Jupiter steigen im Krebs auf – eine sehr politische Konstellation und ein Raja Yoga (Jupiter als Regent des neunten und Mars als Regent des zehnten Hauses). Die Schwäche des Mars wird doppelt ausgeglichen, denn er steht am Aszendenten und bei einem erhöhten Jupiter. Aber Auribindo nutzte seine die Welt verändernde Energie für den Yoga und wurde auf diesem Gebiet zum Revolutionär. Er wolle dem materiellen Körper göttliche Gnade bringen.

Sonne, Merkur und Venus im zweiten Haus im Löwen sind eine günstige Kombination, was Dichtkunst anbelangt. Sri Auribindo war ein großer Poet, Linguist, Philologe und unermüdlicher Schriftsteller. Er hatte ein sonnengleiches Schreib- und Sprachtalent. Diese Planeten stehen, vom Mond aus betrachtet, im neunten Haus, was auf spirituelle und philosophische Schriften hindeutet. Saturn beim Mond bewirkt Loslösung und Spiritualität im Schützen, einem Jupiterzeichen. Im sechsten Haus fördern beide die Arbeit und den Dienst am Nächsten (Karma Yoga). Außerdem machten sie ihn zu einem großen Philosophen, der sich intensiv mit dem Leiden des Menschen befasste.

Sonne und Mond sind im Navamsha erhöht, was Auribindos Horoskop noch stärker macht. Jupiter und Mond, die in Rezeption stehenden Regenten des ersten und neunten Hauses im Geburtshoroskop, sorgen für ein spirituelles und religiöses Wesen. Sri Auribindo wollte den materiellen Körper transformieren. Darauf deuten Mond und Jupiter als Regenten des ersten und sechsten Hauses hin.

Angesichts des Krebs-Einflusses ist es keine Überraschung, dass Auribindo ein großer Verehrer der göttlichen Mutter war und in der Herabkunft der göttlichen Shakti, nicht im menschlichen Bemühen, die Quelle der Transformation sah. Man stellt ihn als spirituellen Gründer des modernen Indien oft Gandhi gegenüber. Seine Lehre enthält eine mächtige Zukunftsvision.

10. HOROSKOP: ANANDAMAYI MA

Geburts-Horoskop

Ve Asz	So	Me	
Ma Ra			Ju
			Ke
	Mo	Sa	

Navamsha

Ve	Ma	Sa	Ke
Asz			
Me			
Mo Ra			So Ju

30. April 1896, 03.42 Uhr indische Standardzeit, 91°E 13', 23°N 45'

Aszendent 24°24' Fische	Sonne 17°38' Widder
Mond 19°57' Skorpion	Mars 21°09' Wassermann
Merkur 00°44' Stier	Jupiter 08°37' Krebs
Venus 28°43' Fische	Saturn 23°50' Waage R
Rahu 08°36' Wassermann	Ketu 08°36' Löwe
Uranus 00°36' Skorpion R	Neptun 23°57' Stier
Pluto 20°30' Stier	

Planetare Perioden

Geburt – Merkur/Venus	Ketu – 20. Feb. 1909
Venus – 20. Feb. 1916	Sonne – 20. Feb. 1936
Mond – 20. Feb. 1942	Mars – 21. Feb. 1952
Rahu – 20. Feb. 1959	Jupiter – 20. Feb. 1977
Tod – Jupiter/Merkur	

Anandamayi Ma ist wohl die berühmteste Heilige und Seherin des modernen Indien und wr nder ganzen Welt anerkannt. Sie war mit Swami Shivananda, Paramahansa Yogananda, Sri Aurbindo und anderen großen

Lehrern verbunden und galt als Inkarnation der göttlichen Mutter. Ihrer Fröhlichkeit und ihrem Lachen verdankt sie den Namen Anandamayi, „von Glückseligkeit durchdrungen".

Ihr außergewöhnliches Horoskop weist vier erhöhte Planeten auf: Venus, Sonne, Jupiter und Saturn. Venus steht auf dem Aszendenten in der Nähe ihrer maximalen Erhöhung. Im Navamsha ist sie ebenfalls erhöht. Als achte Regentin gibt Venus Entsagung und spirituelle Kraft. Saturn ist im achten Haus erhöht und fördert das spirituelle Wissen. Die Stärke des achten Regenten und des achten Hauses halfen Anandamayi Ma, über 85 Jahre alt zu werden.

Jupiter, der zehnte Regent (öffentliche Anerkennung) ist im fünften Haus (Hingabe und gutes Karma) erhöht. Der Mond als fünfter Regent steht im neunten Haus (Spiritualität), aspektiert von Jupiter, und seine Schwäche wird vom erhöhten Mars (Regent des Mond-Zeichens) und vom erhöhten Jupiter (im Krebs, den der Mond regiert) ausgeglichen. Solch ein Mond ermöglicht große spirituelle Leistungen im neunten Haus. Die erhöhte Sonne als sechste Regentin im zweiten Haus stärkt die Arbeitsfähigkeit und die Kommunikation. Anandamayi reiste durch ganz Indien, und im ganzen Land wurden Ashrams in ihrem Namen gegründet. Sie war berühmt für ihren hingebungsvollen Gesang und Sprechgesang.

Mars mit Rahu im zwölften Haus im Wassermann gaben ihr ein selbstloses Wesen und förderten ihr Streben nach Befreiung. Vom Mond aus steht die erhöhte Venus im fünften Haus, während Jupiter, der Regent des fünften, im neunten Haus erhöht ist. Der erhöhte Saturn steht im zwölften Haus (Befreiung). Bei einem derart spirituellen Horoskop ist es kein Wunder, dass Anandamayi Ma sich von Geburt an auf einer hohen Ebene der Erkenntnis befand.

11. HOROSKOP: THEODORE BUNDY

Geburts-Horoskop

		Ra	
			Sa
			Asz
	Mo Ma Ke So Me	Ve Ju	

Navamsha

Ju	Asz		Ve Ra
Mo			Me
Ma			
Ke	Sa		So

24. November 1946, 22.35 östliche Standardzeit, 73ϒW 12', 44ϒN 29'

Aszendent 01ϒ56' Löwe	Sonne 09ϒ09' Skorpion
Mond 24ϒ34' Skorpion	Mars 20ϒ15' Skorpion
Merkur 01ϒ21' Skorpion R	Jupiter 19ϒ57' Waage
Venus 27ϒ31' Waage R	Saturn 15ϒ45' Krebs R
Uranus 27ϒ22' Stier R	Neptun 17ϒ02' Jungfrau
Rahu 18ϒ37' Stier	Ketu 18ϒ37' Skorpion
Pluto 20ϒ59' Krebs R	

Planetare Perioden

Geburt – Merkur/Rahu	Ketu – 23. Okt. 1953
Venus – 23. Okt. 1960	Sonne – 23. Okt. 1980
Mond – 23. Okt. 1986	

Wie wir gesehen haben, drücken manche Horoskope Erleuchtung aus. Jetzt wollen wir ein Horoskop untersuchen, das die Kräfte des Bösen und der Unwissenheit enthüllt. Bundy war ein Massenmörder, der für seine Verbrechen an jungen Frauen hingerichtet wurde. Das Horoskop ist mit Gewalt und Sex gesättigt und zeigt den dunkelsten Teil des Skorpions.

Fünf Planeten stehen im turbulenten Skorpion im vierten Haus (Eotnen). Auffällig ist der schwache Mond kurz nach Neumond mit seiner Nähe zur Sonne. Vor ihm, im Skorpion, sehen wir eine Konjunktion der drei Feuerplaneten Mars, Ketu und Sonne. Merkur mit seinem veränderlichen Wesen nimmt die Natur des Mars an und verstärkt sie noch. Das vierte Haus, der Mond, Merkur und Mars, der Regent des vierten Hauses, sind alle stark gestört, ein Indiz für einen kranken Geist und heftige Emotionen. Der Mond bringt den Einfluss Saturns im Krebs mit. Auch die Sonne als Regent des Aszendenten steht unter sehr ungünstigem Einfluss. Hier sehen wir die schlimmste Seite der Marsenergie: einen Geist und ein Herz voller Gewalt, die sich gegen den Mond – die Frauen – richtet.

Jupiter und Venus stehen am Ende der Waage in einer Kreuzkonjunktion mit den Planeten im Skorpion. Eine derartige Planetengruppe ist ungünstig, vor allem wenn starke Malefizplaneten dabei sind. Die Strahlen der Planeten werden dadurch wirr und trüb (vor allem im Skorpion). Die günstige Konjunktion zwischen Venus und Jupiter in der Waage machte es möglich, dass Bundy nett aussah und Frauen anzog. Dazu trug auch der warme, ausdrucksvolle Löwe-Aszendent bei. Doch im dritten Haus (Krieg) sind Jupiter und Venus eine impulsive Kombination, die sexuelle Begierden schürt. Saturn im zwölften Haus weist auf das Gefängnis und das spätere Schicksal hin.

Solche Menschen haben einen sehr dunklen, aber verborgenen Charakter und können äußerlich freundlich, hilfsbereit und liebevoll erscheinen. Sie genießen das Drama und die Polarität, die sie dadurch auslösen. Zweifellos wurde Bundy von seinem arroganten Ich sowie von einem Hang zum Dramatischen (Löwe) und zur Täuschung (Skorpion) angetrieben. Hinter dem Bemühen, anderen zu gefallen, steckt ziemlich oft ein Bedürfnis nach Macht und Dramatik, und wenn Dunkelheit und Unwissenheit sich durchsetzen, wird daraus Gewalt.

Alle Planeten stehen zwischen dem zehnten und vierten Haus, auf der persönlichen Seite des Horoskops. Die Beziehungsseite ist leer. Sie stehen zudem zwischen Rahu und Ketu und bilden somit ein Kalasarpa Yoga, das Emotionen und die Öffentlichkeit symbolisiert.

12. HOROSKOP: NAPOLEON BONAPARTE

Geburts-Horoskop

			Ke Ve
			Sa Me
Mo			So Ma
Ra		Ju Asz	

Navamsha

Mo	Ra So	Ju	
Ve Asz			
			Sa
	Me	Ke Ma	

15. August 1769 gegen Mittag Ortszeit, 08°E 40', 41°N 55'

Aszendent 14°43' Waage	Sonne 02°06' Löwe
Mond 08°15' Steinbock	Mars 21°24' Löwe
Merkur 15°30' Krebs	Jupiter 24°22' Waage
Venus 16°23' Zwillinge	Saturn 05°15' Krebs
Rahu 01°38' Schütze	Ketu 01°38' Zwillinge
Uranus 20°51' Widder	Neptun 18°03' Löwe
Pluto 27°05' Schütze R	

Planetare Perioden

Geburt – Sonne/Venus	Mond – 29. Mai 1770
Mars – 28. Mai 1780	Rahu – 29. Mai 1787
Jupiter – 30 Mai 1805	Saturn – 30. Mai 1821

Mithilfe der vedischen Astrologie können wir ein Horoskop berichtigen. Napoleons genaue Geburtszeit ist nicht bekannt, aber man nimmt an, dass er gegen Mitggboren wurde. Nach den Gesetzen der vedischen Astrologie sollte er ein Waage-Aszendent sein, weil dieser Aszendent an diesem Tag auf „kaiserliches Potenzial" hindeutet. Wie sehen mehrere Raja Yogas, die typisch für Könige sind.

Für den Waage-Aszendenten ist Saturn der Hauptplanet, was Raja Yogas anbelangt, weil Saturn sowohl ein Trigon- als auch ein Eckhaus regiert (das vierte und fünfte). Hier steht er im zehnten Haus – im besten Eckhaus –, das große Macht verheißt. Der Mond als Regent des zehnten Hauses erzeugt ebenfalls ein Raja Yoga. Saturn und Mond stehen in Rezeption und vereinigen ihre Einflüsse. Diese Situation ist stärker, als wenn jeder in seinem eigenen Zeichen stünde. Hinzu kommt Merkur, der Regent des neunten Hauses, ein weiterer sehr günstiger und Macht verleihender Planet für die Waage. Er stärkt Saturn und verhindert den raschen Fall, der einträte, wenn Saturn allein im zehnten Haus stünde.

Jupiter am Aszendenten ist der Regent des dritten und sechsten Hauses; er sorgt für ein aggressives, expansives Wesen. Sonne und Mars im Löwen und im elften Haus sprechen für eine dominierende Persönlichkeit, Führungsstärke, militärisches Talent und die Fähigkeit, Länder zu erobern. Venus als Regent des Aszendenten steht günstig im neunten Haus und schenkt Glück.

Wir sehen hier einen charismatischen Führer, der von Idealismus besessen ist und cIe Massen beeinflussen kann. Allerdings stürzte er später vom Thron, vor allem wegen des ungünstigen Jupiter-Einflusses (Jupiter steht im Horoskop zufällig auch für die Briten, da er der Regent des sechsten Hauses, also der Feinde, ist). Bei den planetaren Perioden fällt auf, dass Rahu Napoleon yUr Macht verhalf, während Jupiter seinen Niedergang herbeiführte. Der Sturz war im Wesentlichen sein eigenes Verschulden. Mitsie impulsiven und unnötigen Invasion Russlands strapazierte er seine Ressourcen zu sehr. Dieser Feldzug war eine Folge seines Egoismus, der 1804 begann, als er sich selbst zum Kaiser krönte. Dennoch zeigt das Horoskop einen idealistischen und edlen Menschen, ganz im Gegensatz zur negativen Mars-Saturn-Kombination bei Hitler.

13. HOROSKOP: H. P. BLAVATSKY

Geburts-Horoskop

			Asz
Ke			Su
Ju			Ma Sa Ra Me
			Mo Ve

Navamsha

So	Ra Ve		Mo Asz
			Sa Ma
			Ju
		Ke	Me

12. August 1831, 2.17 Uhr mittlere Ortszeit, 35ΎE 01', 48ΎN 27'

Aszendent 28Ύ01' Zwillinge	Sonne 26Ύ59' Krebs
Mond 18Ύ00' Jungfrau	Mars 11Ύ20' Löwe
Merkur 17Ύ44' Löwe	Jupiter 25Ύ44' Steinbock R
Venus 12Ύ02' Jungfrau	Saturn 11Ύ28' Löwe
Rahu 00Ύ18' Löwe	Ketu 00Ύ18' Wassermann
Uranus 20Ύ47' Steinbock R	Neptun 01Ύ25' Steinbock R
Pluto 21Ύ49' Fische R	

Planetare Perioden

Geburt – Mond/Merkur	Mars – 7. August 1835
Rahu – 7. August 1842	Jupiter – 7. August 1860
Saturn – 7. August 1876	Merkur – 8. August 1895

Helena Blavatsky war eine große Okkultistin und emsige Schriftstellerin. Sie gründete die Theosophische Gesellschaft. Der westliche Okkultismus einschließlich des New Age geht auf ihre Arbeit und die ihrer Anhänger (u. a. Annie Besant, Rudolf Steiner und Alice Bailey) zurück. Zu ihren Lebzeiten hatte sie großen Einfluss in Europa, Amerika und Indien.

Das Horoskop zeigt einen starken Merkur. Der Aszendent und der Mond im Geburtshoroskop und im Navamsha sind in den Zeichen Merkurs. Die Zwillinge, das kommunikativste und intellektuellste Zeichen, steigen in beiden Horoskopen auf (Vargottama).

Der Mond mit dem Benefizplaneten Venus im vierten Haus sorgte für einen schöpferischen, empfindsamen und spirituellen Geist und die Fähigkeit, viele Bücher zu schreiben. Venus ist Regent des neunten Hauses nach dem Mond und des fünften Hauses (schöpferische Intelligenz) nach dem Aszendenten. Die Schwäche der Venus in der Jungfrau wird dadurch aufgehoben, dass sie sowohl vom Aszendenten wie auch vom Mond aus ein Eckhaus bewohnt. Die derart starke Venus beherrscht das Horoskop und gab Madame Blavatsky umfangreiche intellektuelle Fähigkeiten, okkulte Wahrnehmung, Wissen über subtile Welten und Mitgefühl.

Merkur hat im Geburtshoroskop und im Navamsha mächtige Konjunkten und ist im letzteren erhöht. Im Geburtshoroskop steht er bei Saturn, dem Regenten des neunten Hauses (Dharma). Ketu im neunten Haus gibt tiefe Einsicht. Allerdings wird Merkur auch von drei Malefizplaneten gestört. Darum war Helena Blavatsky geistig weit von gewöhnlichen Menschen entfernt. Ihre starken Planeten im dritten Haus machten sie sehr neugierig und gaben ihr Willenskraft, einen kritischen Geist und viel Energie. Die Sonne im zweiten Haus fördert Sprache und Kommunikation.

Jupiter ist für Zwillinge-Frauen ein doppelter Signifikator für die Beziehungen. Er repräsentiert den Ehemann, den er auch als Regent des siebten Hauses symbolisiert. Hier steht er ungünstig im schwierigen achten Haus und ist im Steinbock erniedrigt. Das ist ein Hinweis auf die korrupten, materialistischen Männer der russischen Oberschicht, mit denen es Madame Blavatsky zu tun hatte. Dieser erniedrigte Jupiter ist zugleich der Regent des siebten Hauses (vom Mond aus gezählt), das seinerseits vom Mars gestört wird. Helena Blavatsky hatte zwei sehr kurze und schwierige Ehen.

14. HOROSKOP: HILLARY CLINTON

Geburts-Horoskop

Mo		Ra	Asz
			Sa Ma
	Ju Ke	Me Ve So	

Navamsha

Sa		Ve	Me
			Ke
Ma Ra			Mo
So	Asz		Ju

26. Oktober 1947, 20 Uhr östliche Standardzeit, 87ΥW 39', 41ΥN 51'

Aszendent 04Υ30' Zwillinge	Sonne 09Υ40' Waage
Mond 05Υ59' Fische	Mars 21Υ08' Krebs
Merkur 28Υ11' Waage R	Jupiter 07Υ29' Skorpion
Venus 23Υ43' Waage	Saturn 28Υ13' Krebs
Rahu 00Υ25' Stier	Ketu 00Υ25' Skorpion
Uranus 02Υ47' willinge R	Neptun 18Υ14' Jungfrau
Pluto 22Υ27' Krebs	

Planetare Perioden

Geburt – Saturn/Merkur	Merkur – 15. Jan. 1963
Ketu – 15. Jan. 1980	Venus – 15. Jan. 1987
Sonne – 15. Jan. 2007	Mond – 15. Jan. 2013

Hillary Clinton hat einen kommunikativen Zwillinge-Aszendenten und einen starken Mond im zehnten Haus in den Fischen, aspektiert vom zehnten Regenten Jupiter. Der Mond steht auch im Navamsha im zehnten Haus. Das zeigt, dass Hillary eine bekannte und einflussreiche Politikerin ist. Mars im zweiten Haus (Sprache) aspektiert das fünfte Haus und ist der fünfte Regent. Ihm verdankt sie ihr Redetalent und ihren Beruf als Anwältin. Das fünfte Haus ist insgesamt stark: Merkur und Venus, der vierte und der fünfte Regent, bilden ein Raja Yoga. Dadurch wurde Hillary Clinton zur Beraterin des mächtigsten Politikers der Welt.

Jupiter, ihr siebter Regent und der Indikator für den Ehemann, wird von Ketu im sechsten Haus (Feinde) gestört. Das symbolisiert eine Intrige um ihre Ehe und die vielen Gegner, die sie und ihr Mann hatten. Saturn stört ebenfalls das siebte Haus, vom Mond aus gezählt. Im Navamsha ist dieses Haus jedoch stark: Venus steht in ihrem eigenen Zeichen und wird von Jupiter aspektiert. Vielleicht ist das ein Indiz dafür, dass die außerehelichen Affären ihres Gatten auf der inneren Ebene ausgeglichen werden.

Bill Clinton wurde im November 1992 zum Präsidenten der USA gewählt, also in der mächtigen Venus-Mond-Periode seiner Frau. Venus ist für den Zwillinge-Aszendenten der stärkste Planet, und der Mond im zehnten Haus machte Hillary populär. Die Venus-Mars-Periode ab Januar 1993 rlr den Streit, in den sie verwickelt wurde, kaum dass ihr Mann sein Amt angetreten hatte. Hillarys Horoskop bleibt während der gesamten Venus-Periode (bis 2007) stark und wird nach 2013 im Mond-Dasha noch stärker. Das Mond-Dasha könnte ihre beste Phase sein, und es zeigt, dass sie auch in den nächsten Jahren eine wichtige Politikerin sein und hohe Ämter innehaben wird.

15. HOROSKOP: JACQUELINE KENNEDY-ONASSIS

Geburts-Horoskop

	Ra Mo	Ve Ju	
			So Me
			Ma
Sa		Ke Asz	

Navamsha

	Sa Mo	Ke	Ju Asz
	Ra	Ma So	Me Ve

28. Juli 1929, 14.39 Uhr östliche Standardzeit, 72YW 23', 40YN 53'

Aszendent 26Y51' Waage	Sonne 12Y17' Krebs
Mond 02Y49' Widder	Mars 21Y57' Löwe
Merkur 09Y32' Krebs	Jupiter 16Y42' Stier
Venus 28Y54' Stier	Saturn 01Y46' Schütze R
Rahu 24Y58' Widder	Ketu 23Y52' Waage
Uranus 18Y27' Fische	Neptun 07Y16' Löwe
Pluto 26Y28' Zwillinge	

Planetare Perioden

Geburt – Ketu/Venus	Venus – 4. Feb. 1935
Sonne – 4. Feb. 1955	Mond – 3. Feb. 1961
Mars – 4. Feb. 1971	Rahu – 4. Feb. 1978
Tod – Rahu/Mond	

Jackie Kennedys Beziehungen spiegeln sich in ihrer Mond-Rahu-Kombination im siebten Haus wider. Es verkündet Ruhm (der Mond ist der zehnte Regent), aber auch Skandale und Tragödien (Rahu). Die Rahu-Ketu-Achse ist der Aszendent-Deszendent-Achse nahe, was auf Ärger, Verwirrung und Illusionen in der Beziehung hindeutet. In der

Mond-Rahu-Periode wurde ihr Mann, John F. Kennedy, ermordet. Sie starb in ihrer Rahu-Mond-Periode. Das Mond-Dasha verschaffte ihr großen Ruhm.

Ihre Beziehungen erregten Aufsehen, waren aber von Täuschung und Unglück geprägt. Mars als Regent des siebten Hauses steht im elften Haus (Fülle) und deutet mehr als eine Ehe an. Jupiter als Signifikator der Ehe steht im achten Haus – im Haus des Todes. Venus steht im achten Haus in ihrem eigenen Zeichen. Das fördert den Sexappeal, aber nicht das eheliche Glück.

Merkur als neunter Regent im zehnten Haus machte Jackie nicht nur prominent, sondern ermöglichte ihr später auch eine Verlagskarriere. Die Sonne als elfter Regent im zehnten Haus fördert Reichtum und Ruhm. Auch Mars als Regent des zweiten Hauses (Lebensunterhalt) im elften Haus (Einkommen) trägt dazu bei. Saturn als Malefizplanet und Raja-Yoga-Planet ist im dritten Haus (Upachaya) stark.

Mars stört das fünfte Haus, vom Aszendenten und vom Mond aus gezählt, außerdem das fünfte Haus im Navamsha. Er war die Ursache von Fehlgeburten. Saturn aspektiert als fünfter Regent das fünfte Haus und bewirkt Verzögerungen; aber schließlich lies er Kinder zu.

Im Navamsha stehen Sonne und Mars im ersten Haus, Mond und Saturn im siebten. Das deutet auf eine unglückliche Ehe und Gefahr für den Mann hin.

16. HOROSKOP: INDIRA GANDHI

Geburts-Horoskop

		Ju	Ke
			Sa Asz
Mo			Ma
Ra Ve	So Me		

Navamsha

Asz		Ju	Ra
Mo			
Sa			Su Ma
Ke		Me Ve	

19. November 1917, 23.17 Uhr indische Standardzeit, 81ϒE 50', 24ϒN 27'

Aszendent 29ϒ20' Krebs	Sonne 04ϒ07' Skorpion
Mond 05ϒ40' Krebs	Mars 16ϒ22' Löwe
Merkur 13ϒ14' Skorpion	Jupiter 15ϒ00' Stier R
Venus 21ϒ00' Schütze	Saturn 21ϒ47' Krebs
Rahu 09ϒ18' Schütze	Ketu 09ϒ18' Zwillinge
Uranus 27ϒ15' Steinbock	Neptun 14ϒ22' Krebs R
Pluto 13ϒ57' Zwillinge R	

Planetare Perioden

Geburt – Sonne/Merkur	Mond – 1. Nov. 1919
Mars – 31. Okt. 1929	Rahu – 31. Okt. 1936
Jupiter – 1. Nov. 1954	Saturn – 1. Nov. 1970
Tod – Saturn/Mars	

In diesem Hookpeiner Frau, die eines der größten Länder der Welt regierte, sehen wir die politische Seite des Krebs-Aszendenten. Der Zeichentausch zwischen Mond und Saturn deutet den sozialen und politischen Aspekt des Krebseinflusses an. Der Saturn im Krebs gibt dem Mond deshalb eine distanzierende Wirkung. Frau Gandhi hatte also keinen häuslichen Mond, sondern einen politischen Saturnmond.

Der stärkste politische Faktor dieses Horoskops ist der Zeichentausch zwischen Mars, dem Regenten des fünften und zehnten Hauses und Raja-Yoga-Planet für den Krebs und der Sonne als Regent des zweiten Hauses. Das spricht für einen scharfen Verstand, Redetalent und die Fähigkeit, Menschen zu beraten und zu führen und mit mächtigen Personen zu verhandeln. Diese Kombination aus Sonne- und Marseinflüssen machte Indira Gandhis Persönlichkeit feurig (Pitta). Merkur mit der Sonne verstärkt diesen Einfluss, ebenso Jupiters Aspekt als neunter Regent, der zudem die Gunst mächtiger Leute sichert (vor allem die ihres mächtigen Vaters, des ersten indischen Ministerpräsidenten).

Der Austausch zwischen den Regenten des ersten und siebten Hauses (Mond und Saturn) stärkt die Fähigkeit, die Öffentlichkeit zu beeinflussen und sich den gesellschaftlichen Verhältnissen anzupassen. Darum war Indira Gandhi eine gute Diplomatin und eine sehr intelligente Politikerin, die sich nicht nur für das wirtschaftliche, sondern auch für das kulturelle und spirituelle Wohl des Landes interessierte. Jupiters Einfluss auf Sonne und Mond fördert dieses Anliegen. Indira Gandhi ließ sich von großen Lehrern beraten, zum Beispiel von Sri Anandamayi Ma, Krishnamurti und der Mutter im Ashram von Sri Aurobindo.

Der Einfluss des Mars auf das achte Haus (Tod), vom Aszendenten und vom Mond aus gezählt, war ein wichtiger Faktor bei ihrer Ermordung. Mars steht im zweiten Haus, einem Maraka oder Haus des Todes. Jupiters Periode brachte sie an die Macht, vor allem die Phase Jupiter/Mond. Am Anfang des mächtigen Saturn-Dashas gewann sie den Krieg um Bangladesh und erklomm den Gipfel ihrer Macht. Saturns Periode sorgte aber auch dafür, dass sie die Macht verlor. Sie gewann sie zwar zurück, wurde jedoch in der Saturn-Mars-Periode ermordet. Saturn ist auch der Regent des siebten Hauses, das ebenfalls ein Maraka ist. Wie ihr Krebs-Aszendent vermuten lässt, warf man ihr vor, sie habe ihre Kinder mit allen Mitteln an die Macht bringen und eine Dynastie gründen wollen und dadurch das Land geschwächt, das sie ansonsten unbedingt stärken wollte.

17. HOROSKOP: JIM JONES

Geburts-Horoskop

Ve Mo Ra	Su Me		Ju
			Ma
Sa			
Asz			Ke

Navamsha

Ve		Ju	
Ma			Ke Me Asz
Sa Mo Ra			
So			

13. Mai 1931, 22 Uhr zentrale Standardzeit, 84YW 56', 40YN 03'

Aszendent 11Y24' Schütze	Sonne 29Y30' Widder
Mond 20Y01' Fische	Mars 23Y22' Krebs
Merkur 10Y41' Widder	Jupiter 24Y02' Zwillinge
Venus 28Y45' Fische	Saturn 00Y17' Seinbock R
Rahu 21Y04' Fische	Ketu 21Y04' Jungfrau
Uranus 24Y30' Fische	Neptun 10Y05' Löwe R
Pluto 27Y05' Zwillinge	

Planetare Perioden

Geburt – Merkur/Venus	Ketu – 1. Feb. 1944
Venus – 1. Feb. 1951	Sonne – 1. Feb. 1971
Mars – 1. Feb. 1977	Tod – Mond/Rahu

Jim Jones war ein geistig verwirrter Sektenführer, der im November 1978 in Guyana mit seinen Anhängern Massenselbstmord verübte. Dieses Horoskop zeigt, dass Rahu ein sehr ungünstiger Planet sein kann. Beachten Sie die Position des Mondes: Er steht in den Fischen, einem empfindsamen oder veränderlichen Zeichen, und nimmt im vierten Haus ab, das die Emotionen symbolisiert. Vom Malefizplaneten Rahu ist er nur einen Grad entfernt und wird zudem von Saturn aspektiert. Er ist der Dispositor des im achten Haus (Tod) erniedrigten Mars.

Der Mond steht bei einer erhöhten Venus, die Jones Charisma und Einfluss auf die Gefühle der Menschen gab. Aber Venus ist auch der sechste Regent und macht aggressiv. Solche Faktoren deuten auch auf Drogenkonsum hin. Düsterkeit, Paranoia und selbstzerstörerische Tendenzen sind also offensichtlich. Sie lösten extreme Illusionen aus und führten zu einem hundertfachen rituellen Selbstmord.

Die Konjunktion Mond, Rahu, Saturn im Navamsha zwischen Malefizplaneten ist ebenfalls ein negatives Zeichen. Mars ist im achten Haus (Tod) erniedrigt, was in einem Horoskop wie diesem nicht überrascht. Seinen einzigen Aspekt empfängt er vom Malefizplaneten Saturn. Auch im Navamsha steht er im achten Haus, was einen gewaltsamen Tod vermuten lässt.

Der starke Jupiter, der Regent des Aszendenten, im siebten Haus in den Zwillingen befähigte Jones, andere zu beeinflussen und Prediger zu werden. Das fünfte Haus ist ebenfalls stark: Merkur und eine erhöhte Sonne gaben ihm Intelligenz und Einfluss. Wir sehen hier einen irregeleiteten, rechthaberischen Idealisten. Dessen Jupiter zweifellos die Leute verwirrte, die seiner Mond-Rahu-Paranoia auf den Leim gingen.

Sein Tod im November 1978 fiel in die Mond-Rahu-Periode. Die Mondperiode begann im Februar 1977, und wegen der vielen ungünstigen Faktoren führte sie rasch zu einem geistigen Zusammenbruch, der für seine vielen Anhänger schlimme Folgen hatte. Das vorhergehende siebenjährige Mars-Dasha bereitete mit dem achten Haus den Weg und lässt darauf schließen, dass er damals bereits einige Verbrechen begangen hatte.

18. HOROSKOP: SAM SHEPARD

Geburts-Horoskop

Ke			
Ve Me			Mo Ra
So	Ju Asz	Ma Sa	

Navamsha

	Ve	Ma	
Me			Ra
Ke			So
Sa	Mo Ju	Asz	

29. Dezember 1923, 17.30 Uhr östliche Standardzeit, 81YW 42', 41YN 30'

Aszendent 11Y53' Skorpion	Sonne 13Y53' Schütze
Mond 25Y44' Löwe	Mars 23Y28' Waage
Merkur 03Y29' Steinbock	Jupiter 14Y46' Skorpion
Venus 11Y03' Steinbock	Saturn 07Y55' Waage
Rahu 11Y05' Löwe	Ketu 11Y05' Wassermann
Uranus 21Y22' Wassermann	Neptun 27Y14' Krebs R
Pluto 19Y42' Zwillinge R	

Planetare Perioden

Geburt – Venus/Merkur	Mond – 20. Mai 1931
Mars – 20. Mai 1941	Rahu – 19. Mai 1948
Jupiter – 20. Mai 1966	Tod – Jupiter/Saturn

Sam Shepard wurde unfreiwillig zum Vorbild von „Fluchtfilmen“ und Fernsehserien. Er war ein Arzt, der beschuldigt wurde, seine Frau ermordet zu haben. Shepard behauptete, ein geheimnisvoller einarmiger Gangster habe seine Frau getötet. Wenn wir sein Horoskop studieren, sehen wir jedoch einen Menschen, der vom Sex besessen und zur Gewalt fähig war.

Der Mond steht mit Rahu im zehnten Haus und enthüllt eine gestörte, emotionale Persönlichkeit. Mars, der Regent des Aszendenten, steht im schwierigen zwölften Haus, das Sex symbolisiert und ein Zeichen der Venus ist. Mars steht beim Malefizplaneten Saturn, dem Regenten des vierten Hauses (Emotionen). Das Ergebnis ist ein Mars-Saturn-Charakter mit hartem Herzen und Gewaltbereitschaft. Mars aspektiert Venus und Merkur, die im Steinbock stehen, der ebenfalls vom Saturn regiert wird. Mars aspektiert außerdem das siebte Haus (Stier), dessen Regent wiederum Venus ist. Venus ist sowohl siebter Regent als auch Signifikator der Ehefrau, so dass die Gewalt durch Mars auf die Frau ausstrahlt.

Ketu, auch ein gewalttätiger Planet, steht ebenfalls im vierten Haus. Der Aszendent ist zwischen Malefizplaneten eingeklemmt. Jupiter auf dem Aszendenten verlieh Shepard Ausdruckskraft und sicherte ihm die Hilfe seines Sohnes (fünfter Regent), aber damit maskierte er nur seine Aggressivität. Ein starkes Kalasarpa-Yoga fällt auf. Das ist eine ungünstige Kombination, die eintritt, wenn alle Planeten zwischen Rahu und Ketu stehen. Es hat zwar wenig eigene Kraft, wird hier aber von den anderen Faktoren gestärkt und ermöglicht geschickte Täuschungen.

Im Navamsha steht Venus, der Regent des Aszendenten, im siebten Haus. Sie hat das Haus mit Mars, dem siebten Regenten, getauscht, der im achten Haus (Tod) steht. Der Mond ist schwach im Skorpion, und Ketu stört auch hier das vierte Haus (Emotionen).

Der Mord geschah in der ungünstigen Rahu-Saturn-Periode. Shepard wurde aus dem Gefängnis entlassen, als das Jupiter-Dasha begann; aber er lebte nicht mehr lange. Angesichts dieses Horoskops ist es schwierig, Shepard zu entlasten – trotz der Filme. Vielleicht handelte er nicht allein; aber er sieht auch nicht unschuldig aus, was sein Temperament, sein Motiv und den Zeitpunkt der Tat anbelangt.

Anhang

Glossar

SANSKRIT

Abhijit – Nakshatra zwischen dem 22. und dem 23.; der Stern Vega
Agni – Feuer, Sonne, Gott des Krittika Nakshatra
Agnihotra – tägliche Opfer beim Sonnenauf- und -untergang
Akshavedamsha – das 45. Segmenthoroskop
Amatya karaka – Signifikator eines Freundes oder Vertrauten
Amsha – Segment im Segmenthoroskop
Angaraka – Mars
Antar Dasha – planetare Nebenperiode
Anuradha – 17. Nakshatra
Apachayas – die Häuser 1,2,4,7,8
Apoklimas – fallende Häuser
Ardra – 6. Nakshatra
Artha – Wohlstand
Ashtakavarga – System, um günstige Punkte für Planeten und Häuser zu finden
Ashwini – 1. Nakshatra
Ashlesha – 9. Nakshatra
Asuras – Dämonen
Atman – das göttliche Selbst, die Seele
Atmakaraka – Signifikator des inneren Selbstes (Atman)
Ayanamsha – Unterschied zwischen dem siderischen und dem tropischen Tierkreis
Ayana bala – Stärke der Planeten während der Sonnenwende
Ayurveda – vedische Medizin, wird mit der Astrologie angewandt
Bhadra Yoga – Mahapurusha-Yoga des Merkur
Bhamsha – 27. Segmenthoroskop
Bharani – 2. Nakshatra
Bhava – Haus
Bhava chakra – Haushoroskop
Bhava madhya – Mitte eines Hauses
Bhava sandhi – Übergangspunkt zwischen Häusern
Bhava bala – Stärke eines Hauses
Bhrigu – berühmte vedische Astrologenfamilie
Bhukti Dasha – Nebenperiode
Bija mantra – Saatmantra
Bindus – Punkte im Ashtakavarga-System

Brahma – kosmische Schöpferkraft
Brahmins – spirituelle Menschen
Brihaspati – Jupiter
Buddhi – Intelligenz, Vernunft
Budha – Merkur
Chakra – Horoskop-Rad; Energiezentrum im subtilen Körper
Chandra – Mond
Chandra lagna – Mond als Aszendent
Chandra rashi – Mondzeichen
Chara rashis – Kardinalzeichen
Chaturtamsa – 4. Segmenthoroskop
Chaturvimshamsha – 24. Segmenthoroskop
Chesta bala – Bewegungskraft
Chitra – 14. Nakshatra
Dara Karaka – Signifikator des Ehepartners
Dasha – planetare Hauptperiode
Dashamsha – 10. Segmenthoroskop
Devas – Götter
Dhanus – Schütze
Dharma – Beruf, Ehre, Ansehen
Dig bala – Richtungsstärke der Planeten
Drig bala – Aspektstärke der Planeten
Drishti – planetarer Aspekt
Durga – die Göttin als Dämonentöterin, Rahu zugeordnet
Dushtanas – schwierige Häuser (6,8,12)
Dvadashamsha – 12. Segmenthoroskop
Dvisvabhava Rashis – veränderliche Zeichen
Gaja Keshari Yoga – Jupiter im einem Eckhaus, vom Aszendenten oder Mond aus gezählt
Ganesh – elefantenköpfiger Gott; Jupiter zugeordnet
Graha – Planet, Dämon
Guru – Jupiter, spiritueller Lehrer
Hamsa Yoga – Mahapurusha-Yoga des Jupiter
Hasta – 13. Nakshatra
Hora – planetare Stunde, Hälfte eines Zeichens, Stunde
Jaimini – Autor eines anderen astrologischen Systems
Janma Lagna – Aszendentzeichen
Janma Rashi – Geburtszeichen (Mondzeichen im Geburtshoroskop)
Jyeshta – 18. Nakshatra
Jyotish – vedische Astrologie, Wissenschaft vom Licht
Kala bala – temporäre Stärke eines Planeten
Kali – dunkle Form der Göttin; Saturn zugeordnet
Kali Yuga – dunkles oder eisernes Zeitalter
Kama – Begehren
Kanya – Jungfrau
Kapha – das Element Luft

Karaka – Signifikator
Karana – zweifache Teilung des Tithi
Karma – Gesetz von Ursache und Wirkung
Kataka – Krebs
Kendra – Eckhaus
Ketu – südlicher Mondknoten oder Drachenschwanz
Khavedamsha – 14. Segmenthoroskop
Krittika – 3. Nakshatra
Krishna – großer Hindu-Avatar
Kuja – Mars
Kuja Dosha – schwierige Marsposition für die Ehe
Kumbha – Wassermann
Kuta – Punktesystem, bei der Partnerberatung benutzt
Lakshmi – Göttin des Glücks und der Schönheit; Venus zugeordnet
Lagna – Aszendent
Magha – 10. Nakshatra
Maha dasha – planetare Hauptperiode
Mahapurusha Yoga – planetare Kombinationen, die den Charakter stärken
Malavya Yoga – Mahapurusha Yoga der Venus
Mangala – Mars
Mantra – heiliger Laut
Matri karaka – Signifikator der Mutter
Mesha – Widder
Mina – Fische
Mithuna – Zwillinge
Moksha – Befreiung
Mrigashira oder *Mrigashirsa* – 5. Nakshatra
Muhurta – Berechnung günstiger Zeitpunkte
Mula – 19. Nakshatra
Mulatrikona – Wurzeldreieck; sehr günstige Zeichenposition für Planeten, fast so gut wie eine Erhöhung
Naisargika bala – natürliche Stärke
Nakshatras – 27 Mondkonstellationen
Navamsha – 9. Segmenthoroskop
Pada – Viertel, vor allem eines Nakshatras (03°20')
Paksha bala – Stärke von Planeten in Bezug auf Mondphasen
Panaparas – Häuser, die einem Eckhaus folgen
Panchanga – astrologische Voraussage, basierend auf den 5 Tagesfaktoren sowie Nakshatra, Tithi, Karana und Yoga; Name des jährlichen siderischen Almanachs
Parashara – Vater der vedischen Astrologie, Autor ihres Hauptsystems
Pitta – Feuer
Prashna – Frage in der Stundenastrologie
Puja – hinduistisches Ritual
Punarvasu – 17. Nakshatra
Purvashadha – 20. Nakshatra

Purva Bhadrapada – 25. Nakshatra
Pushya oder *Pushyami* – 8. Nakshatra
Putra karaka – Signifikator des Sohnes oder der Kinder
Rahu – nördlicher Mondknoten oder Drachenkopf
Raja Yoga – Kombination planetarer Einflüsse, die große Macht verleiht
Rajasisch – nervös
Rama – 7. Avatar Vishnus, göttlicher Krieger; der Sonne zugeordnet
Rashi chakra – Geburtshoroskop
Ravi – Sonne
Revati – 27. Nakshatra
Rohini – 4. Nakshatra
Ruchaka Yoga – Mahapurusha-Yoga des Mars
Rudra – grimmige Form Shivas; Ketu zugeordnet
Sadesati – siebenjährige Periode um den Saturntransit beim Geburtsmond
Sambhanda – volle Beziehung zwischen Planeten
Saptamsha – 7. Segmenthoroskop
Sapta varga – sieben harmonische Horoskope
Sattwisch – spirituell in der Wirkung
Satya Yuga – Zeitalter der Wahrheit, goldenes Zeitalter
Shadbala – System zum Bestimmen planetarer Stärken und Schwächen
Shadvargas – die 6 wichtigsten Segmenthoroskope
Shani oder *Shanaishcharya* – Saturn
Shasha Yoga – Mahapurusha-Yoga des Saturn
Shastyamsha – 16. Segmenthoroskop
Shatabhishak – 24. Nakshatra
Shiva – Gott der Hindu-Trinität, zerstört die Schöpfung und führt uns in die Transzendenz zurück
Shodashamsha – 16. Segmenthoroskop
Shravana – 22. Nakshatra
Shravishta – 23. Nakshatra
Shukra – Venus
Siddhamsha – 24. Segmenthoroskop
Simha – Löwe
Skanda – Kriegsgott; Mars zugeordnet
Soma – Mond
Sthira rashis – feste Zeichen
Surya – Sonne
Swati oder *Svati* – 15. Nakshatra
Tajika – Jahreshoroskop oder Rückkehr der Sonne und System ihrer Deutung
Tamasisch – dunkel
Thula – Waage
Tithi – dreißigfache Teilung des Mondmonats
Treta Yuga – drittes oder silbernes Zeitalter
Trikonas – Trigonhäuser
Trimshamsha – 30. Segmenthoroskop
Upachayas – die Häuser 3,6,10,11

Uttarashada – 21. Nakshatra
Uttara Bhadrapada – 26. Nakshatra
Uttara Phalguni – 12. Nakshatra, auch *Uttara* genannt
Vakra – rückläufig
Vara – Tag
Varadhipati – Regent des Tages
Varshaphal – Rückkehr der Sonne oder Jahreshoroskop
Vata – Luft
Varga – Segmenthoroskope
Vargottama – im Geburtshoroskop und im Navamsha im selben Zeichen
Vedanta – vedische Philosophie der Selbsterkenntnis
Veden – vedische Schriften
Vimshamsha – 20. Segmenthoroskop
Vimshopak – Berechnung der planetaren Stärken und Schwächen
Vishakha – 16. Nakshatra
Vishnu – Gott der vedischen Trinität, Erhalter der Schöpfung und kosmischen Ordnung
Vrishchika – Skorpion
Vrishabha – Stier
Yajna – Rituale, die Planeten besänftigen sollen (oft mit heiligem Feuer)
Yantra – mystisches Muster, das planetare Einflüsse harmonisiert
Yoga – Kombination planetarer Einflüsse; Sonne-Mond-Beziehungen beim Weissagen; spirituelle Übung
Yuddha – planetarer Krieg
Yugas – Weltzeitalter

DEUTSCH

Aspekte – Beziehung zwischen Planeten, je nach dem Winkel zwischen ihnen
Astralebene – subtile oder Traumebene
Aszendent – das erste Haus, das aufsteigende Zeichen
aufsteigende Häuser – Häuser 2, 5, 8, 11
Austausch – Häusertausch zwischen Planeten
Benefizplaneten – Planeten mit günstiger Wirkung
Dekanat – dreifache Teilung der Zeichen
Deszendent – Spitze des 7. Hauses
Dispositor – Regentschaft eines Planeten über die Planeten in seinem Zeichen
Eckhaus – die Häuser 1,4,7,10
Erhöhung oder *Exaltation* – die beste Position eines Planeten
Erniedrigung – siehe *Fall*
Fall – die schlechteste Position eines Planeten
Fallende Häuser – die Häuser 3,6,9,12
feste Zeichen – Stier, Löwe, Skorpion, Wassermann
harmonisches Horoskop – siehe *Segmenthoroskop*

Häuser – zwölffache Unterteilung des Tierkreises nach den Graden, die am östlichen Horizont aufsteigen
Häuser-Signifikator – Planet, der die Domäne eines Hauses regiert
Himmelsmitte – höchster Punkt im Horoskop, Spitze des 10. Hauses
Kardinalzeichen – Widder, Krebs, Waage, Steinbock
Kausale Ebene – Ebene des kosmischen Gesetzes und der kosmischen Intelligenz
Konjunktion – Planeten, die eng beieinander stehen
Malefizplaneten – Planeten mit ungünstiger Wirkung
Planetenkrieg – Konjunktion zwischen Planeten innerhalb eines Grades
Retrograd – scheinbar rückläufige Bewegung eines Planeten im Tierkreis
Rezeption – Zeichentausch zwischen Planeten
Rückkehr der Sonne – Rückkehr an ihren Ort im Geburtshoroskop
Segmenthoroskop – Teilhoroskope eines Geburtshoroskops
Siderischer Tierkreis – Tierkreis der Fixsterne
Spitze – bedeutendster Punkt eines Hauses
Stundenastrologie – Bestimmung günstiger Zeitpunkte
Stundenhoroskop – hier das Horoskop, das auf einer bestimmten Frage basiert
Transite – derzeitige Planetenpositionen im Vergleich zu den Geburtspositionen
Trigonhäuser – die Häuser 1,5,9
Tropischer Tierkreis – auf den Punkten der Tagundnachtgleichen basierender Tierkreis
veränderliche Zeichen – Zwillinge, Jungfrau, Schütze, Fische
verbrannt – ein Planet in enger Konjunktion mit der Sonne

Literatur

Babu, Nirajan. *Vastu*. Twin Lakes: Lotus Press, 1999

Braha, James T. *Ancient Hindu Astrology for the Modern Western Astrologer*. Miami: Hermetican Press, 1986

Charak, K. S. *Elements of Vedic Astrology*. New Delhi: Systems Vision, 1996

Charak, K. S. *Essentials of Medical Astrology*. New Delhi: Systems Vision, 1996

Charak, K. S. *Yogas in Vedic Astrology*. New Delhi: Systems Vision, 1996

Frawley, David. *Ayurvedic Healing: A Comprehensive Guide*. Salt Lake City: Passage Press, 1990

Frawley, David. *Yoga and Ayurveda: Self-Healing and Self-Realization*. Twin Lakes: Lotus Press, 1999

Frawley, David, und Vasant Lad. *The Yoga of Herbs: An Ayurvedic Guide to Herbal Medicine*. Santa Fe: Lotus Press, 1986

Harness, Dennis. *The Nakshatras: The Lunar Mansions of Vedic Astrology*. Twin Lakes: Lotus Press, 1999

Mihira, Varaha. *Brihat Jataka*. New Delhi: Munshiram Manoharlal, 1979

Mihira, Varaha. *Brihat Samhita*. New Delhi: Motilal Banarsidass, 1986
Parasara, Maharshi. *Brihat Parasara Hora Sastra*, Bd. 1 und 2 (übers. v. R. Santhanam). New Delhi: Ranjan Publications, 1984
Raman, B. V. *A Manual of Hindu Astrology*. Bangalore: IBH Prakashana, 1979
Raman, B. V. *Graha and Bhava Balas*. Bangalore: IBH Prakashana, 1979
Raman, B. V. *Three Hundred Important Combinations*. Bangalore: IBH Prakashana, 1979
Varma, K. *Saravali* (übers. v. R. Santhanam). New Delhi: Ranjan Publications, 1983
Yukteswar, Sri Swami. *The Holy Science*. Los Angeles: Self-Realization Fellowship, 1984

Nützliche Anschriften

AMERICAN INSTITUTE OF VEDIC STUDIES

Po Box 8357
Santa Fe NM 87504-8357
David Frawley (Vamadeva Shastri), Director
Telefon: 001-505-983-9385
Telefax: 001-505-982-5807
Internet: www.vedanet.com
E-Mail: vedicinst@aol.com

Das American Institute of Vedic Studies ist ein Bildungszentrum, dessen Ziel es ist, das vedische und yogische Wissen zu mehren. Es lehrt verschiedene Aspekte der vedischen Wissenschaft einschließlich Ayurveda, Yoga, Tantra und Vedanta mit besonderem Schwerpunkt auf ihrem vedischen Ursprung. Das Institut beteiligt sich außerdem an Projekten über das Hindi Dharma. Einige langfristige Forschungsthemen sind:

- Ayurvedische Psychologie und Yoga: Der mentale und spirituelle Aspekt des Ayurveda in Bezug auf Raja Yoga und Vedanta
- Medizinische Astrologie: Gesundheit und Krankheiten des Körpers und des Geistes
- Übersetzungen und Interpretationen der Veden, vor allem des Rigveda, und Erläuterung des ursprünglichen vedischen Yoga
- Vedische Geschichte: Geschichte Indiens und der Welt aus vedischem Blickwinkel unter Berücksichtigung neuster archäologischer Funde in Indien

- Vedisches Europa: Zusammenhang zwischen der vedischen Kultur und den alten europäischen Kulturen und Religionen
- Vedisches und hinduistisches Wissen in der modernen Gesellschaft und im neuen Jahrtausend

Das Institut hat die Gründung mehrerer Organisationen unterstützt, darunter das International Institute of Ayurveda, das California College of Ayurveda, der American Council of Vedic Astrology, die World Association for Vedic Studies und die British Association of Vedic Astrology.

Fernkurs „Astrology of the Seers“

Dieser vollständige Kurs für das Selbststudium (in englischer Sprache) erläutert die vedische Astrologie in einer klaren, modernen Sprache und zeigt, wie man das System praktisch anwendet. Alle, denen die vedische Astrologie schwierig erscheint, finden hier den Schlüssel zu ihrer Sprache und Methode. Der Kurs will für künftige vedische Astrologen eine Grundlage schaffen. Er erklärt die Denkweise der vedischen Astrologie und führt in die ayurvedische Astrologie ein. Einige Themen sind: Planeten, Zeichen, Häuser, Aspekte, Yogas, Nakshatras, Dashas, Segmenthoroskope, Ashtakavarga, Muhurta, ayurvedische Astrologie, spirituelle Astrologie, Edelsteintherapie, Mantras, Gottheiten und Grundsätze der Horoskopdeutung.

Der Kurs eignet sich auch als Teil eines umfangreichen Lehrprogramms in vedischer Astrologie durch den American Council of Vedic Astrology (ACVA), die größte vedisch-astrologische Vereinigung außerhalb Indiens; er umfasst zweihundert der insgesamt sechshundert Stunden des Programms und basiert auf diesem Buch.

Fernkurs „Ayurvedic Healing“

Dieser umfassende und praktische Fernkurs (in englischer Sprache) schließt alle wichtigen Aspekte des Ayurveda ein – Theorie, Praxis und Diagnose –, vor allem Kräuterheilkunde und Ernährung. Ausführlich erläutert werden auch die Philosophie des Yoga und die ayurvedische Psychologie, um Körper und Geist ganzheitlich zu behandeln. Der Kurs enthält das gesamte Material, das im zweijährigen Ausbildungsprogramm für ausländische Studenten in Indien durchgearbeitet wird.

Der Kurs ist sowohl für Therapeuten als auch für interessierte Laien gedacht und bildet die Grundlage für eine ayurvedische Praxis. Unter den Teilnehmern sind Ärzte, Chiropraktiker, Krankenschwestern, Akupunkteure, Kräuterheilkundige, Masseure, Yogatherapeuten und

Psychologen. Eine bestimmte berufliche Ausbildung ist jedoch keine Voraussetzung für die Teilnahme, und viele Nichtmediziner haben den Kurs erfolgreich abgelegt. Einige Themen sind:

Ayurvedische Anatomie und Physiologie, Konstitution, Diagnose, Krankheitsprozesse, Samkhya und Yoga, Ernährung, ayurvedische Kräuterheilkunde, Aroma-, Farb-, Edelstein- und Yogatherapie, ayurvedische Psychologie, Mantras und Meditation.

Seit 1988 haben über zweitausend Menschen an diesem Kurs teilgenommen. Er ist der umfassendste Fernkurs über ayurvedische Heilung im Westen und bildet die Grundlage für ayurvedische Programme in den USA, Großbritannien, Europa, Australien und Indien. Der Kurs wurde von Dr. David Frawley verfasst, benutzt seine Bücher über Ayurveda und unterstützt seine Auffassung, wonach Ayurveda an die moderne Welt angepasst werden kann, ohne seine spirituelle Integrität zu verlieren.

Der ACVA unterstützt internationale Kongresse und Workshhops in den USA und auf Hawaii, bietet einen Kurs mit Diplom und Privatunterricht an, veröffentlicht zweimal jährlich das ACVA-Journal und verschickt eine Liste mit wichtigen Anschriften zur vedischen Astrologie.

Über den Autor

Dr. David Frawley (Vamadeva Shastri) hat mehr als zwanzig Bücher über die spirituelle Weisheit Indiens geschrieben. Dort ist er als Pandit und Vedacharya (Lehrer der Veden) anerkannt. Zu seinen Fachgebieten gehören vedische Astrologie, ayurvedische Medizin, Yoga und vedische Wissenschaft. Der Indian Council of Astrological Sciences unter Leitung von Dr. B. V. Raman hat ihm die Titel Jyotish Kovid (Kenner der vedischen Astrologie) und Jyotish Vachaspati (Professor der vedischen Astrologie) verliehen. Dr. Frawley ist derzeit Präsident des American Council of Vedic Astrology und Direktor des American Institute of Vedic Studies.

Index

Dr. David Frawley
Yoga und Ayurveda
Die uralte Kunst und Wissenschaft der spirituellen und psychosomatischen Integration

David Frawley vermittelt in diesem Standardwerk die Grundlagen der komplexen Wissenschaft des Yoga und Ayurveda, indem er die Hintergründe und das Zusammenspiel zweier großer Heiltraditionen darlegt, die sich auf dieselbe spirituelle Quelle beziehen. Yoga und Ayurveda sind wie Himmel und Erde. Das Eine ist ohne das Andere nicht denkbar: Selbstverwirklichung und Selbstheilung. Ein hervorragendes Buch zum Vertiefen des Verständnisses.

308 Seiten · ISBN: 978-3-89385-612-1

Dr. David Frawley
Meditationen zur Selbsterkenntnis
Einsichtsübungen für Herz und Seele

Die Einsichtsübungen dienen der Selbsterforschung zur Selbstverwirklichung. Die Frage „Wer bin ich?" führt schließlich zur Entdeckung des wahren Selbst in unserem Herzen. Was bislang als Stress gefühlt wurde, wandelt sich in innere Stille, um sich in aktiver Teilnahme an den Bedürfnissen des Lebens und gesellschaftlichen Aufgaben auszudrücken. Die das Buch abschließende kommentierte Übersetzung von Ramana Maharshis Essenz der Unterweisung erklärt kurz und prägnant die vedantische Perspektive von Yoga und Meditation aus der Sicht einer verwirklichten Seele.

152 Seiten · ISBN: 978-3-89385-667-1

Dr. David Frawley
Soma – Verjüngung und Unsterblichkeit
Yoga und Ayurveda für Körper und Geist

Die Sehnsucht nach Unsterblichkeit ist so alt wie die Menschheit selbst. Doch wem nützt ein unsterblicher Körper, wenn seine Seele krank ist? Durch Yoga, Meditation und ayurvedische Medizin können wir nicht nur unsere Gesundheit verbessern und die Lebensdauer verlängern, sondern auch unsere emotionale Befindlichkeit verändern und unsere Seele nähren. So entdecken wir unsere innere Unsterblichkeit – unser wahres Wesen – und erkennen, dass alles die tief verwurzelte Suche nach Soma ist.

512 Seiten · ISBN: 978-3-86410-023-9

Dr. Vasant Lad, Dr. David Frawley
Die Ayurveda-Pflanzenheilkunde
Der Yoga der Heilkräuter

Mit diesem Buch erhalten wir nicht nur zum ersten Mal einen umfassenderen Zugang zum praktischen Nutzen der ayurvedischen Medizin, sondern es wird der gesamten westlichen Pflanzenheilkunde zu größerer Wirksamkeit verholfen. Der Ayurveda ist wahrscheinlich die älteste, auf geistiger Einsicht beruhende und die am höchsten entwickelte Wissenschaft der Pflanzenheilkunde.

344 Seiten · ISBN: 978-3-89385-675-6

David Frawley
Neti – Die Heilgeheimnisse des Yoga und Ayurveda
Das Handbuch für die Nasenspülung und Pranaheilung

Wertvolle Hinweise zur Prana- und Energieheilung sowie neue Tipps zur Neti-Nasenspülung für Fortgeschrittene, geschrieben von einem der führenden vedischen Lehrer unserer Zeit. Heute gibt es überall Yogakurse und immer mehr Menschen wollen gesünder, vitaler und bewusster leben. Yoga ist zu einem wichtigen Teil auch unserer Kultur geworden. Damit werden auch die verschiedenen Methoden, die Yoga und Ayurveda zur Entschlackung und inneren Reinigung anbieten, immer populärer.

95 Seiten · ISBN: 978-3-89385-452-3

Dr. David Frawley, Sandra Summerfield Kozak
Yoga und die ayurvedischen Energietypen
Asanas für Gesundheit und Lebensfreude

Zwei weltbekannte Yogalehrer zeigen, wie Yogaübungen aus Sicht des Ayurveda auf die individuelle Konstitution abgestimmt werden. Ob Ihr Energietyp von sensiblem Vata, dynamischem Pitta oder stabilisierendem Kapha dominiert ist, Sie werden beim Yoga Ihre optimale gesundheitsförderliche Zone für Spannung und Entspannung, Dauer der Übung sowie Krafteinsatz und Atmung finden – und maximales körperliches Wohlgefühl entwickeln können.

300 Seiten · ISBN: 978-3-86410-082-6